心理治疗经典与前沿译丛

Pragmatics of Human Communication
A Study of Interactional Patterns,
Pathologies, and Paradoxes

人类沟通的语用学

一项关于互动模式、病理学与悖论的研究

作者：[美]保罗·瓦兹拉维克
　　　[美]珍妮特·比温·贝勒斯
　　　[美]唐·杰克逊
译者：王继堃　周薇
　　　王皓洁　李剑诗
译校：钱捷
译审：赵旭东

华东师范大学出版社
·上海·

图书在版编目(CIP)数据

人类沟通的语用学：一项关于互动模式、病理学与悖论的研究/(美)瓦兹拉维克,(美)贝勒斯,(美)杰克逊著；王继堃等译.—上海：华东师范大学出版社,2016.5
ISBN 978-7-5675-3429-2

Ⅰ.①人… Ⅱ.①瓦…②贝…③杰…④王… Ⅲ.①语用学-研究 Ⅳ.①H03

中国版本图书馆CIP数据核字(2016)第109137号

PRAGMATICS OF HUMAN COMMUNICATION: A Study of Interactional Patterns, Pathologies and Paradoxes/by Paul Watzlawick, Janet Bea in Bavelas and Don D. Jackson and foreword by Bill O'Hanlon
© 2011, 1967 by W. W. Norton & Company, Inc.
Simplified Chinese translation Copyright © 2016 by East China Normal University press Ltd. All rights reserved.
上海市版权局著作权合同登记 图字:09-2014-681号

人类沟通的语用学
——一项关于互动模式、病理学与悖论的研究

著　者　[美]保罗·瓦兹拉维克
　　　　[美]珍妮特·比温·贝勒斯
　　　　[美]唐·杰克逊
译　者　王继堃　周薇
　　　　王皓洁　李剑诗
译　校　钱捷
译　审　赵旭东
策划组稿　张俊玲
项目编辑　王国红
审读编辑　章悬
责任校对　王丽平
装帧设计　高山

出版发行　华东师范大学出版社
社　　址　上海市中山北路3663号　邮编 200062
网　　址　www.ecnupress.com.cn
电　　话　021-60821666　行政传真 021-62572105
客服电话　021-62865537　门市(邮购)电话 021-62869887
地　　址　上海市中山北路3663号华东师范大学校内先锋路口
网　　店　http://hdsdcbs.tmall.com

印 刷 者　常熟市文化印刷有限公司
开　　本　787毫米×1092毫米　1/16
印　　张　12.25
字　　数　225千字
版　　次　2016年8月第1版
印　　次　2024年11月第7次
书　　号　ISBN 978-7-5675-3429-2/B·934
定　　价　59.80元

出版人　王焰

(如发现本版图书有印订质量问题，请寄回本社客服中心调换或电话021-62865537联系)

"心之源"丛书编委会

顾问：[美国]哈琳·安德森(Harlene Anderson)
　　　[中国香港]李维榕
主任：赵旭东　陈向一

编委：[中国台湾]吴熙琄　[中国台湾]王浩威
　　　[美国]约翰·K·米勒(John K. Miller)
　　　孟　馥　王　焰　张俊玲　龚海燕
　　　刘翠莲　姚玉红　刘　亮　鲍立铣

心理治疗经典与前沿译丛

主编　陈向一

本书作者及译校者介绍

作者

保罗·瓦兹拉维克(Paul Watzlawick)
美国斯坦福大学医学院精神病与行为科学系临床教授,帕洛阿多精神研究所短程治疗中心研究院共同创始人。逝世于2007年,国际知名的心理学家,人类沟通领域的专家,他是加利福利帕洛阿多精神研究所最有影响力的成员之一。代表作为《改变》(Change)和《建构的现实》(Invented Reality)。

珍妮特·比温·贝勒斯(Janet Beavin Bavelas)
维多利亚大学心理系名誉退休教授、科研工作者、教员、心理咨询师。研究范围涉及当面对话基本过程,当面对话微分析(MFD),实验方法学,心理治疗、医疗与中介设置的对话、学科间研究方法学等。《加拿大行为科学杂志》(Canadian Journal of Behavioral Science)、《家庭过程》(Family Process)等杂志编辑。

唐·D·杰克逊(Don D. Jackson)
医学博士,美国知名精神病学家,家庭治疗师和教师,系统科学家,沟通理论学家。杰克逊在理解人类行为方面作出了难以估量的贡献,并以他在家庭治疗中的开创性工作而闻名,探索的一个重要成果就是著名的精神分裂症双重束缚理论,被称为心理治疗之父。1958年,杰克逊创建了世界上第一个家庭精神研究中心,即加利福尼亚州帕洛阿多精神研究所(Mental Research Institute),并担任第一任主任。

审校者

钱婕
复旦大学心理健康教育中心讲师、心理咨询师,复旦大学法学硕士、美国芝加哥心理学院临床心理学硕士,同济大学哲学心理学研究所在读博士生。

赵旭东
德国海德堡大学医学博士,同济大学教授、医学院精神医学博士生导师,哲学心理学博士生导师,上海东方医院临床心理科主任,浦东精神卫生中心主任。中国心理卫生协会心理治疗与心理咨询专业委员会主任委员,德国德中心理治疗研究院中方名誉主席。是新中国成立后第一个在国外获得博士学位的精神科医生,也是最早引进、推广和实践家庭治疗的著名学者之一。

译者

王继堃
同济大学医学博士,华东师范大学心理学博士后,精神科主治医师,华东师范大学心理学讲师,美国常青藤盟校布朗大学精神医学系访问学者。赵旭东教授"一年四季"家庭治疗连续培训项目教员;上海市心理学会临床心理与心理咨询专业委员会理事。中德高级家庭治疗师连续培训项目等心理治疗培训及相关会议翻译。

周薇
北京协和医科大学临床医学博士,神经内科专业,第五期中德高级家庭治疗师连续培训项目学员、翻译。国家二级心理咨询师。目前供职于外资制药企业医学部,从事精神科药物研究相关工作,同时在上海同馨济慈等心理咨询机构担任兼职心理咨询师。关注神经症、情感障碍、青少年行为问题及亲子教育。

王皓洁
同济大学精神病与精神卫生学博士在读,2012年起接受系统家庭治疗培训,2014—2015年参加弗莱堡中德心身医学硕士项目,2013年起担任中德高级家庭治疗师连续培训项目、系统家庭治疗"一年四季"班等心理治疗培训及相关会议翻译。

李剑诗
复旦大学外国语言文学学院(MTI)英语翻译硕士,南京师范大学外国语学院英语翻译专业学士。有丰富的英语口笔译经验,为多家境外机构本地化提供语言翻译服务。

谨以此书献给我们的良师益友
格雷戈里·贝特森(Gregory Bateson)

目录

"心之源"总序
"心理治疗经典与前沿译丛"序
本书中文版序 / 1
引言 / 1

第1章 参考框架 / 1
第2章 试论沟通原理 / 18
第3章 病理性沟通 / 32
第4章 人际互动的组织 / 61
第5章 从沟通角度看戏剧《谁怕弗吉尼亚·伍尔芙》/ 80
第6章 悖论沟通 / 107
第7章 心理治疗中的悖论 / 135

结语 展望:存在主义与人类沟通理论 / 151
参考书目 / 161
术语表 / 173

"心之源"丛书总序

赵旭东

一个学科的发展,不仅需要概论性及技术性的书,更需要梳理这个学科的里程碑式的奠基之作,以及介绍当今最新发展的重要著作。心理治疗在当今世界的发展,早已超越经典的各门各派的独立发展,而趋于后现代与本土的整合,在技术上百花齐放的同时,具有越来越多理论的共识。在这样的背景下,发挥华东师范大学出版社在教育心理出版方面的深远影响,以经典和专业为宗旨,带着研究开发的心态,认真整理,出经典,出精品;专业著作和大众成长类同时推出,以大众类图书普及知识,提供自助信息,以专业著作深化学科发展;翻译上细心打磨、多重审校,保证品质——这些都不失为回应现实需要、指导实践和引领学科发展的重要举措。

"心之源书系"的选书、出书是个浩大工程。在选书过程中,不仅各位编委们认真研究、积极梳理,家庭治疗的老前辈哈琳·安德森、李维榕博士大力推荐经典书目,约翰·米勒博士提供美国心理治疗领域百读不厌、经久不衰及最新的重要著作,来自中国台湾的吴熙琄老师、王浩威老师贡献多年合作选书出书的经验并推荐本土书目,身居加拿大的鲍立铣博士也积极参与。在众多学者、专家推荐的基础上,我们选择了重复推荐次数最多的书目先行出版,并且很荣幸地按计划推出第一批心理治疗的重要著作。在与多位不同年龄、资历的同道一起迎接这个初步成果的时刻,我想跟大家分享一下参与者们辛勤务实的匠心背后应该告诉人们的心愿、动机,以及他们在学理上对于心理治疗之"道"的领悟。

心理治疗在中国是一个既古老又年轻的学术技术领域,人们对它既感到熟悉,又觉得陌生。作为一种文化现象,利用情绪安抚、励志教化、行为规训等方法来改变人的心身健康状况,一直是我们中国的人文及医药传统的长项。可是,作为一个单独学科的心理治疗在中国并没有得到充分的发展,时至今日还没有合适的地位,其对社会、民众的作用也未得到认可。没有几本好书可看,就是这个学科孱弱的标志。

没书可看的局面,与心理学的发展历程以及在中国的坎坷命运有关。说到此处,一般就会有人提到具体的社会运动的影响。但我在此更想说有关认识论、方法论的问题。

自从西方的心理学在 19 世纪从哲学中"离家出走",努力把自己当作自然科学的一个分支发展以来,心理治疗由于其与人文的密切关联而成为一个纷争不断的问题领域。科学主义者用自然科学实证研究方法,力图将心理治疗里面的混杂因素甩干净,意图发现可观察的现象与事实之间的清晰的因果联系;而人文主义者恰恰顽强抵制着非人化的尝试,继续靠感悟、体验和思辨的方法,死守由心理学的哲学传统围起来的意义的王国。前者走的是"解释心理学"的路,后者走的是"理解心理学"的道。

例如,号称现代心理治疗鼻祖的弗洛伊德及其追随者们,用了科学的概念、术语,串起神话、催眠、自由联想、释梦、心理防御机制、客体关系、依恋等内涵丰富的人类体验,发展了庞大的理论与实践体系,曾经在西方占过心理治疗大半壁江山,也影响了心理学、医学及其他许多学科,但到现在也不被科学认可。相比之下,以巴甫洛夫条件反射学说为基础的行为主义,沾了前者的光,一路昂首挺胸走来,几乎所向披靡。不过,即使这个比较符合唯物主义、自然科学研究范式的心理学流派，其主要用途是用于"解释高级神经活动"，也并没有在改革开放之前的中国促成临床上的行为治疗的开展，因为一旦用于活生生的临床患者，心理治疗就不是像训练狗、鸽子、小鼠那么简单，一定是人文的实践了，而这又是极左时期不可能得到鼓励或支持的工作。

也就是说，片面强调科学性的解释心理学与重视人文的理解心理学之间的"方法之争"一直持续了百余年，加上我国社会的一些历史原因，二者结合以致显著影响了心理治疗的引进、传播与发展。这是近百年来的积弊沉疴，应该尽力革除、矫治。对此最有效的办法之一，就是引进出版国外的经典及重要的著作，并致力于及时整理、出版蕴含本土文化理论与实践的成果。

心理治疗与咨询方面的著作虽在近30年来有很多出版，但仍然存在以下问题：(1)不够全面，缺乏深度和系统性——或偏于概论性的基础读物，或重于实践导向的技术引进，或立足于某一流派的引介，缺乏整体的考虑，尤其是缺乏经典著作和理论发展源头的整理；(2)在专业与应用之间，科普与大众需求之间存在很大差距；(3)许多著作的学术价值不高，既不科学也缺乏人文精神与境界，有的著作翻译质量还有待提高。

除了精神分析和行为治疗，世界上还有很多其他行之有效的心理治疗形式和流派在中国的知晓率更低。在这些鲜为人知的流派中，有的比精神分析还偏向人文，如基于系统思想的心理治疗、基于后现代主义的心理治疗，以及各种表达心理治疗。相反，有一些心理治疗比经典的行为治疗更贴近冷峻的神经科学，如强调用简单躯体性运动来诱导神经活动调节的生物反馈、眼动脱敏治疗等。如果我们对于"理解心理学"有更加宽容、好奇的心态，如果对神经科学与心理治疗结合的应用现状及前景有更强的兴趣，就会发现，其实心理治疗领域十分宽广，前景无限。从出版书籍的角度说，我们就有了非常大的选择范围。

本丛书既选择了涵盖以往心理咨询与治疗的经典著作，又发掘表现当代的前沿理论和本土实践进展之重要著作，同时还推出大众成长类的优秀科普著作。丛书分为三个分部，包括：心理治疗经典与前沿译丛(陈向一主编)，华人心理治疗与咨询精粹丛书(王浩威主编)，七彩虹心理成长系列(孟馥主编)。书系中，可谓是经典与精品汇集、理论与实践结合、专业与科普共享，满足各层次读者的需求。"问渠哪得清如许，为有源头活水来"，希望这个丛书系列真正成为心理治疗领域里的清冽、甘甜之源泉，启发中国同道的澎湃创造力，滋养、培育出有本土文化内涵的、接地气的心理治疗理论和技术。

"心理治疗经典与前沿译丛"序

为了让心理咨询与治疗学界更加清晰地了解国外本学科发展的情况，华东师范大学出版社利用本身出版经典系列的优势与功力，开始编辑出版这一整套丛书。作为"心之源"丛书之一的"心理治疗经典与前沿译丛"的主编，出版社邀请我来写序。反思自己走过的心理咨询与治疗专业历程，从时间上来看，正好经历了一段它在国内发展的风云变幻时期。尤其在专业书籍的翻译出版介绍方面，自己也有一些参与的经历和体会，应该也有必要把它们写出来，为先行者留名，为后学者铺路。因为书系的跨度要求很大，它既要涵盖以往心理咨询与治疗的经典著作，又要有表现当代的理论和实践进展之重要著作，承前启后，为将来本专业的发展趋势作一些推演。面对如此重大的使命，一己之力总是太过微薄，难免挂一漏万。希望本文能够抛砖引玉，引发更多的人来反思和总结，继而扩展这段历程。

先说说我所了解的过去。西方心理治疗和咨询最初被引入国内是在20世纪30年代，从高觉敷先生翻译的《精神分析引论》起，国内心理学和精神病学界就开始了对西方心理治疗的介绍以及零星的实践工作。心理学方面早期能见到的资料多与心理测量和知识普及有关。从我较熟悉的精神病学领域来看，粟宗华先生创办了上海精神病院，其后夏镇夷等人在发展上海精神卫生事业上都功勋卓绝。在我国南方，凌敏猷教授从1944年起在湘雅医学院担任精神病学教授，同时开始教授和介绍精神分析等心理治疗的方法。在此阶段，先行者们较多的是翻译和撰写一些西方心理治疗理论流派的介绍性材料，少见自己独立撰写的相关著作。

1952年，国内大学和学科的院系有一翻天覆地的调整，之后社会学和心理学专业基本被取消了，相关的理论和实践探讨也销声匿迹了。只有精神病学界还存留些许声响，可能当时被归于"自然科学"才得以留存下来。在20世纪60年代，四川医学院的刘昌永教授编写了全国高等医学院校教材《精神病学》。后来在80年代，国内翻译出版了牛津精神病学教科书，它们是国内较少见的介绍心理咨询与治疗的专业书籍。

"文革"过后，劫后余生，湘雅医学院的左成业教授从狱中回校工作，这位从教会小学就开始钻研英文的学者（同期还有许又新、刘协和等校友），主持《国外医学：精神病学分册》的编辑工作后，学校罕见地为他订阅了几十种国外的精神病学和心理治疗的原版杂志，以便及时了解国外最新进展。想当年，医院图书馆排列着印刷装帧得十分漂亮的一大排原版杂志，引来其他科室老师的羡慕，也吸引了国内许多单位派人前来检索、查寻资料。国内的精神科医生和从事心理治疗的人员，都以尽早看到《国外医学：精神病学分册》为荣，不少人甚至从微薄的工资里自费订阅。该杂志为精神科重振心理治疗、为现代心理咨询与治疗在国内的重新掘起发挥了不可忽视的作用。

可能大家都知道，1988年在昆明召开的中德心理治疗讲习班上，那位刚被重新任用而敢挑重担，身处边陲而心忧天下的云南省精神病院副院长万文鹏先生，与几位国内同道（许又新、左成业、沈德灿、徐韬园、张伯源、杨华渝、张明圆等），提出了建立"中国心理治疗协会"的倡议，得到与会者的一致赞同。它也是后来中国心理卫生协会临床与咨询心理学专业委员会的雏形，同时也带动了中国心理学会临床心理咨询师注册系统的发展。从那以后，《国外医学：精神病学分册》连续和分批介绍了几种心理治疗流派，尤其是家庭治疗在国外的相关进展，翻译介绍了《系统式治疗词典》《系统式治疗对于精神分裂症和情感障碍的作用》的节选等，引发了一个小高潮。当时因为左成业老师就是1988年昆明讲习班上家庭治疗的翻译，他带领我们几个小医生（苗国栋、刘铁榜、朱少纯和钟丽萍等）反复领会和翻译国内从来没有介绍过的家庭治疗，同时也翻译了发表在美国精神病学杂志上的一些精神分析和行为治疗方面的重要文章。

在同一时期，国内的人文社会科学界也开始推出心理学原著的翻译和介绍，精神分析学说开始流行起来并引发了不少争论，记得当时曾看到在权威的《红旗》杂志上，有知名的外行人士撰文对精神分析加以批判，成为一段轶事。此时商务印书馆也开始在世界名著丛书里介绍心理学和心理治疗的书籍。1987年，《中国心理卫生》杂志创刊，1993年，《中国临床心理学》杂志出版。随后，国内能够见到翻译介绍国外心理咨询和心理治疗的书多了起来，其中轻工业出版社的"心理咨询与治疗"系列丛书起到了不小的作用。

我个人读书、买书和编书的经历，也是一个与此时代相关的饶有兴趣的过程。记得还是在医学院读书的时候，我第一本订阅的杂志是创刊不久的《医学与哲学》，第一本购买的心理治疗与精神医学的书是《基础精神医学》；参加工作后，第一本参与编辑的书是《行为医学》，第一次编辑的丛书是《精神医学丛书》（其中包括在当时颇有争议的许又新教授写的《精神症状学》），第一次独立统稿的百万字大部头著作是《基础精神医学（第二版）》。尽管如此，当时能够读到或找到的书实在有限。曾经有一段时间，我拥有市面上能够买到的所有精神医学与心理治疗的相关书籍，还不时以此为荣。不过这种情况并没有持续很久，随着国内翻译出版的书越来越多，我拥有的书的比例也越来越小了。回忆起来，买书的行为也可能是受到硕士生导师杨德森教授的影响，当时他每每从国外访学回来，最得意的事情就是不顾旅途劳顿，给我们一本本地介绍他带回来的一大箱书。大约从1993年开始，我自己也加入了购买外文心理咨询与治疗方面著作的行列。在不加选择地自己买、请朋友亲戚帮着买之后，才发现这样买书是难以穷尽的，而且买到的书也良莠不齐。再往后，2002年我有机会到香港中文大学师从马丽庄教授读博士，面试时她问我为什么来香港读学位，我说是为了多读书。她也确实最大限度地容忍我两年多只是在读书，直到不得不完成学校要求的开题、研究和答辩为止。十分感谢那一段读书的时光，让我发现书里面的许多学问。记得当时还专门去请教过石丹理教授，如何快速而有效地读书，如何选择要精读、多读的书。通过大量的阅读和比较，我体会到书本身是有规律的，这个规律表现在它们常常是围绕着几本经典的著作而展开或者发展的。那几本经典著作就像是基石，需要反复读、认真读，还要在通读其他书籍时去比较，在平时工作中去实践，让经典指导当前、预测未来。

绕了这么一大圈，现在回到正题上来。在国内，在过去的近百年中，我们经历的是信息匮乏、找不到好书、难得到好书的状况。过去的几十年里，我们开始有了越来越多的翻译著作。但是因为行业的稚嫩，专业水平辨识力不够，也因为出版业的市场导向，以往严格的查重、校对、编辑等把关手段近乎失效，使得已经出版的翻译作品良莠不齐，同一本书重复出版，甚至文不对题的荒唐笑话时有发生。

正是在这样的背景下,经过大家两年多的共同努力,"心之源"书系之一的"心理治疗经典与前沿译丛"的首批著作得以推出。细心的读者可能已经发现,我们这个系列选的书是从系统论和家庭治疗开始的,我们翻译出版经典著作、发掘现代趋势里有分量的外文著作,当然我们还在继续努力,从更大更广的范围内,寻找心理治疗与咨询的经典和现代知名著作,加以翻译并介绍给广大读者,希望能为国内心理咨询与治疗的健康发展发挥力所能及的作用。也恳请国内的同道给我们推荐,让我们一起努力,希望在不久的将来,越来越多的具有国际水平和影响的我国本土原创著作能够得到发表。

陈向一
深圳华侨城倚荔楼
2015 年 11 月

本书中文版序

现在您手上的这本书,是我在美国受训成为一名治疗师时读过的最重要的书之一。本书的作者们提出了一些精妙的想法,传播了一种新的思考方式,以看待人类行为、互动过程在问题产生以及维持中的角色,以及情境在理解这些问题时的重要性,影响极其深远。本书是沟通理论领域的奠基之作。

本书的一些概念诞生于格雷戈里·贝特森在加利福尼亚州的帕洛阿尔托心理研究所带领的研究团队,其中包括一些非常有影响力的思想者,比如保罗·瓦兹拉维克、唐·杰克逊、杰·海利、约翰·威克兰德和珍妮特·比温·贝勒斯。这些杰出人物在思想王国中作出了他们各自独特的贡献,并且协助奠定了家庭治疗在西方世界的疆土。

本书的第一作者瓦兹拉维克最初是个体取向的心理治疗师。我认为他提出的很多观点在本书出版时是非常前卫的,尽管现在它们被接受的程度已有所加深,但依然显得比较激进。对"被认定的病人"个体的聚焦,在心理治疗界依然非常普遍(即本书中提到的"一元"观点)。在阅读本书的过程中,你会获得一些认识,比如对人们在治疗中呈报的问题的情境加以理解的重要性,还有问题情况与其所处的更大情境之间的相互关联(即其生态)。一个人在生命历程中体验到的最重要的人际生态之一,就是他们出生于其中的生态,即他们的家庭。因此,本书在家庭治疗领域中的重要性不言而喻。

我第一次见到瓦兹拉维克博士是在2000年。当时我作为精神研究所的助理研究员,受邀前往他在1974年参与创建的精神研究所下属机构——短程治疗中心,访问他及其他工作人员。尽管只是第一次见到他,但我感觉自己已因他在哲学、激进建构主义、心理治疗和家庭治疗等领域的浩瀚著作而深受震撼。当时他已年近八旬,简朴的办公室里有一张小书桌,摆满了他多年来的学术论文与手稿。当我走进办公室时,他正在写作,但他立刻从桌边站起来,用浓重的奥地利口音和蔼地向我作自我介绍,并很快递给我一份手稿。他说,他刚刚完成这篇论文的写作,正考虑投稿给一家杂志社。他眼中闪着光芒,鼓励我读一下这份手稿,然后将自己的想法告诉他。这第一次会面,以及之后与他的每一次交流,都令我对他倾注于工作的激情、他与下一代治疗师和思想者分享观点的渴望印象深刻。我们一起工作了几年,在合作教授关于系统理论和家庭治疗的暑期课程时,他借助可视电话参与教学。他对我说,以他的年纪,已经很难坐飞机去我们学校亲自授课了,但他仍会与我们同在,他的精神将与我们在一起。他是一个体贴、风趣、善于激发学生的老师,很有幽默感。学生们都爱听他讲课,我也是。他在2007年去世。

本书的很多观点现已成为学习、教授和研究心理治疗的共识,包括那些沟通原理。这些原理包括不沟通的不可能性(一切行为都是沟通)、沟通的关系层面(报告和指令)、事件序列分割法、对称型/互补型沟通,以及数字/模拟沟通。本书呈现的其他观点包括病理性沟通的本质、等效性、非加总性、整体性、稳态和悖论。如果这些观点对你而言很新鲜,那么请读下去,这将为你打开通向理解人类行为和改变的大门。本书的某些部分可能读起来有点复杂、晦涩,但是我希望你能坚持读下去,咀嚼这些概念并牢牢抓住它们。你的努力将是值得的。

我在攻读家庭治疗的硕士学位时，第一次读到这本书。我们专业的教授温德尔·雷(Wendel Ray)博士将这本书作为系统理论课程的教科书。他曾向学生们反复强调，对于思索人们在治疗时呈报的问题和如何推动改变的过程，本书的观点是革命性的。在我读研期间所读的全部书中，这本书被我反复阅读。在一遍遍的重读中，我获得了新的启发，它的意义之重在今天仍一如当年我第一次读它之时。岁月流逝，我现已成为家庭治疗专业的教授，当我教授系统理论时，我也选择将这本书作为教材。与新一代的心理治疗师们继续我多年前与雷博士的交流，对我而言是一种享受。

从2005年起，我开始访问中国，与许多对家庭治疗感兴趣的中国同事一起工作，他们经常要我推荐一些值得译为中文的书，本书一直都是我的首选。我相信这本书将在中国情境下得到甚至可能连其作者都未曾预期的新应用。我向本系列丛书的编辑所做的工作致敬，他们努力与那些感兴趣的人分享本书的观点，从而将帮助遍及全球的无数家庭。

约翰·K·米勒(John K. Miller)博士

引言

本书讨论人类沟通的语用(行为)效应,尤其关注行为障碍。在语言沟通的语用代码和语法代码尚未规范,甚至对"人类沟通的语义学可以被更好地理解"都充满怀疑的时期,任何试图对人类沟通的语用学进行系统化的尝试都被证明是无知或过于主观的。在当前的知识水平状态下,对自然语言的习得都无法进行充分解释,谈何提炼沟通和行为之间的本质关系?

另一方面,沟通显然是人类生活和社会秩序必不可少的组成部分。同样显而易见的是,个体自诞生开始就被卷入习得沟通规则的复杂过程,虽他对诸如规则主体、人类沟通的演算机制之类的内容仅有最低程度的意识。

这本书并没怎么超出这一最低程度的意识范围。它的内容仅限于尝试构筑模型和陈述一些看似可以支持该模型的事实。人类沟通的语用学是一门尚在婴儿期的科学,它只不过刚能阅读和写下它自己的名字,还远远不能形成自己的语言体系,至于与其他许多科学领域的整合,则更是未来的事情了。然而,正是怀抱着未来整合的希望,我们向所有在最广泛意义上面临系统互动问题的领域中工作的人们推荐此书。

也许有人会认为,这本书忽略了那些与此课题具有直接联系的重要研究,比如缺乏非言语沟通及普通语义学方面的内容。然而,此书只是一本对人类沟通的语用学(这个领域显然至今仍没受到关注)进行介绍的书籍,它并不是一本所谓的百科全书,因而不可能囊括所有与人类沟通的语用学有关联的研究领域。出于同样的原因,我们在人类沟通理论方面也做了限制,尤其是对那些将沟通局限为单向现象(从讲者到听者)而不是将其看作交互过程的研究。

这个课题的跨学科性反映在它的呈现方式上。本书尽管主要着眼于精神病理学领域,但还是尽可能广泛地选取不同的对象进行举例和类比。需要注意的是,当本书借助数学进行类比时,仅仅是出于表达方便的考虑,而非意味着我们认为我们的数据已可以被量化。大量引用文学作品中的例子可能会引起不少读者对本书科学性的质疑,因为引用一些充满艺术想象力的虚构作品去印证某些观点看起来实在不够有说服力。我们并不想把这些对文学作品的援引作为证据,而是希望通过它们,用更容易理解的语言来阐述和演示理论观点;援引这些并不代表我们认为它们作为证据能证明什么。总之,这些例子和类比仅用于解释,并非用于预测或断言。

本书中有很多来自其他领域的基本概念需要加以解释,当然,该领域的专家并不需要这些解释。为了事先告知这些专家,也为了方便广大读者,在此简要概述各个章节的内容。

第1章试图勾画本书所参考的内容框架。本章介绍了一些基本概念,如函数(1.2[①])、信息和反馈(1.3),以及冗余(1.4),并假设存在一种尚未系统化的代码,它是一种人类沟通的演算机制(1.5),成功的沟通都遵循其中的规则,而当沟通被干扰时,这些规则就会被打破。

第2章界定了一些关于上述演算机制的原理,第3章对这些原理所揭示的潜在病理现象进行考察。

[①] 此处使用小数的形式细分章节,并不为误导读者或哗众取宠,而是希望通过这种形式的标示,更清晰地展示章节的组织架构,从而更清晰地展示本书中相互参照的内容。(译者注:1.2表示第1章第2节,后同)

第4章将人类关系模型作为基础体系,把沟通理论扩展到组织和结构水平;本章的绝大部分篇幅将聚焦于**基本系统**原理的讨论和应用。

第5章全是关于系统资料的实例,以便更鲜活、具体地诠释这个对人际交往有直接影响的理论。

第6章侧重于悖论的行为影响。本章的前半部分是一些概念的定义(6.1、6.2和6.3)。熟悉二律背反相关著作尤其是熟悉罗素(Russell)悖论的读者可以跳过这部分内容。6.4节介绍了相对鲜为人知的语用学悖论概念,尤其是**双重束缚**理论(double bind theory)及其在理解精神分裂症患者的沟通活动中的作用。

第7章着重介绍了悖论的治疗效果。除了7.1和7.2两节中的理论思考,本章还特别选择从沟通悖论模式的临床应用角度来加以阐述。最后一节则简要概述了悖论在喜剧、幽默和创意活动中扮演的角色(7.6)。

结语部分讨论了更广泛的现实中的人类沟通,以此作为展望。它假设,有一种与逻辑类型的层级结构相类似的规则弥散于人类关于存在的意识中,并决定了这个世界的终极可知性。

原稿经由来自精神科、生物学、电子工程等不同领域专家的严格评审,很明显,某些内容对该领域的专家而言可能是极为基础的,但对其他专家而言却过于专业。同样,有些人会认为书中——包括正文和注释——的一些定义有故作高深之嫌,因为这些词只是他们所处的专业领域日常用语的一部分,不过对普通读者而言,如果缺少了这些定义,这本书就似乎带有某种"即使你不知道这是什么意思,我们也懒得告诉你"的恼人意味。因此,本书的末尾附有术语介绍,主要针对那些在普通词典不曾收入而本书正文也未给出定义的名词。

许多人士精读了原稿的所有章节,作者们在此对他们提供的帮助、鼓励和宝贵意见致以最衷心的感谢。特别要感谢我们心理研究所的同事保罗·S·阿基里斯(Paul S. Achilles)博士、约翰·H·威克兰德(John H. Weakland)、卡洛斯·E·斯卢茨基(Carlos E. Sluzki)博士、A·罗素·李(A. Russell Lee)博士、理查德·菲什(Richard Fisch)博士和亚瑟·博丹(Arthur Bodin)博士等,东宾夕法尼亚精神病学研究所、坦普尔大学医学院的阿尔伯特·E·舍夫兰(Albert E. Scheflen)博士,斯坦福大学医学院的卡尔·H·普里布拉姆(Karl H. Pribram)博士、拉尔夫·I·雅可布(Ralph I. Jacobs)博士和威廉·C·德门特(William C. Dement)博士,西部研制试验所(Philco)的项目工程师亨利·朗利(Henry Longley),保罗·安东医学研究基金医用电子器件部门的主任诺尔·P·汤普森(Noël P. Thompson)博士,哈佛大学人格研究中心的约翰·P·施皮格尔(John P. Spiegel)博士。文中可能存在一些纰漏,作者对此承担全部责任。

本书由美国国家精神卫生研究院(基金编号MH07459-01)、罗伯特·C·惠勒(Robert C. Wheeler)基金会、詹姆斯·麦基恩·卡特尔(James McKeen Cattell)基金会以及全国精神卫生协会赞助完成,在此一并致以我们诚挚的谢意。

帕洛阿尔托,1966年3月

第 1 章 参考框架

1.1

试想以下几种不同情况：

加拿大北部某地区的狐狸数量呈现出非常明显的周期性升降趋势。以四年为周期，该地狐狸种群的数量先达到峰值，然后逐渐降低，直至几近绝迹，之后又再次上升。如果生物学家仅仅把注意力集中在狐狸身上，那么这个周期的存在就似乎无从解释，因为狐狸的习性，或无论哪个物种的习性，都不可能引发这样的变化。然而，一旦我们意识到狐狸几乎只捕猎野兔为食，而野兔也基本没有其他天敌，那么这两种动物之间的关系就为这个看似神秘的现象提供了合理的解释。由观察可知，野兔的数量也呈现典型的周期性变化，但其升降过程恰好与狐狸的相反：狐狸的数量越多，杀死的野兔也越多，渐渐地，由于食物供给变得匮乏，狐狸的数量逐渐减少，天敌狐狸的数量减少给了幸存的野兔繁衍生息的机会，不断扩大的野兔种群喂肥了残存的狐狸，又让后者的数目日增……如此反复。

一个男人突然病倒，被紧急送入医院。医生观察到病人处于昏迷状态，血压极低，大体符合急性酒精或药物中毒的临床表现。不过，化验显示病人体内没有上述物质存在的痕迹。病人的情况一直无法得到解释，直至他恢复意识，医生这才知道，原来他是一个矿业工程师，在安第斯山脉海拔15 000英尺的一个铜矿中工作了两年，刚刚返回地面。现在真相大白了，他的状况并不是生病引起的，而是健康的机体对剧变的环境适应不良所导致的。如果医生的注意力持续集中于病人本身，或者仅仅考虑自己所熟悉的环境，那么这个病人的情况可能会一直是个谜。

人行道上的路人一眼就能瞥见，在一栋乡间小屋的花园中，一个蓄着络腮胡子的男人正拖着身子，在草地上按8字形路线匍匐前行，同时不断扭头向后瞟，口中"嘎嘎"叫个不停。这是动物行为学大师康拉德·洛伦兹（Konrad Lorenz）在小鸭的印刻实验中扮成鸭妈妈时的行为。"我感到自己充满了成就感，"他写道，"因为我的小鸭子们摇摇摆摆地跟从我，表现得顺从又规矩。那时我突然抬头，看到了花园外一排死灰色的脸：一群游客正站在篱笆外，惊恐地看着我。"小鸭子隐藏在深密的草丛中，所以游客们看到的是颇为诡异的一幕——一个男人不可理喻的行为。（96，第43页）[①]

[①] 译者注：此处"96，第43页"指书后所附的第96篇参考文献的第46页。后同。

上面这些看似毫不相关的例子，其实有一个共同点：当观察者未将其背后的环境因素考虑在内时，它们都是一些莫名其妙、无从解释的现象。如果意识不到一起事件与其周边因素、一个有机体与其所处环境之间存在的复杂联系，观察者就会觉得自己正直面某些"神秘"现象，或诱使他们将一些本不存在的属性赋予观察对象。虽然生物学界已经广泛接受了这个事实，但行为科学领域在很大程度上依然立足于从个体的单一视角出发，沿用因袭已久的分离变量的方式进行研究，尤其是在研究失常行为时。如果孤立地对出现失常行为（精神病理性）的个体进行研究，考察的重点势必会集中于病态状况的*本质*，更广义地说，也就是人类精神的*本质*。如果将探寻的范围延伸到这种行为对他人的影响、他人对此的反应，以及这些状况发生的情境，考察的重点就将从人为分离出来的单一个体转移到更宽泛的系统各部分之间的关系上，人类行为的观察者也就可以从对心智的推理性研究转而研究可观测的人际关系表现。

这些表现的载体就是沟通。

我们认为，对于人类沟通的研究可以细分为语法学（syntactics）、语义学（semantics）和语用学（pragmatics）三个领域，与由莫里斯（Morris，106）[①]提出并为卡纳普（Carnap，33，第9页）所传承的符号学（symbology）（有关符号和语言的一般理论）研究的三个分支相一致。在人类沟通的框架下，这三个领域中的第一个可以涵盖信息传送的问题，因而成为信息理论专家的主要研究领域。信息理论专家关注的是编码（coding）、信道（channels）、容量（capacity）、噪音（noise）、冗余（redundancy）和语言的其他统计学特征，即主要关注*语法*问题，往往对信息符号的意义没有什么兴趣。意义是*语义学*的主要关注点。即便传送的是语法正确的符号串，但除非发送者和接收者事先对它们的意义达成共识，否则它们将维持毫无意义的状态。就此而言，信息共享的先决条件就是语义约定。最后，沟通影响了行为，这就属于*语用学*范畴。因此，这三个领域有着清晰的概念划分，但它们又相互依存。正如乔治（George，55，第41页）所指出的，"从许多方面来讲，语法确实是数理逻辑，语义确实是哲学或科学哲学，语用学确实是心理学，但这些领域并非真的截然不同"。

本书内容涉及所有三个领域，但主要探讨沟通的语用学部分，即沟通的行为效应。应予以澄清的是，实际上从一开始，"沟通"和"行为"这两个术语就被当作同义词使用。因为语用学的资料不仅仅是词语及其结构形态和含义——它们往往也是语法学和语义学的资料——事实上，语用学还包含了非言语的伴生信息和肢体语

[①] 译者注：此处表示作者为 Morris，106 指书后所附第 106 篇参考文献。后同。

言,我们甚至还会在个人的行为动作中加入沟通语境所内蕴的交流线索。因此,从语用学的角度看,不只是语言,所有行为都是沟通,而所有沟通——甚至包括一般情境中的沟通线索——都会影响行为。

此外,我们不仅像语用学研究通常所做的那样关注沟通对接收者的影响,也同样关注与之密不可分的相关内容:接收者的反应对发送者的影响。因此,我们选择减少对"发送者—信号"或"接收者—信号"等关系的关注,而是更多地聚焦于*以沟通为介导的发送者—接收者关系*。

不管正常与否,这种从沟通角度对人类行为所做的研究,是以最广义的人际关系的可观测表现为基础的。较之传统心理学,它在概念上更接近数学,因为数学是最关注对象之间的关系而非对象的性质的学科。另一方面,传统意义上的心理学表现出强烈的一元论(monadic)倾向,而现在,它越来越多地呈现出对关系和互动的复杂模式加以具体化的趋势。

大家可能会不时发现我们用数学来对假设进行比拟。这应该不会吓到没有相关专业知识的读者,因为本书中不会有公式或其他特殊符号。虽然某一天我们可能会发现人类行为能够用数学符号加以恰当表达,但做这样的量化绝对不是我们的意图。当然,如果数学的某些分支学科的研究成果能为描述人类沟通现象提供有用的语言,我们也将对其进行参考借用。

1.2　函数与关系的概念

调用数学进行类比或用以解释基本原理的主要原因是,*函数*的数学概念非常好用。为更好地解释这个问题,我们需要简单地了解一些数论的知识。

投身科学领域的哲学家们似乎都认同以下观点:现代数学思维发展过程中最重大的一步,就是从笛卡尔(Descartes)开始延续至今的一个新的数字概念的逐渐成型。在希腊数学家眼中,数是一种具体、真实、可感知的度量,被理解为与等量实物具有相同的性质。因此,几何学关注测量,而算术关注运算。奥斯瓦尔德·斯宾格勒(Oswald Spengler)在他著作中"数字的意义"("On the Meaning of Numbers",146)一章里明晰地陈述了,在古典世界中,把零当作一个数字是不可想象的,负数更是压根儿就不存在:"负量根本就不存在。$(-2) \times (-3) = 6$,这种表达既不可想象,也不能表示量的大小。"(146,第66页)数是量的表达,这一观点主宰世界达两千年之久,就如斯宾格勒所详尽阐述的那样:[①]

[①] 译者注:此处译文引自[德]奥斯瓦尔德·斯宾格勒著,吴琼译:《西方的没落》上海三联书店,2006年版。

在所有历史中,一种文化对待另一种文化,如同我们的文化对待古典文化那样,在科学的问题上这么长久地表现出敬仰和谦逊的态度,至今还找不出第二个例子。经过漫长的岁月,我们才有勇气去思考我们自己的适当想法。然而,尽管效仿古典的意图一直都存在,但我们所做的每一步尝试,实际上都使我们进一步远离那一想象中的偶像。因此,西方知识的历史,其实就是*渐进地摆脱*古典思想的历史,这种摆脱从来不是自愿的,而是在无意识的深处被迫进行的。*因此,新数学的发展,其实就是为对抗量的观念而进行的一场长期的、秘密的并最终获得胜利的战役。*(146,第76页)

我们并没有必要深入了解赢得战役的细节,我只想说,决定性的事件发生在1591年,当时韦达(Vieta)引入了字母符号,用它来替代数字。伴随着这个变化,数字作为不相关的度量的观念退居次要地位,*变量*这一强大的概念诞生了。这个概念对于古典学派的希腊数学家来说,就如同幻觉般虚妄。与数字能表示可感知的量相反,变量本身没有意义,它们只在彼此建立关系后才有意义。引入变量使人们意识到了信息的一个新维度,新数学由此成型。变量之间的联系(通常——但不是必须——借由等式表达)构成了*函数*的概念。关于函数,我们再次引用斯宾格勒的表述:

> ……(函数)在形式上根本就不是数,而是一种表示联系的符号——这种联系缺乏量级、形状和独特意义——是具有相同特性的可能状态的无穷集合,并因其代表某种统一性而作为一个数字存在。这个等式虽然有多种表示形式,但它实际上只是一个数,与加号和等号一样,x、y、z 都不是数。(146,第77页)

例如:等式 $y^2 = 4ax$ 确立了 x 和 y 的特定关系,包含了一条曲线的所有特性。[①]

在函数这一数学概念的出现和心理学对关系概念的觉察之间存在着某种平行性。很长一段时间里——就某种意义而言,它始自亚里士多德(Aristotle)——心智被设想成个体被或多或少地赋予的一系列属性或特征,诸如某人可能身形修长

[①] 数字作为量的意义可以非常具有欺骗性,即使它们被主要*用于*表示具体的量时也同样如此。比方在经济学领域,J·大卫·斯特恩(J. David Stern, 149)最近撰写的一篇文章指出,如果孤立审查国家债务,就绝对量而言,美国的国家债务有着惊人的增幅,由1947年的2570亿美元增长到了1962年的3040亿美元,但如果将其放入适当的情境,譬如参考个人可支配净收入,我们就会发现在此期间,它从151%下降到了80%。尽管经济理论家们长期关注纯经济变量系统,而非孤立或绝对的单元,但一些外行和政治家还是特别喜欢这类经济谬论。

或者体态笨重,拥有红发或金发等。19世纪末,心理学的实验时代开始了,与之相随的,是更复杂的词汇被引入,然而就某些方面而言,心理学与之前并没有本质的区别:它仍是由单一的、或多或少缺乏关联的概念所组成的。这些概念通常被认为代表了心理机能——遗憾的是,它们与数学概念中的函数无关,而且人们也无意建立这样的联系。正如我们所知,感觉、知觉、统觉、注意力、记忆以及其他一些概念被定义为某些具体的机能,直到现在,人们仍然开展大量的工作,在人为隔离的情况下对它们进行研究。事实上,这样的工作有其局限性。例如,阿什比(Ashby)在他的著作中阐述了一个特定系统的可观察性可直接影响*记忆*机能运作的假说。他指出,对观察者而言,如果拥有所有必要的信息,就没有必要参考过去经验(也就是关于这一系统的记忆),而是可以通过系统的*现状*来估计系统的行为。他给出了下面这个例子:

> ……假设我正在一个朋友的家中,外面有辆车隆隆开过时,这个朋友的狗冲到房间的角落瑟瑟发抖。对我来讲,这个情景当然有点莫名其妙。这时,我的朋友说:"它六个月前刚被一辆车碾过。"于是,有了六个月前的事件作为参考,它的行为便可以被很好地解释了。我们所说的狗能显示出"记忆力",大概就是指,它的行为可以用六个月前的状态而非现在的状态来解释。如果有人草率地认为狗"有"记忆力,也就是他觉得狗*拥有某样东西*,就像它可能有一簇黑毛一样,那么他可能就会试图寻找这样东西,他可能会发现这样"东西"有某些古怪的特性。
>
> 很显然,"记忆力"并不是某个系统能够拥有的客观事物。它其实是观察者借以填补空白的一个概念,而这个空白往往是由于系统的一部分不可观察而产生的。可观察的变量越少,观察者就越会被迫使用过去的事件来认识系统的行为。脑中的"记忆"并不完全是客观的,无怪乎我们会发现它有时显得那么不寻常,甚至自相矛盾。显然,我们需要彻底地重新审视最初的原则,以便厘清这个问题。(5,第117页)

如果我们对上述事例进行解读就会发现,它完全没有否定神经生理学在大脑信息存储方面的巨大进展。显然,经历事故后,动物的状态变得迥然不同了,在它体内一定会有一些分子变化,出现一些新的神经回路。简而言之,这条狗现在的确"有了"一些"东西"。不过阿什比明确反对这一建构及其具体化。贝特森(17)打了另一个比方:一盘正在进行的国际象棋比赛。在任何一个时点,仅仅从棋盘上的格局就可以理解比赛状态(国际象棋这一游戏能提供完备的信息),而不需要任何对于过去步骤的记录或"记忆"。即便某一时点的棋局可以解释成对比赛的记忆,它也只是一种对当前可观察的状态的理解。

当实验心理学的词汇表日渐扩展到人际场景之中,心理学的语言仍然保持了它的一元性。领导力、依赖、外向与内向、养育以及其他许多概念成了细节化研究的对象。只要这些术语被思考或重复足够长的时间,它们就会形成一种伪真实的假象,最终,"领导力"这一由人脑假想出来的孤立现象就真的成了人类心智体系中某一可测量的特质了。一旦发生这样的具体化,人们便不再认为这个术语只是一个表征某种变动不居的特定关系的速记符号了。

每个孩子在学校都会学到"运动是相对,只能通过参照物来感知",但不是每个人都能意识到,从本质上来讲,所有的知觉——进一步来说,人类的现实经验——都遵循这一原则。对于感觉和大脑的研究已经明确证实,只有关系和关系的模式才能被感知,而且它们对于经验形成至关重要。例如,如果我们用一个精巧的装置控制眼球的运动,使同一图像被视网膜的同一区域持续感知,那么被试就不再可能对其产生清晰的视知觉。同样地,一个稳定不变的声音很难被人感知,甚至可能会变得无法察觉。如果一个人要探查某一材质表面的硬度和质地,他不会仅仅把手指放在其表面,而是会移动指头反复摩挲。因为如果手指静止不动,那么他除了可能感觉到温度,接收不到其他什么有用的信息,而且对于温度的感觉也是由物体和手指之间的温差所带来的。这样的例子不胜枚举,它们都指向这样一个事实:不管怎样,所有的知觉都涉及变化的过程、运动或扫描(132,第173页)。换言之,一种关系建立的前提,是在尽可能广泛的范围内进行测试,从而最终得到一个抽象概念。我们认为这种概念与函数的数学概念相一致。因此,我们感知觉的本质并非"事物"本身,而是函数关系;正如我们所知,函数并不是孤立的量,它是"一种表示联系的符号……是具有相同特性的可能状态的无穷集合……"。如果事实就是如此,那么下述观点就不再令人惊讶了:人的自我意识的本质就是对函数、对其所涉关系的认识,这与个体如何将这种认识具体化无关。顺便说一句,所有这些事实,从感知觉障碍到自我意识问题,现在都已被大量关于感觉剥夺的文献所揭示。

1.3 信息和反馈(Information and Feedback)

当弗洛伊德(Freud)向公众介绍他关于人类行为的心理动力学理论时,他也打破了许多传统心理学的具体实践原则。他的成就当然无需赘述,不过其中有一个方面与我们的议题尤为相关。

精神分析理论的基础,是与它形成期所流行的认识论相一致的概念模型。它假设,行为主要是内心力量虚拟的交互作用的结果,而这种内心力量严格遵守物理学中的能量守恒和能量转换定律。引用那时诺伯特·维纳(Norbert Wiener)的话就是:"唯物主义显然修整了自己的语法,而这个语法被能量概念所主导。"(166,第199页)就整体而言,经典的精神分析主要保留了其关于内部心理过程的理论,因此,即使与外部力量的相互作用是显而易见的,它也认为这种相互作用是次要的,例如经典精神分析理论中的"继发性获益(second gain)"概念。① 总而言之,在精神分析学派中,个体与环境之间的相互关系仍是一个被忽略的领域。然而可以看到,关于*信息交流*的概念,即沟通的概念,已变得不可或缺。在精神动力(精神分析)模型和其他机体—环境交互作用的概念化之间,存在着至关重要的差异,下面这个比喻也许可以更清晰地阐述这种差异(12):如果一个正在步行的男人踢到了一块卵石,能量就从他的脚部传到了石头上,而后者就会产生位移,直到停止在另一个地点,而这个地点的位置则由传递的能量大小、卵石的形状和重量以及它滚动时经过的地面的性状等因素所决定。另一方面,如果那个男人踢到的是条狗而不是卵石,那么这条狗可能会蹿起来咬他。在这个例子中,踢和咬之间的联系同之前踢卵石完全不同。很明显,狗是从它自身的代谢而不是从"踢"的动作中获得能量、产生反应的,因此,这中间传递的不再是能量,而是信息。换言之,踢是一种动作,向狗传达了一些东西,而对这个沟通信息,狗又以另一种沟通行为做出了反应。这就是弗洛伊德学派的精神动力学和解释人类行为的沟通理论之间的本质性区别。显而易见,它们的复杂度不同,前者不能扩展到后者,后者也不会来源于前者:它们在概念上没有延续性。

从能量到信息的概念转换,对第二次世界大战结束后科学哲学几乎令人眩晕的高速发展至关重要,亦已对我们人类的知识体系产生了特殊的影响。人们意识到,如果能把有关某一效应的信息恰当地反馈给效感器,那么就可以确保后者的稳定性,并使其更好地适应环境变化。这一认识不仅开启了建造高级(如误差受控型、目标导向型)机器的大门,而且使控制论被公设为一种新的认识论,同时还为生物学、心理学、社会学、经济学等领域发现的异常复杂的交互系统的运行注入了全新的洞见。至少在目前看来,控制论的意义尚无可估量,而其所涉及的基本原则却出奇地简单,下面将对此进行简要介绍。

在过去的四个世纪中,科学仅关注线性的、单向的以及进行性的因果关系的研究,而一些非常重要的现象仍留在科学的广大疆域之外。借用某一有效但过分简化的说法就是,这些现象在*增长*和*变化*的相关概念上有共同特征。为将这些现象

---

① 当然,所谓的"新弗洛伊德学派"会更强调个人与环境的交互作用。

纳入统一的世界观,从古希腊开始,科学就已不得不求助于各种定义不同且总是显得不清晰、不稳定的概念,而这些概念建基于下述观念之上:事物的发展存在目的性,最终结果"在一定程度上"对过程具有决定性;或者,这些现象被赋予了某些"生机论(vitalism)"的特征,因而被排除出了科学的范畴。因此,早在大约2500年前,人们就为关于认识论的伟大争议之一搭建好了舞台:决定论和目的论之间的争论绵延至今。让我们再回到对人的研究方面,精神分析显然属于决定论,如荣格的分析心理学在相当程度上就建立于对个体获得"圆满实现"的假设之上。

控制论的出现改变了上述一切,它使这两个基本原理在一个更全面的框架下结合到一起,是"反馈"的发现使其成为可能。一连串事件中,事件a影响了事件b,事件b影响了事件c,随后c带来了d,等等。这样的事件链属于确定性的线性系统。如果d将事件链引回了a,那么这个系统便是循环性的,会以完全不同的方式运行,它所表现出的行为与那些难以用严格的线性决定论分析的现象,在本质上是类似的。

众所周知,反馈分为正向和负向两类,本书较多提及的是后者,因为它显示出动态平衡(homeostasis)(稳态)的特征,因而在获得和保持关系的稳定性中能起重要作用。相比之下,正反馈会导致改变,如失去稳定性或破坏平衡状态。无论是在正反馈中还是在负反馈中,都会有部分系统输出被作为有关输出的信息再次引入系统中。不同的是,在负反馈中,该信息被用于减少输出偏差——由此体现出"负"的含义,而在正反馈中,同样的信息被用作放大输出偏差的手段,因而会维持或加强已经出现的变化趋势。

我们会在4.4节中更详尽地讨论人际关系中的稳态概念,现在需要澄清的是,"负反馈合乎需求,而正反馈是破坏性的"这样的结论是草率和不确切的。我们的主要观点是:人际系统——陌生人群体、配偶、家庭、心理治疗关系,甚至国际关系等——可以被看成反馈回路,每个人的行为都会影响其他人的行为,也被其他人的行为所影响。向这样一个系统输入信息,可能会因其被放大而引起系统的变化,也可能因其被抵消而使系统继续保持稳定状态,这取决于其反馈机制是正向的还是负向的。对成员中有精神分裂症患者的家庭进行研究发现,患者的存在对这些家庭系统保持其稳定性无疑是至关重要的,系统会对任何试图改变其组织的内、外部尝试做出快速、有效的反应。显然,这是一种不受欢迎的稳定性。由于生命的表现形式可以被明确区分为稳定和变动两类,正反馈和负反馈机制必然以相互依存或相互补充的特定形式作用其中。普里布拉姆(Pribram, 117)在最近的著作中提出,稳定会带来新的敏感性,而新的机制对其会有不同的应对方式。因此,即使在一个相对恒定的环境中,稳定也不是死板、静止的终点,而是如克劳德·伯纳德(Claude Bernard)所言,"内部介质的稳定是自由生命存在的条件"。

反馈一直被恰如其分地看作自然活力的秘诀。具有反馈功能的系统不仅更为复杂，而且与经典力学范畴内的事物也有质的区别。对它们进行研究需要新的概念框架；它们所遵循的逻辑和认识论也并不延续传统的科学分析原则，如"孤立某个变量"，或拉普拉斯（Laplacean）的信念——得到有关于给定时点所有事实的完整知识，便能预测未来所有的状态。自我调控系统——具有反馈功能的系统——有它们自己的哲学，对它们而言，*模式*和*信息*的概念就像20世纪初物质和能量的概念一样重要。目前看来，对这些系统的研究在很大程度上受限于下面这个事实：我们没有足够复杂与完善的科学语言来承载对它们的解释。对此，维塞尔（Wieser，167，第33页）等人提出，系统本身就是对于它们自己最简单的解释。

1.4 冗余（Redundancy）

强调系统理论和传统一元论或线性理论之间的不连续性，并不会将我们导向绝望。在这里强调概念方面的困境，是为了突出寻找*新*方法的重要性，因为传统的参考体系显然不足为用。我们在研究中发现，其他关乎人际沟通的研究已取得长足进展，它们都是本章探讨的重点。阿什比的同态调节器（4，第93页以后）就是个很好的例子。该装置由四个相同的自我调节子系统构成，子系统间充分连接，因而任何一个子系统的扰动都会影响其他子系统。这意味着没有子系统能独立于其他子系统来保持自己的平衡状态。阿什比亦证实了这台机器具有几个引人注目的"行为"特点：尽管较之人类大脑或其他某些人造设备，同态调节器的电路非常简单，但它能形成 390 625 种参数组合，用更拟人化的语句来表述就是，它对其内部或外部介质的任何变化都有许多可能的适应性姿态。同态调节器通过随机搜索各种行为组合来获得稳定状态，其搜索过程会不断持续，直至实现合适的内部配置。这相当于有机体在压力下典型的试误行为。对同态调节器而言，这样的搜索所耗费的时间一般从几秒到几小时不等。对生物有机体而言，这个时间显然过长了，极不利于生存。阿什比将这一想法在逻辑上引向极端：

> 如果我们和同态调节器一样，试图一次性获得可应对所有情况的完善的适应性，那我们也许要等到地老天荒。婴幼儿不会永远等待，而是花上二十年时间发展出完整、成熟的适应性。（4，第136页）

随后他进一步指出，在自然系统中已经出现了一些经济、实用的适应性运作机制。这意味着当新的适应性被发现时，原先的适应性并不会被摧毁，因此无需从头开始搜索,仿佛从前从未有过解决方案似的。

上述这些内容与人类沟通的语用学之间的关系,在下文中将变得更加清晰。在任何时间,同态调节器中四个子系统的相互作用所可能产生的 390 625 种内部配置出现的概率是相同的,因而某个给定配置对下一个配置的发生或后序配置发生的次序没有任何影响作用。每个元素始终都有同样的机会出现,这就是所谓的随机性。我们从中不能得出任何结论,也不能预言其未来的序列状况。这也意味着其并不携带信息。然而,如果一个像同态调节器这样的系统具备了储存过去的适应性信息以备未来调用的能力,那么某些特定配置的组合将得到重复,较之其他组合更有可能出现,由此,内部配置固有序列的各种概率将发生急剧变化。这里值得注意的是,我们并不需要对这些组合赋予意义,它们的存在就是对自身最好的解释。刚刚所描述的这一事件链就是信息理论中最基础的概念,被称为*随机过程*(stochastic process)。因此,随机过程是指一种符号或事件序列固有的合法性,无论这个序列是简单如从瓮中取白石和黑石,还是复杂如作曲家使用特定的曲调模式和管弦乐元素、作家特质性地使用某一语言风格、医生利用脑电图诊断疾病。依照信息理论,随机过程体现了*冗余*或*限定*,这两个术语可与上文中随意使用的概念模式互换。为避免过度冗余,我们应再次强调,这些模式不具备也无需具备任何解释或象征意义,当然,不能排除它们与其他事件存在关联的可能性,如脑电图和某些医学状况之间就可能存在某些关联。

在有关人类沟通的三个领域中,已有两个领域开展了对冗余的广泛研究——语法学和语义学。这里需要提到香农、卡纳普和巴-希勒尔(Shannon, Carnap, Bar-Hillel)的开拓性工作。从他们的研究中可以得出一个结论:我们每个人都拥有大量关于人类沟通的语法学和语义学固有的规律性和统计学方面的知识。从心理学角度看,这方面的知识非常有趣,因为它几乎完全处在人类的意识之外。除了信息专家,可能没有人能说出序列概率或某种语言中字母和单词的使用率排名,但我们都能发现和纠正一个拼写错误,补上一个遗漏的单词,代口吃者说完他想讲的句子以捉弄他。然而,知道一门语言和*了解一门语言*是两个截然不同的知识层级。一个人或许可以正确流畅地使用他的母语,却不一定知道有关的语法和句法,比如他讲话所运用的*规则*。如果这个人要学习另一门语言——除非他用习得母语的经验方式来习得这种语言——那他就必须明确地学习关于该语言的知识。[①]

[①] 伟大的语言学家本杰明·沃尔夫(Benjamin Whorf)一再强调这一现象,比如,他在《科学和语言学》(Science and linguistics)中写道:

科学语言学家早就明白,流利使用语言的能力并不一定能赋予某人关于这门语言的语言学知识,如对语言的背景现象、系统过程和结构的理解,就好比要求打球人了解台球在球桌上运动的力学原理,这实际上已经远远超出打好台球的能力需要了。(165,第213页)。

现在让我们来看看冗余或限定的语用学问题。对文献进行回顾可以发现，至今仍很少有关于这个问题的文章发表，关于*互动*现象的语用学研究尤其稀缺。也就是说，大多数现有的研究局限于考察 A 君对 B 君的影响，未曾考虑 B 君如何影响 A 君的下一步行动，而他们其实在很大程度影响了互动发生的情境，反过来也受到情境的影响。

由此不难看出，语用学的冗余本质上与语法学和语义学的冗余相似，因而我们拥有大量的知识可以帮助我们评估、影响和预测行为。事实上，我们在这方面尤其容易产生矛盾：断章取义的行为，或显示出某些其他类型的特定随机性的行为，或缺乏限定性的行为，它们较之沟通中的语法或语义错误更为明显，会马上刺激到我们。然而，也就是在这方面，我们特别会对某些规则全不在意，这些规则往往在成功的交流中被遵循，在受干扰的沟通中被打破。我们也不断受到沟通的影响，正如前文所述，甚至我们的自我意识也依存于沟通。霍拉（Hora）令人信服地指出："人要了解自己，就需要被他人理解。要被他人理解，就需要理解他人。"（65，第 237 页）然而，如果语言学建立在语法、句法、语义学等规则之上，那霍拉所说的理解，其规则又是什么呢？我们对它们的认知处于意识之外。我们在不断进行着沟通，但我们几乎完全无法对沟通本身进行沟通。这个问题也将是这本书的主旨。

对范式（pattern）的搜寻是所有科学研究的基础。有范式时就有显著性——这句认识论的格言也适用于有关人际互动的研究。如果研究仅包括询问那些参与互动的人，了解他们习惯遵循什么模式，也就是他们之间建立了什么样的行为规则，那么这种研究是相对简单的。这种研究范式的一个习惯做法是使用问卷调查技术。然而，一旦意识到人们口中所言往往不能当真，至少在一些精神病理性情况下不能全部当真——人们口中所说的和实际表达的，完全可能是不同的意思——而且，正如我们刚才所见，有些问题的答案可能完全在他们的意识之外，那么很明显就需要采用其他方法。粗略地说，一个人的行为和互动规则可能会同等程度地揭示一个人的意识，就像弗洛伊德的口误理论所揭示的那样：①它们可能清楚地存在于个体的意识中，在这种情况下，可以使用问卷调查和其他简单的问答技术。②个体可能没有意识到它们，但当向他指出时，他或许能识别它们。③它们可能深深隐藏在个体的意识下，甚至当它们被正确定义并展示于个体眼前时，个体依然不能识别它们。贝特森用意识层次做了更形象的类比，并依据我们当下的概念框架对问题进行了陈述：

……由于我们扩大了学习的范围，我们接触到越来越多的抽象模式，而它们也越来越少地被意识所检查。它们越是抽象——我们的模式汇总越具综合性和正规性——在神经和心理层面就隐藏得越深，意识也就越不易介入和加以控制。

相比在某一特定情况下获得帮助，一个人对*习惯性*的依赖的察觉要困难得多。他也许能识别这一点，但接下来更复杂的模式，比如寻找帮助时常常恩将仇报等，就可能很难在意识中被扫描到了。(16)

幸运的是，依我们对人际互动的理解，外部观察者的情况与前述完全不同。他就像一个既不懂国际象棋规则，也不懂下棋目的的人在观看棋局。让我们在这个概念模型中用简化的假设重现现实生活中的"棋手"的无意识：假设观察者不懂棋手的语言，因此他不能提出问题和请求解释。很快，观察者会发现棋手的行为表现出了不同程度的重复和冗余，从而借此初步得出一些结论。比方说，他会注意到一个棋手走出某步棋后，几乎总是固定不变地由另一个棋手跟着走出下一步棋，他便很容易从中推导出，棋手可能遵照轮流出招的规则在下棋。不过，每种棋子的走法并不能很容易地推导出来，这在一定程度上是因为象棋规则相当复杂，另外也是因为每种棋子移动概率的差异非常大。例如，较之王车易位这种不寻常的棋步，象的移动方式更容易被推导出来，因为前者并不一定在所有棋局中都出现。还应注意，王车易位涉及同一个棋子连续走两步棋，这可能会打破轮流出招的规则，不过轮流出招具有更大的冗余，因而将最终战胜观察者构筑在王车易位这类较小冗余基础之上的理论，即使明显的矛盾尚未解决，观察者也不一定需要马上放弃先前拟定的假设。从上文可以看出，在观摩了一系列棋局后，观察者无论如何都能整理出高度准确的国际象棋规则，包括棋局的结束、将死的棋步。应当强调的是，观察者可以在不询问相关信息的情况下，自己得出这样的结论。

前述种种是否意味着观察者"解释"了棋手的行为？我们更倾向于认为，他识别了一种冗余的复杂模式。[①] 当然，如果他愿意，他可以给每一个棋子和国际象棋的每一步规则都赋予*意义*，他甚至可以创造一个几可乱真的关于国际象棋及其"深层"或"真实"含义的精妙神话，编织关于其起源的幻想故事。然而，这一切对研究国际象棋本身并不是必需的，这样的解释或神话与国际象棋的关系，就如同占星术与天文学的关系一样。[②]

[①] 舍夫兰(在一系列心理治疗访谈中)已经在人际交往水平上对这样的复杂模式以及模式套模式做了广泛研究(139)。他在开山之作中说明，这些模式是存在的，而且它们拥有一些令人难以置信的重复性及结构化的特质。

[②] 巴弗拉斯(Bavelas)最近的一个实验说明，在事实和解释之间没有必然联系(20)；每个被试都被告知自己正在参加一项关于"概念形成"的实验性调查，每个人都收到了同样的灰色石纹卡片，他们需要对这张卡片"制定概念"。每对被试(均单独会见实验者)中，一名在十次尝试中有八次被随机告知他关于卡片的描述是正确的，而另一名则在十次尝试中有五次被随机告知其描述正确。以80%的概率被"奖励"的被试倾向于对卡片保持简单的想法，而只有50%的概率被"奖励"的被试则发展出一套关于卡片的复杂、微妙和深奥的理论，涉及该卡片的每一个微小细节。当两名被试被带到一起讨论他们的发现时，有简单想法的被试往往会立即被对方"睿智精妙"的概念所折服，相信后者才正确分析了卡片。

最后这个实例可以统一我们关于人类沟通语用学中的冗余的讨论。读者们可能知道，计算机编程的一项内容就是根据指令设置个别特定规则（程序），这些规则会引导计算机开展大量相当灵活且模式化的操作。不过如上文所述，观察人际互动中的冗余则恰恰与此相反：通过观察特定系统的操作，人们试图推测其运作规则，用计算机语言来说，就是其"程序"。

1.5 元沟通（Metacommunication）和演算概念（the Concept of Calculus）

我们通过对"下棋比赛"中的语用学冗余进行假设性的观察研究所获得的知识，为我们提供了关于数学概念*演算*的类比。演算，用布尔（Boole）的话说，就是"一种运用符号的方法，其组合的规律已广为人知并被普遍运用，对其结果的解读也是持续一致的"（31，第4页）。虽然这样正式的陈述在人类沟通中也有存在的可能，但*对*演算进行论述的困难仍相当明显。当数学家不再将数学作为计算工具，而把这个工具本身作为自己的研究对象——就像他们对算术作为一个体系的一致性提出质疑时那样——他们使用的不再是数学语言，而是关于数学的语言。如大卫·希尔伯特（David Hilbert，64）所言，这种语言被称为元数学（meta mathematics）。数学的形态结构是演算，而元数学则是演算的表达，内格尔和纽曼（Nagel and Newman）非常清晰地对这两个概念之间的差异做出了界定：

> 明确区分数学和元数学的重要性是怎么强调也不过分的。过去因没有认清这一点而产生了悖论和混淆。认识这种区分的意义，有助于清楚地展示数学推理的结构。做出这种区分，有利于细致地选定形式演算的符号，避免隐蔽的假设和*可能产生误导的联想含义*。而且，它要求数学构建和演绎中所涉及的运算和逻辑规则得到精确的界定，数学家们都在*下意识地运用着其中的许多规则*。（108，第32页；斜体为本书作者所设）

当我们不再用沟通进行沟通，而是*对*沟通进行沟通时，就像在沟通研究中必须做的那样，我们不再将概念化作为沟通的一部分，而是*对*沟通进行概念化。与元数学相仿，我们称之为元沟通。较之元数学，对元沟通的研究明显有两个劣势：第一，在人类沟通领域还未出现与演算的形式系统相仿的概念。此处需要声明，我们并没有否定概念的有用性。第二个劣势与第一个密切关联：数学家拥有两门语言（他们用数字和代数符号来进行数学表达，用自然语言来进行元数学表达），而我们只能将自然语言作为沟通和元沟通的主要载体。在我们的考察过程中，这个问题将会一再出现。

如果人类沟通演算细则的揭示尚遥遥无期,那么界定"演算"这一概念又有什么用呢?在我们看来,它的用处已被一些事例所证实:这个概念本身提供了一个强大的模型,帮助我们认识这一现象的特性和抽象程度。让我们再简要强调一下:我们正在寻找语用学的冗余;我们知道它们并不是简单的、静态的数值或特性,而是一种互动的模式,类似于函数的数学概念;最后,我们预计这些模式具备误差受控系统或目标导向系统的一些普遍特征。因此,如果以此为前提来仔细查看数名沟通者之间的一连串沟通,我们将能得到一定的结论,它们当然还算不上是一个形式系统,但却来自于演算原理和定理的本质。

在前面我们引用过的著作中,内格尔和纽曼对比了国际象棋和形式化的数学演算:

> 棋子和棋盘上的方格对应于演算的基本符号,棋子在棋盘上的合法位置排列对应于演算的公式,棋子在棋盘上的初始位置对应于演算的原理或原始公式,棋子在棋盘上的后续位置对应于从原理推导出的公式(如定理),而下棋的规则便对应于演算的推理(或推导)规则。(108,第35页)

他们接着展示了棋子在棋盘上的布局是如何"无意义",而关于这些布局的表述又是如何有意义。上述两位作者这样描述抽象指令:

> ……只需通过数量有限的棋面合法布局,就可得出具有普遍性的"元象棋"定理。用这种方式可以得到白方开棋走法的数量,同样也可以得出"当白方只有两个士和王而黑方只有王时,白方将不可能将死黑方"这样的"元象棋"定理。(108,第35页)

我们大段引用了这一类比,因为它不仅阐释了元数学中的演算概念,也阐释了元沟通中的演算概念。如果我们将此类比扩展到那两名棋手,那么我们就不再是研究一个抽象的棋局了,而是开始研究由复杂的规则体系严格调控的人类互动序列。其中唯一的不同是,在指代单个行为(相当于棋局中的"一步")时,我们更倾向于使用术语"形式上不可判定",而不是"无意义"。一个行为,a,可能由加薪、俄狄浦斯情结、酒精或冰雹引发,任何关于其"真正"原因的争论都好比在争论天使的性别。由于人类不可能敞开心灵迎接外部的检视,我们所拥有的只能是推测和自我报告,而这两者的不可靠是出了名的。不过,如果我们注意到沟通一方出现行为

a——不管它是由什么"原因"引起的——引发了另一方产生行为 b、c、d 或 e，而且显然排除了行为 x、y 和 z，那么就可以提出一个元沟通的定理。由此显示，所有的互动或许都可以依照棋局来定义，这意味着，虽然沟通中的"每一步"都受某些无形的规则严格调控，而且沟通者可能根本没有意识到这些规则的存在，但我们仍能形成有意义的*元沟通*表达。正如 1.4 节中所言，在人类沟通的语用学中，存在着一种尚未被破译的演算方法，其规则能在成功的沟通中观察到，而失败的沟通则破坏了该规则。在我们现阶段的知识水平条件下，这种演算堪比那些虽然尚未被实际观测到，但却已经被理论天文学家假设存在并推测出了具体位置的星星。

1.6 结论

如果在分析人类沟通时充分考虑上述标准，那就必然会发生一些概念性的变化。现在我们将在精神病理学语境下做一番简要回顾。这里提到精神病理学语境并不表示这些观点只在这个范畴中有效，只是由于我们认为它们与该领域特别有关，在该领域中也表现得尤为明显。

1.61　黑箱概念(The Black Box Concept)　只有特别激进的思想家才会否认人类心灵的存在。所有该领域的工作者都痛苦地知道：由于在心灵外缺乏一个阿基米德支点(Archimedean point)，研究心理现象事实上是极为困难的。心理学和精神病学基本都是自省式的，其程度远超其他学科：主体和客体是同一的，心理研究本身及其所有假设都必然走向自我验证。在近几年，透视心理"活动"的不可能性导致来自电信领域的黑箱概念渐被接受。这个概念原本用于某些被缴获的敌方电子设备，它们不能被打开来进行研究，因为这可能会破坏其内部电路。这个概念现在被普遍使用是因为，目前电子硬件设备已经非常复杂，忽略它的内部结构，集中注意去研究其输入—输出关系，有时是更便利的考察方法。事实上，这些关系可能会帮助人们推导出在黑箱中"实际"发生了什么，不过这方面的知识对研究*作为一个大系统的组成部分的设备的功能*而言，并不是必不可少的。这个概念在处理心理学或精神病学问题时，具有启发式的优势，因其不要求调用根本无法验证的内心假设，从而将研究局限于可观察的输入—输出关系，即*沟通*。我们认为，这种做法标志着近期精神病学的一个重要发展趋势：将症状看作家庭系统的一种信号输入，而不只是内心冲突的表现。

1.62　意识(Consciousness)与无意识(Unconsciousness)　如果有人对根据黑箱假设观察人类行为感兴趣，他会发现，一个黑箱的输出也是对另一个黑箱的输入。这种信息交换究竟是有意识的还是无意识的？这个问题在这里并不像它在精神动力学框架中那样具有至高无上的重要性。这并不是说,我们只关心对某个特定行为的反应,而不管这个行为是有意识的还是无意识的,无论它是自愿的、非自愿的,或者是症状性的,都没有区别。如果一个人被别人踩到了脚趾,那么对他而言,对方的行为是故意的还是无心的会有很大差别。不过,这个看法基于*他*对他人动机的评估,因而也就是基于对对方脑子里到底在想些什么的假设。当然,即使他能够询问对方的动机,他可能还是不太能确定,因为对方很可能声称自己的行为是无意的,而事实上却是有意踩了这一脚,或者虽然声称这是故意的一脚,但事实上却完全是因为不小心。所有这些讨论都将我们带回"意义"的属性——一种在沟通的主观经验中至关重要的概念,但同时我们发现,在研究人类沟通时,它在客观上是不可判定的。

1.63 现在(Present)与过去(Past) 毋庸置疑,行为至少部分是由过去经验所决定的,而查找过去原因的不可靠也是众所周知的。作为一种构建,阿什比对"记忆"特点的评价,我们已在前面进行了介绍(1.2)。它不仅主要建立在主观证据的基础上,而且尽管它在探索过程中竭力避免失真,它依然很容易被扭曲,不过 A 君如何与 B 君分享自己的过去,是与这两个人之间的持续关系不可分割地联系在一起的,而且也由这两人之间的关系所决定。另一方面,如果直接观察个体与其生活中的重要他人之间的沟通(就像国际象棋的例子所显示的,以及在夫妻或家庭联合心理治疗中所做的那样),具有诊断重要性的沟通模式最终可以被识别出来,从而容许我们去规划最合适的治疗策略。因此,这个方法是搜寻此时此地的模式,而不是对符号意义、过去的原因或动机的搜索。

1.64 效应(Effect)和原因(Cause) 在这样的视角下,引发行为产生的可能或假设的原因是次要的,行为的效应成为密切关联的个体之间的互动的首要准则。比如,尽管对其成因进行了深入分析,但某种症状仍然在一次又一次的心理治疗中维持原状,而在个体及其配偶的互动情境中,它的意义却突然被揭示出来。这个症状可能体现了一种约束力,他们特殊的互动"游戏"①的一种规则,而不是原来我们假设的内心力量间未解决的冲突的结果。一般说来,我们认为症状是一种行为,能对患者的周围环境产生深远的影响。有一条经验法则能对这种联系加以说明:当*为什么*做某事依然含糊不清时,*为了什么*做某事则可以提供有效的答案。

1.65 沟通模式的循环性(The Circularity of Communication Patterns) 机体的所有部件组成了一个回路。因此,每一部分都既是起始也是末端。——希波克拉底(Hippocrates)

---

① 我们要大力强调,本书中的"游戏"一词不带有任何戏谑的含义,它源自博弈论,指的是受规则监管的系列行为。

在线性的、因果关系的渐进链中讨论起始和末尾是有意义的,但是在一个有反馈回路的系统中,这些术语就变得没有意义了。对一个回路来说,它既没有开头,也没有结尾。在这样的系统框架下进行思考,将迫使人们放弃"事件 a 先发生,其结果导致事件 b 发生"这样的想法。因为用同样的错误逻辑,也可以说是事件 b 先发生,然后导致了事件 a。这完全取决于人们选择从哪儿打破这个回路的连续性。然而,正如我们在下一章中要提出的,这个错误逻辑在人际互动中被持续使用。例如,A 君和 B 君都声称他们只是对对方的行为做出反应,而忽视了他们其实同时也用自己的反应影响了对方。同样的推理也可以沿用到下述这种无望的争论中:是某个家庭成员有精神病,才导致这个家庭存在病理性的沟通模式,抑或这个家庭中的沟通是病态的,才导致其成员患上精神病?

1.66 "正常(Normal)"和"异常(Abnormal)"的相对性(Relativity) 最早的精神病学研究是在精神病院进行的,目标是将患者分类。它有一些实用价值,包括发现了一些特定的器质性病变,如麻痹性痴呆。接着它将正常和异常的概念分化纳入法律语言,由此产生了术语"理智"和"精神错乱"。然而,从沟通的观点看来,一旦人们普遍认为某种行为只能在其生发情境下加以研究,名词"理智"和"精神错乱"就基本失去了其作为个体属性的意义。与此类似,"异常"的概念也变得不可靠了,因为目前人们普遍认为,患者的病情不是静态的,而是随其人际交往状况以及观察者的偏倚而变化的。进一步来讲,当精神症状被视为持续互动中的不恰当行为时,与经典精神病学框架截然相反的参考体系便形成了。这一重心的转变至关重要。由此,被看作个体心理方面无法治愈的渐进性疾病的"精神分裂症",与被看作荒谬的沟通情境中唯一的可能反应的"精神分裂症"(这些反应遵从并维护这一情境下的规则),是完全不同的两码事——尽管临床表现相同,但它们分属不同的概念框架。抱持不同观念的病因学分析和治疗在含义方面差异甚大,正因为如此,我们才这样慎重地研究和强调沟通的观点。

2.1 引言

第1章强调了许多传统精神病学观念并不适用于我们的探讨框架,所以看起来其中只有很少的内容可以作为语用学研究的依据。我们希望下文能显示出事实并非如此。然而,要做到这一点,我们必须分析沟通中一些具有根本性的人际内涵的简单属性。可以看到,这些属性在我们有关人际沟通的假设性演算中,具有"原理"的性质。一旦这些属性得到界定,我们就可以在第3章中讨论其中可能出现的一些病理现象。

2.2 沟通无处不在(The Impossibility of Not Communicating)

2.21 首先,行为有一个最为基本的属性,而其往往会被忽视:行为没有反相(Opposite)。换句话说,不存在"没有行为"这么个事物,或者更简要地说,人们不可能不做出行为。现在,如果人们普遍相信互动场景①中的所有行为都带着信息,即"行为是沟通",那么沟通同样拥有这一特性,也就是不管一个人如何尝试,他都不可能不沟通。不管是有所行动还是静止不动,说话还是沉默,所有的一切都携带了信息:它们会影响他人,他人也不能不对这些沟通做出回应,于是完成了交流。以下这点应该被清楚地理解:仅仅只是没有交谈或注意到对方,也不代表没有沟通。在拥挤的小餐馆中正视前方的男人,或者飞机上双目紧闭的乘客,其实都在进行着沟通,他们向外传递"我不想和任何人交谈,也不想被任何人打搅"的信息,而他们的邻座也往往能"收到这些信息"并恰当地予以回应,让他们可以得到清净。显然,这里面的双向沟通丝毫不逊于一场活跃的讨论。②

我们同样不能说,"沟通"只发生在故意的、有意识的或成功的情形下,即只发生在相互理解时。"发出的信息是否等于接受的信息"虽然重要,但却不是分析的中心,因为它基本取决于对具体的、内省的、主观的报告数据的评估,而这些是我们在阐述沟通的行为理论时所刻意忽略的。至于误解问题,鉴于沟通特定的形式特

---

① 需要补充的是,即使一个人独处,他也可能在幻想中进行对话,与自己的幻觉(15)(译者注:指参考文献15)或生活(8.3)(译者注:指第8章第3节)对话。也许,这样的内部"沟通"也遵循一些主导人际沟通的规则,不过这种不具可观察性的现象还是超出了我们这个术语的意义范围。

② 拉夫特(Luft)在这一领域进行了非常有趣的研究(98),他将此命名为"社会刺激剥夺"。他把两个陌生人带进一个房间,让他们面对面地坐着,要求他们"不能用任何方式交谈或沟通"。后续的会谈揭示,这种情境让人备感压力,引用作者的原话便是:

……在他面前,另一个独特的个体持续但无声地做着各种行为。在这一点上,假设确实发生了人际试探,那也只有一部分的试探是有意识地进行的。例如,对方怎么回应他和他给出的非言语的微小暗示?对他征询的目光,对方是试图去理解,还是冰冷地予以忽略?对方有没有摆出一些暗示紧张的姿势,表明其正面临一些苦恼?他有没有变得越来越自在,表明他渐渐接受并适应了某些状况?或者对方对他熟视无睹?诸如此类的许多行为似乎正在发生……

征,我们更关注与病理性有关的发展,而非沟通主体的动机或意图。

2.22 在上文中,术语"沟通"被以两种方式使用:一种是作为我们研究的通用名称,另一种是作为被松散定义的行为单元。现在让我们更精确地进行表达。当然,我们将继续简单地用"沟通"来指代人类沟通理论的语用学层面。对于沟通(行为)的不同单元,我们搜寻了一些已广为人知的术语。一个单一的沟通单元可以被称为一个*信息*,在不引起混淆的情况下,也可称为*一次*沟通。人与人之间一系列的信息交换可以被称为*互动*(当然,对那些希望其量化能够更精确的人,我们只能说,用"互动"一词指代的序列是多于一个信息的,但也不是无限的)。最后,在第4章到第7章,我们将提到*互动模式*,它是更高水平的人类沟通单元。

此外,一旦我们相信所有的行为都是沟通,那么即使面对最简单的单元,我们也显然不是在处理一个单声道的信息单元,而是在处理涉及多种行为模式的一种流动的、多相的混合物——语言、声调、姿势和语境等——所有这些都对其他因素的意义进行了限定。这个混合物(被视作一个整体)所包含的不同要素可以非常多样化,有着各种复杂的排列,从完全一致到稍有出入,甚至是相互矛盾。这些组合在人际沟通中的语用学效应,正是本书的兴趣所在。

2.23 "沟通无处不在"的现象不只具有理论上的意义。例如,它是精神分裂症患者"两难问题"的组成部分。如果暂时搁置病因学方面的考虑,单纯观察精神分裂症性行为,精神分裂症患者看起来努力*不进行沟通*。然而,既然废话、沉默、退缩、静止不动(姿势沉默)或其他任何形式的拒绝本身就是一种沟通,那么精神分裂症患者便不能否认他正在沟通,也不能否认他的否认同样是一种沟通。意识到这一两难困境会在许多方面加深我们对精神分裂症式沟通的认识。正如我们所看到的,既然任何沟通都意味着承诺,并界定了发送者对自己和接收者之间关系的看法,那么可以假设,精神分裂症患者不沟通是为了避免给出承诺。当然,他的目的是否如此不可能借助因果律来证明,我们将在3.2节中更加详尽地讨论精神分裂症性行为的效应。

2.24 综上所述,沟通语用学的第一条元沟通原理可以假设为:*没有人可以不沟通*。

2.3 沟通的内容和关系层面

2.31 前面的论述中隐含了另一条原理,那就是:任何沟通都意味着承诺,并由此界定了关系。换句话说,每次沟通都不仅仅是传递了信息,它也规定了行为。

在贝特森(132,第179—181页)之后,这两项操作便被分别视为沟通中的"报告(report)"方面和"指令(command)"方面。贝特森用生理学的例子来说明这两个方面:假设神经元A、B和C是一条线性信号传递链上相邻的三个神经元,那么如果神经元B放电,则既可以认为这是对神经元A已经放电的"报告",也可以认为这是要求神经元C放电的"指令"。

资讯的报告方面传递信息,因此,它在人类的沟通中与资讯的*内容*同义。它可以涉及任何可传播的事物,不管这个信息是真的还是假的,有效的、无效的,还是不可判定的。另一方面,指令显示了这一资讯究竟作为何种信息被获取,从而最终指向沟通者之间的*关系*。所有的关系表述都是下列陈述中的一种或几种:"我是这样看待自己的……我这样看待你的……我是这样看待你怎样看待我的……"而且这个句式在理论上可以无限往复。因此,"慢慢地、平顺地松开离合器很要紧"这个资讯和"你就放着离合器不管吧,看它能撑多久"这个资讯有近乎相同的内容(报告),但它们显然界定了非常不同的关系。为了避免对前文产生误解,我们需要澄清,关系的界定通常比较随意,往往不会被充分意识到。事实上,一种人际关系越是自然、"健康",沟通的关系方面就越不重要。反之,"病态"关系是以在关系的本质方面持续斗争为特征的,沟通的内容方面则变得越来越不重要。

2.32 很有趣的是,在行为科学家对人类沟通的这些方面产生兴趣之前,计算机工程师就已经在他们的工作中遇到了上述问题。他们越来越清楚,当与一个人工组织交流时,沟通必须包含报告和指令两个方面。例如,如果要计算机将两个数字相乘,就必须输入这个信息(两个数字),以及关于这个信息的信息——"将这两个数相乘"这一指令。

现在,我们需要思考沟通的内容(报告)和关系(指令)这两个方面之间的联系。前面的段落提及计算机工作需要*信息*(数据,data)和*关于信息的信息*(指示,instructions),从本质上讲,它们其实已对此联系做出了定义。显而易见,指示是比数据更高级的逻辑类型,它们是关于信息的信息,也就是*元信息*。任何对此二者的混淆都将导致毫无意义的结果。

2.33 现在让我们来看人类的沟通,其中存在着与报告和指令之间的关系相同的联系:前者传递沟通的"数据",后者则传递此沟通如何进行。"这是一个命令"或"我不过是在开玩笑"就是这类"关于沟通的沟通"的口语实例。关系还可以用诸如喊叫、微笑或许多其他非言语方式来传达,而且从沟通的情境中也可以清楚地了解关系,比方穿着制服的士兵之间,或在马戏团中。

读者可能已经注意到沟通的关系方面,即关于沟通的沟通,与第1章中详细阐述的元沟通的概念相一致；在那一章中提及，对沟通进行沟通受限于概念框架以及沟通分析者使用的语言。现在我们可以看到，不只是沟通分析者，所有人都面临这一问题。能正确地进行元沟通不仅仅是成功沟通*必不可少的条件*，它也与"对自我和他人的意识"这一艰巨问题紧密相联。我们会在 3.3 节中对这一点做更详细的说明，就目前而言，我们只是想通过举例向大家展示，消息可以被构建，尤其是在通常可提供非常模棱两可的元沟通线索的书面沟通中。正如彻里(Cherry, 34，第 120 页)所指出的，"你认为那个人会去做吗"这句话根据重音位置不同，会有多种不同的意思——而书面语中通常不提供重音指示。我们还可以举另一个例子，比方一家餐厅的标牌上写着"如果顾客认为我们的侍应生举止粗鲁应当去见经理"，在理论上，这句话能用两种完全不同的方式解读。各类沟通的结构层面可能产生包括上述歧义在内的多种问题，比方写着"忽略本标牌"的告示等。正如我们将在"悖论沟通(paradoxical communication)"那章中读到的，这些层面——沟通和元沟通——之间的混乱和混淆将会导致僵局，其结构与那些著名的逻辑悖论相一致。

2.34 我们暂且将前文总结为演算沟通的另一条原理：每次沟通都有内容和关系两个层面，而后者对前者进行分类，因此是一种元沟通。①

2.4 事件序列分割法(The Punctuation of the Sequence of Events)

2.41 我们希望探索的下一个沟通的基本特征与互动——资讯的交换——有关，它发生在沟通者之间。对外部观察者而言，一场沟通可以被看作一个*持续不断的互动序列*。然而，互动的参与者往往引入沃尔夫(165)、贝特森和杰克逊所称的"事件序列分割法"：

> 刺激—反应心理学家通常只关注那些被缩得很短的交互序列，以便能将输入中的一项标为"刺激"，将另一项标记为"强化"，并把被试在这两项之间所做的事标记为"反应"。研究经此删减的短序列，使得谈论被试的"心理"成为可能。与之相反，我们这儿要讨论的交互序列会长得多，因此它具有下述特征：序列中的所有项都同时是刺激、反应和强化。A 的某一行为后跟着 B 的一项行为，而 B 的这项行为后面又紧跟 A 的另一项行为，所以 A 是一个刺激。然而 A 的一项行为被夹在 B 的两项行为中间，所以它也是反应。同理，A 的

---

① 我们多少有些武断地说，关系对内容进行了分类，或涵括了内容方面。在逻辑分析中，下面的说法也同样正确：类是由它的成员界定的，因此也可以认为是内容定义了关系。不过，既然我们的主要兴趣不是信息交换，而是沟通的语用学，那么我们还是选择前一种表述吧。

一项行为后跟随着 B 的一项行为,因而它还是强化。这种持续进行的互动就这样构成了一个有重叠的三元链条,其中的每一组都相当于一个"刺激—反应—强化"序列。我们能将此交互序列中的任何一个三联结构提取出来,作为刺激—反应—强化习得实验中的一个独立测试。

如果从这个角度去考察传统的习得实验,我们可以马上发现,反复实验使这两个有机体——实验者和他的被试——之间产生了关系分化。在这些测试中,始终是实验者提供"刺激"和"强化",而被试提供"反应"。这些词被加上了引号,是因为事实上,这样的角色定义只是由于有机体想要接受分割法系统而被人为创造出来的。这些角色定义只不过相当于罗夏墨迹卡片上的"蝙蝠"——在或多或少的过度限定下产生的感知结果。如果一只老鼠说"我已经训练了我的实验者,每次我按下杠杆,他就会喂给我食物",那么说明它不愿接受实验者主导的序列分割法。

然而,真实的情况是,在一个长的交互序列中,相关的有机体——尤其当他们是人类时——的确会将序列分割得好像某一方握有主动权、主导权等。他们会在彼此之间设立交互模式(不管有没有达成共识),而这些模式事实上会成为有关强化互换等意外情况的管理规则。尽管老鼠很容易被重新标记,但一些精神病患者却不是这样,他们会对治疗师造成心理创伤!(9,第 273—274 页)

沟通序列的分割法总体而言是好是坏,在这里都无关紧要,因为分割*组织了*行为事件,故而对进行中的互动至关重要。在文化方面,我们共享许多序列分割法的惯例,它们为组织常见且重要的互动序列而服务,尽管它们并不比其他分割法更具准确性。比如,我们会将团队中某个以某种方式行事的人称为"领导",而将以另一方式行事的人称为"跟随者",如果仔细思考一下,其实很难说是谁跟随谁,或如果没有这个人,另一个会怎样。

2.42 在分割事件序列上的分歧,是无数纠结关系的根源。假设一对夫妇有婚姻问题,丈夫始终被动回避,妻子则不停地唠叨和批评。在解释他们的挫败时,丈夫声称回避是他*对付*妻子唠叨的唯一*手段*,而妻子则将这个解释斥为对婚姻中的"事实"粗暴的肆意歪曲,即:她批评挑剔他正是*因为*他表现得过于被动。剥除所有瞬时的、偶然的因素,他们之间的争执其实囿于单纯地交换"我回避是因为你唠叨"和"我唠叨是因为你回避"的资讯。我们在 1.65 节中已经简要提及了这种互动。如果用图形表示,他们的互动看起来有点像这样:

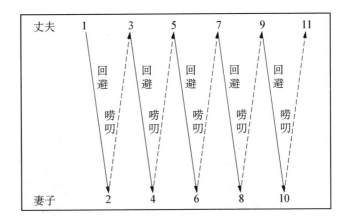

可以看出,丈夫只感知到了三联结构 2-3-4、4-5-6、6-7-8 等,他的行为(实线)看起来"只不过"是对妻子行为(虚线)的反应。而妻子则有完全不同的解读,她将事件的序列分割为三联结构 1-2-3、3-4-5、5-6-7 等,认为她自己只是回应而不是引发丈夫的行为。在做夫妻联合心理治疗时,治疗师常常会对来访者双方所表现出的"现实歪曲"的强度感到震惊。两个人对许多共同体验居然会有这么大的分歧,这往往令人难以置信。问题主要出在之前多次提到的一个地方:他们无法对彼此的交互模式进行元沟通。这种互动有着"是—否—是—否—是"这样振荡进行的特质,理论上可以循环往复,而且我们在之后将会看到,它几乎总是伴随着互斥疯狂与恶毒。

国际关系中也充斥了类似的互动模式,例如西里尔·埃德温·米钦森·乔德(C. E. M. Joad)这样分析军备竞赛:

> ……如果像他们所主张的,维护和平最好的方式是做好战争的准备,那为什么每个国家还是将其他国家的军备力量视为对和平的威胁?不过,他们的确是这样认为的,而且在这种观点的刺激下不断提升他们的军备,以超越那些他们所认为的具有威胁性的军备力量……A 国所谓的自卫性军备引起了某些国家的军备增加,而这些增加的武器接着又会被 A 国认为是一种威胁,以此为借口,A 国将增加更多的军备力量,用以保卫自己并对付外来威胁。同样地,这些增加的军备力量会被邻国解读为一种威胁,依次类推……
> (79,第 69 页)

2.43 数学再一次为我们提供了形象的类比——"无限振荡序列"的概念。这个术语的出现其实很晚,奥地利神父伯纳德·博尔扎诺(Bernard Bolzano)是最早逻辑性地持续研究这类序列的人，他深深痴迷于无限的意义，并在1848年去世前不久提出了这一概念。他的思想被完整地呈现于他去世后出版的一本名为《无限的悖论》(*The Paradoxes of the Infinite*, 30)的小书中，这本书现已成为数学经典。在这本书中，博尔扎诺分析了不同的序列(S)，下面这个或许是其中最简单的：

$$S = a - a + a - a + a - a + a - a + a - a + a - \cdots$$

我们可以用这个序列表征一个对资讯 a 进行确认和否认的沟通序列。正如博尔扎诺所展示的，这个序列可以按照几种从算术角度看都正确的方法①予以分组——用我们的话说就是"分割"。序列的结果在不同程度上受限于人们对序列元素进行分割的方式，这个结果也使许多数学家感到惊愕，其中包括莱布尼茨(Leibnitz)。不幸的是，如我们所看到的，博尔扎诺对这一悖论提供的解答对解决此类沟通困境毫无帮助。贝特森提出，这个困境源自序列分割的谬误，它允许人们将他人的行为置于序列的起始处，使一切显得好像是对方有错在先。

2.44 因此，我们得到了元沟通的第三条原理：*关系的本质视沟通者之间信息交流序列的分割方式而定。*

2.5 数字沟通和模拟沟通(Digital and Analogic Communication)

2.51 在中枢神经系统中，功能单元（神经元）通过连接成分（突触）接收所谓的量子信息包，在这些"信息包"到达突触时，会产生兴奋性或抑制性的突触后电位，经神经元加总后，引起对放电行为的激活或抑制。这一神经元活动包括放电和不放电两种情况，因此传递了与二进制数字的相类似的信息。另一方面，体液系统的运作并不基于信息的数字化。该系统通过向血液释放一定量的特定物质进行信息传递。机体内部信息传递的神经模式和体液模式不仅仅只是并存而已，它们实际上是互补的，往往通过高度复杂的方式互相影响。

---

① 三种可能的分组("分割")形式如下：
  (1) $S = (a-a) + (a-a) + (a-a) + (a-a) + \cdots$
       $= 0 + 0 + 0 + \cdots\cdots$
       $= 0$
  (2) $S = a - (a-a) - (a-a) - (a-a) - \cdots$
       $= a - 0 - 0 - 0 - \cdots$
       $= a$
  (3) $S = a - (a - a + a - a + a - a + \cdots)$
    既然括号中的元素正是这个序列自身，所以它也可以写成：
    $S = a - S$
    所以 $2S = a$，也即 $S = a/2$ (30, 第49—50页)

在人造机器领域，也能发现上述两类基本沟通模式[①]：利用真空电子管或晶体管的全或无原则制造的计算机基本上是用数字进行工作的计算器，所以被称为*数字计算机*；另一类机器则对离散的、正值的量——模拟数据——进行操作，因此被称为*模拟计算机*。数字计算机以数字的形式对数据和指令进行处理，从而通常——尤其对指令而言——在特定的信息和其数字化的表达之间只有一种任意性的对应关系。换言之，这些数字是任意指定的代码，和实际的数量大小没有什么相关之处，正如分配给用户的电话号码一样。另一方面，正如我们已经看到的那样，类比原则是所有模拟计算的本质。就像有机体体液系统的信息载体是某些物质及其在血液中的浓度一样，模拟计算机中的数据以离散的形式呈现，因此总是正数，如电流的强度、轮子的转数、部件的位移程度等。潮汐机(由刻度尺、齿轮和杠杆组成的仪器，以前被用来计算给定时间的潮汐)就可以被认为是一种简单的模拟计算机，当然，第1章中提到的阿什比的同态调节器也是模拟计算机的一个范例，尽管它并不进行任何计算。

2.52 在人类沟通现象中，对象——在最广泛的意义上——可以用两种完全不同的方式加以表现。它们既可以由形象来表示，如图画，也可以由名称来表示。因此，书面语"猫抓了只老鼠"这句话中的名词都可用图画来代替，如果这句话是说出来的，那还可以用手指向真实的猫和老鼠，不过这在沟通中不太常见，通常人们还是使用书面的或口头的"名字"，即某个词语。当然，这两种沟通方式——通过不言而喻的画像，或通过词语——分别等同于模拟和数字的概念。当一个词被用于*命名*事物时，这个名称和被命名的事物之间的关系显然是任意确定的。词语是为语言的逻辑句法所操控的任意符号。为什么三个字母"c-a-t"能表示一种特定的动物？这并没有特别的原因。从根本上分析，它只不过是英语中的一个语义约定，除了这个约定，词和它所代表的事物之间就不存在任何其他关联了，拟声词可能是一类无关紧要的例外。例如贝特森和杰克逊指出："数字'5'，并没有什么特别像5的地方，而词语'table'看起来也并不像一张桌子。"(19,第271页)

另一方面，在模拟沟通中，被用来表达某个事物的事物，*的确存在*一些与被表达的事物特别"相像"的地方。模拟沟通中可以更容易地指称所要表达的事物。例如：用收音机大量收听外语节目，能增强对外语的理解；通过观察手语和所谓的意向运动，即使操作者来自完全不同的文化背景，人们也能相当容易地获取一些基本的信息。对上述情况有所意识后，沟通的这两种模式之间的差异可能会变得更为

[①] 有趣的是，我们有理由相信电脑工程师是在当时的生理学领域之外独立得出这个结果的，这一事实为冯·贝塔朗菲(von Bertalanffy, 25)的假说提供了绝佳例证:复杂的系统都有其自身固有的合法性，为各个系统层面所遵循，如原子、分子、细胞、机体、个人、社会等。传说在一次与反馈现象有关的跨学科科学家聚会[可能是某次约西亚·梅西(Josiah Macy)基金会的会议]中,伟大的组织学家冯·博宁(von Bonin)展示了选择性读取装置的接线图,然后说:"其实,这不过是一张视觉皮质第三层的示意图……"我们不能肯定这个故事一定是真实的,但就像意大利谚语所讲的,"se non è vero, è ben trovato"(即便它不真实,也依然是个好故事)。

清晰。我们认为,模拟沟通来自古老的进化阶段,因此,较之语言沟通中较晚出现且更加抽象的数字模式,前者的有效性覆盖面更广。

那么什么是模拟沟通呢?答案相对简单:几乎所有的非言语沟通都是模拟沟通。然而,这个术语具有迷惑性,因为它往往被局限于指称身体运动,指称那些属于人体运动学的行为。我们认为,这个术语的内涵必须包括姿势、手势、面部表情、语音拐点、顺序、韵律和言辞本身的节奏、生命体所能够执行的任何其他非言语的表现形式,以及存在于任何互动*情境*①中的沟通线索。

2.53 人类是已知的唯一能同时采用模拟和数字两种模式进行沟通的生物②。其中的意义虽未得到充分了解,但却不可能被高估。一方面,人类毋庸置疑地进行着数字沟通。事实上,如果人类没有发展出数字沟通,即便不是所有也有绝大部分人类文明的成果会变得无从想象。它对*对象*的信息共享和知识传播的时间绑定功能尤为重要。与此同时,还存在着一个我们几乎要完全依赖于模拟沟通的广大领域,其操作模式与我们从哺乳动物祖先那里传承下来的模拟方法大致相同。这个领域就是*关系*领域。基于丁伯根(Tinbergen,153)和洛伦兹(96)的成果,贝特森通过自己的研究证实,动物的发声、意向运动和情绪信号都属于模拟沟通,动物借助它们,而不是靠发布声明,来界定它们与其他生物的关系性质。他举例说:当我打开冰箱时,猫咪进来了,蹭着我的裤腿喵喵娇叫。这并不表示"我想喝牛奶"——就像人类可能会表达的那样——这个动作是对特定关系的请求:"做我的妈妈吧。"因为这个动作只在小猫与相关的成年猫咪相处时才能被观察到,不会发生在两只成年动物之间。宠物爱好者往往坚信动物"懂得"他们说的话,其实动物真正懂得的,必定不是那些话的意思,而是伴随讲话发生的丰富的模拟沟通。我们发现,当关系成为沟通的核心问题时,数字语言几乎是无意义的。这一现象不仅存在于动物与动物之间、人与动物之间,而且也存在于人类生活的许多其他偶发事件中,如求爱、恋爱、救援、格斗,当然也包括所有与幼儿或严重精神障碍患者的相处。人们总认为儿童、愚人和动物对他人的诚恳与伪善有特别的直觉,因为口头鼓吹一些东西很容易,但把谎言带入模拟王国却很难。

简而言之,只要记得每次沟通都有内容和关系两个方面,我们就能发现沟通的这两种模式不只是在每则信息中简单并存,而且还互为补充。我们还会发现:内容方面可能以数字化的方式传送,而关系方面的传送则主要是模拟性的。

2.54 上述对应关系体现了沟通的数字模式和模拟模式之间的特定差异在语

---

① 在对人类沟通现象进行分析时,情境作为沟通中最重要部分的意义实在太容易被忽略了:在繁忙的街道上而不是在洗漱间刷牙的人,可能会被迅速逮去警察局或疯人院——这只是关于非言语沟通的语用效应的一个例子。
② 有理由相信鲸鱼和海豚可能也用数字沟通,但是这方面的研究尚无定论。

用学方面的重要性。为了让这些差异更明晰，我们可以回顾一下人造沟通系统中的数字模式和模拟模式。

两种沟通类型——数字的和模拟的——的性能、准确度和通用性截然不同。模拟计算机用以代替实际量的模拟值只是一种对真实情况的估算，而且在计算机本身的运行过程中，这一难以避免的误差源还会进一步扩大。钝齿、齿轮和变速箱的构建永远不可能达到完美，即使在模拟机完全依赖于电流、电阻、变阻器等的离散强度时，其模拟值仍会受到根本无法控制的波动的影响。另一方面，如果数字存储空间不受限，数字机就能够以完美的精准度工作，因此需要对所有超出机器限定位数的结果进行修约取整。用过计算尺（它是模拟计算机的一个贴切的实例）的人都知道，他只能得到一个近似的结果，而在另一边，只要所需数字不超过计算机能处理的最高位数，任何台式计算机都可以提供非常精确的计算结果。

除了其完美的精确度，数字计算机还拥有另一巨大的优势：它不仅可以进行算术运算，也可以进行*逻辑*运算。麦卡洛克和皮茨（McCulloch & Pitts）(101)已经揭示，逻辑运算的十六个真值函数可以由全或无式的元件组合来表示，如用两个脉冲之和表示逻辑关系"与"，用相互排斥的两个脉冲表示逻辑关系"或"，而抑制元件激活的脉冲则可表示否定等。模拟计算机与此完全不能相提并论，因为它们只能处理离散的正数，所以不能代表任何负值，包括"负"的概念和任何其他真值函数。

计算机的一些特征也同样适用于人类沟通：数字材料较之模拟材料具有更高程度的复杂性、通用性和抽象性。我们特别发现，模拟沟通在处理逻辑句法方面完全不能与数字沟通比肩。这意味着模拟语言缺乏诸如"如果……那么……"、"不是……就是……"之类极为重要的论述元素，因此，用模拟语言表达抽象概念就像使用原始象形文字，每个概念都只能用它的外形相似物来代表，其困难程度由此可见一斑。此外，模拟语言和模拟计算机一样缺乏简单否定的表达，如对"没有"的表达。

有例为证：有的眼泪代表伤心，也有的泪水代表喜悦；紧握的拳头可能预示挑衅或紧张，微笑可以表达鄙视或同情，沉默可以解释为机敏或冷漠。或许所有的模拟信息都有这样奇异的暧昧性质，让人想起弗洛伊德的《原始词汇的悖反意义》（*Gegensinn der Urworte*）。模拟沟通中没有限定词可用来消除歧义，也无法在过去、现在和将来之间做出区分。① 这类限定词和时态标识切实存在于数字沟通中。

---

① 读者现在已发现了沟通的模拟模式和数字模式之间与精神分析的初级过程和次级过程的概念之间存在着何等的相似性。如果将背景从内心转到人际关系，弗洛伊德对本我的描述便成了对模拟沟通的定义：

逻辑定律——尤其是矛盾律——无法解释本我的活动。相互矛盾的冲动彼此并行不悖，不会相互抵消……在本我中，没有任何事物可以与否定作用相比拟，同时我们十分惊讶地发现，主张"空间与时间乃是我们心理行为的必要形式"的哲学理论，在此却有了例外。 (49, 第 104 页;斜体为本书作者所设)

不过,数字沟通缺乏足够的词汇来表述关系的偶然性。

不管是作为信息的发送者还是接收者,人们在需要将这两种语言结合使用时,必须持续不断地把一种语言*翻译*成另一种语言,在此过程中将遭遇非常古怪的困境,我们会在"病理性沟通(pathological communication)"那一章中进一步阐述其细节(3.5)。在人类沟通中,翻译的困难是双向的。将数字模式译为模拟模式,必然会损失巨额信息(详见 3.55:癔症症状的形成);反过来也同样异常困难:要*讨论*关系,需将沟通中的大量模拟信息翻译为数字信息。最后,我们可以想象得到,当两种模式必须共存时,类似的问题便会出现,就如海利在他精彩的"婚姻治疗"那章(Chapter"Marriage Therapy")中所写的:

> 如果一个男人和一个女人决定通过结婚仪式来将彼此的结合合法化,他们就给自己带来了一个问题,这个问题将贯串他们的婚姻始终:现在他们结婚了,那么他们是因为想在一起而在一起,还是因为他们必须在一起所以才在一起?(60,第 119 页)

鉴于上述情况,我们会说,当他们的关系中最具模拟性的部分(求偶行为)被加以数字化(婚姻契约)时,对他们的关系进行明确定义就变得非常困难了。[①]

2.55 总结:人类既进行数字沟通,也进行模拟沟通。数字沟通极为复杂,且拥有强有力的逻辑句法,但在关系方面缺乏语义学意义。模拟沟通具有语义学价值,但却缺乏足够的句法来对关系的本质进行明确界定。

2.6 对称型互动与互补型互动(Symmetrical and Complementary Interaction)

2.61 1935 年,贝特森(6)报告了他在新几内亚的雅特穆尔部落观察到的互动现象,一年后他出版了著作《纳文》(*Naven*[②],10),在该书中进一步阐述了大量的细节。他称这个现象为*分裂演化*(schismogenesis),并将其定义为*由个体之间的累积互动而导致的个体行为规范的分化过程*。1939 年,理查森(Richardson)将这个概念用于分析战争和外交政治(125)。从 1952 年起,贝特森等人在精神病学研究领域证实了这一发现的有用性(参见 157,第 7—17 页,以及 143)。我们可以看到,

---

① 出于同样的原因,或许可以这样说:如果用一种表现彻底分道扬镳的模拟性的仪式来取代枯燥、乏味的法庭裁决,人们对"离婚"状态的感受或许会更加明确。
② 译者注:Naven 为该书英文名。

这个概念比任何其他规则都更具启发意义,贝特森在《纳文》一书中将其阐述如下:

> 当我们依据个体对其他个体的反应所做的反应来界定规则时,可以明显看到,即使没有外界的干预,两个个体之间的关系也具有随时间推移而不断变化的倾向。我们不仅必须考虑 A 对 B 的行为的反应,还必须接着考虑这种反应如何影响 B 的后续行为,以及它们又会对 A 产生什么影响。
>
> 很多关系系统,不管是个体之间的还是群体之间的,都显然具有一种累进变化的趋势。举个例子,如果 A 身上所表现出的某种被所属文化标注为"专横"的行为模式被认为是恰当的,同时 B 被期望以一种被此种文化标注为"服从"的态度来回应 A,那么这种专横就会要求更进一步的服从。我们由此看到了一种潜在的累进发展状态,除非有其他因素能抑制这种专横与服从行为的过度发展,否则 A 必然越来越专横,而 B 则会越来越服从,不管 A 和 B 是独立的个体还是互补群体的两个成员,这种累进变化都会发生。
>
> 我们可以将这种累进变化描述成*互补型分裂演化*,此外还存在着另一种个体或群体之间的关系模式,它也具有累进变化的雏形。例如,如果一个群体表现出"自夸"这种文化行为模式,而另一个群体也以自夸相回应,那么就会形成一种竞争态势,自夸引发了程度更甚的自夸。我们可以将这种累进变化的类型称为*对称型分裂演化*。(10,第 176—177 页)①

2.62 在运用上述两种模式时,人们已不再称其为分裂演化过程,现在它们通常被简称为对称型互动和互补型互动。它们可用于描述具有平等性或差异性的关系。在第一种情况下,参与者试图镜像反映彼此的行为,因而他们的互动可以被界定为具有*对称性*。在这里,双方的强弱优劣都无关紧要,因为它们在各方面都能始终保持同等水平。在第二种情况下,参与者的行为补充了彼此的行为,形成了另一种行为的完形,也就是*互补*。因此,对称型互动的特征是平等和差异的最小化,而互补型互动则建立在差异最大化的基础之上。

在互补型关系中存在着两个不同的位置。参与者中的一方占据了优势性的、首要的或"胜人一筹"的地位,而另一方则相应处于顺从的、次要的、"低人一等"的位置。这些描述非常有用,因为它们不等同于"好"或"坏"、"强"或"弱"。互补型关系可能由社会或文化情境(如母亲和婴儿、医生和病人,或者教师和学生)所创设,

---

① 译者注:此处译文引自[英]格雷戈里·贝特森著,李霞译:《纳文——围绕一个新几内亚部落的一项仪式所展开的民族志实验》商务印书馆,2008 年版。

也可能是特定二元关系的特异形式,不管是哪种情况,都必须强调关系的连锁性质的重要性,相异而匹配的行为彼此诱发、互相影响。参与者中的一方不会将互补型关系强加给对方,而是每一方都以某种方式行动,这种方式预设了对方的行为,同时也为对方提供了行动的理由,即他们对关系的定义(2.3)。

2.63 我们认为还存在第三类关系——"元互补"(meta-complementary)型关系,在这类关系中,A 允许 B 或强迫 B 掌控自己。同理,我们也可以提出"伪对称"型关系,即 A 允许 B 或强迫 B 与自己一致。然而,一旦回想起行为冗余与其暗含的解释之间的区别(1.4),这一潜在的无限回溯就可以得到避免;也就是说,我们所感兴趣的是双方如何不顾缘由地这样行动。如果所涉及的个体运用了多层级的沟通(2.22),以便在不同层次上表现出不同模式,那么可能会导致在意义重大的语用学上的重要性方面产生悖论(5.41,6.42,7.5)。

2.64 这些沟通方式潜在的病理现象(对称型的逐步升级[escalation in symmetry]和僵化的互补[rigidity in complementarity])会在下一章中被谈及。就目前而言,我们可以简单说出我们最后的原理假设:*所有沟通都是对称的或互补的,依其基于平等性(equality)还是差异性(difference)而定*。

2.7 总结

对于上述原理,有一些限定条件需要再次强调。首先应该明确,它们只是假设,而不是正式的定义,且远非详尽无遗,肯定是较为粗糙、原始的。其次,由于它们来自对沟通现象的广泛观察,其成分相当混杂。它们被纳入统一的框架,并不是因为它们的起源相同,而是由于它们具有相似的*语用学*重要性,相应地,这种重要性体现在*人际*(而非一元)关系中,而非它们本身的特质上。伯德惠斯特尔(Birdwhistell)甚至提出:

> 个体并不沟通,他只是参与沟通或成为沟通的一部分。他可能会动,或制造噪音……但他并不沟通。他或许同时能看、能听、能闻、能尝到味道、能有感觉——但他没有在沟通。换言之,他并没有发起沟通,他只是参与其中。沟通,作为一个系统,并不能用简单的行为或反应模式来理解,不论这些模式被表述得如何复杂。作为一个系统,它必须在交互的层面被理解。(28,104 页)

因此,"沟通无处不在"使得所有的两人或多人环境都成为*人际的*、沟通的环境;沟通的关系方面进一步阐释了这一点。数字模式和模拟模式的语用学重要性及人际重要性不仅存在于它将内容和关系假设为具有同构性的两个层面,还在于它提示了发送者和接收者将一种模式翻译成另一种模式时所面临的不可避免的、明显的歧义问题。分割法的描述恰恰就是经典的动作—反应模式的潜在变形。最后,对称—互补范式可能最接近于*函数*的数学概念,个体的位置仅仅是变量,存在着无限多的可能值,而且它的意义并不绝对,只在彼此的关系中得以呈现。

3.1 引言

前章所述各条原理都能对应某个固有病症,我们将在本章详细讨论这些病症。我们认为,将这些原理的语用效果与人际沟通中可能出现的障碍联系起来,是最好的阐述形式。这就是说,我们将研究某些沟通原则会以何种方式被扭曲,以及由此产生的后果。读者会看到,此类现象的行为后果常常与各种病症相对应,因此,除了举例说明我们的理论,我们还将建构新的体系,该体系可能会提及一些通常被视作精神疾病症状的行为。(病症的论述顺序与其所对应的原理在第 2 章中出现的顺序基本一致,因材料过于复杂①而导致的不可避免的重叠情况除外。)

3.2 沟通无处不在(The Impossibility of Not Communicating)

前文(2.23)已经提到精神分裂症患者的两难问题:病人试图否认自己在沟通,而后又发现还有必要否认自己的否认本身也是沟通。不过也有可能某些病人想要沟通,但又想不承担沟通所涉及的承诺。比如,一名年轻的女性精神分裂症患者蹦蹦跳跳地走进治疗师的办公室,参加她的第一次面谈。她愉快地声称:"我妈妈不得不结婚,然后我就在这里了。"几周之后,这句话中夹杂的多重含义才慢慢显现,但先前却因其含糊的结构和患者幽默风趣的叙述而让人大惑不解。最终我们发现,她的开场白其实是想告诉治疗师:

① 她是母亲非婚生的孩子。
② 这一事实在某种程度上引发了她的精神疾病。
③ "不得不结婚"反映了母亲奉子成婚的事实,它既可以表示母亲不应受到责备,因为是社会压力迫使其结婚的,也可以表示母亲憎恨这场不得不结的婚姻,并将其归咎于患者的存在。
④ "这里"既指治疗师的办公室,也指病人在这个世界上的存在。其含义是:一方面母亲导致她疯癫,但另一方面她又不得不永远亏欠母亲,因为母亲甘愿犯错,将她带到世上,并为此承受了许多苦难。

3.21 "精神分裂症性言语"是一种将决定权留给听者的语言。听者需要从众多可能的含义中做出选择。这些含义不仅互不相同,甚至还可能互相冲突,因此很可能需要否定某条消息中的一重甚至全部含义。如果前述患者被要求澄清她所说

---

① 口头交流的文字记录极大地简化了分析材料,但是对此类记录进行分析的最终结果往往不尽如人意。原因如下:一方面,它们提供的信息除了词汇内容便再无其他;另一方面,它们失却了大部分模拟材料,比如声音变化、语速、停顿,以及笑声和叹息中的情感暗示。关于书写及录音版交际实例的类似分析,请参见瓦茨拉维克(157)。

的话是否具有某个含义,她可能会随意地答道:"哦,我不知道,我猜我一定是疯了。"如果就其中的某一方面向她提问,她可能会说:"哦,不,那根本不是我的意思……"但是,即使她的那句话被压缩到难以被即时理解的程度,它仍不失为一则关于其矛盾处境的令人信服的表述。在这一处境中,她为了适应这个充满悖论的世界,需要无数次地自我欺骗,考虑到这一点,她发现她的做法以及"*我一定是疯了*"这句回答是非常恰当的。关于精神分裂症患者否定沟通现象的进一步讨论,读者可参见海利的著作(60,第 89—99 页),书中对精神分裂症临床小组作了提示性的类比分析。

3.22 相反的情况存在于《爱丽丝镜中奇遇记》(*Through the Looking Glass*)中:爱丽丝(Alice)的直接沟通被红王后(Red Queen)和白王后(White Queen)的"洗脑"所打断。她俩断言,爱丽丝总是试图否定些什么,并把这归因于她的思维状态:

> "我肯定,我没有那个意思……"爱丽丝刚开口,红王后就不耐烦地打断她:
>
> "你这个毛病最可恶了!你明明应该表达什么意思的嘛!一个没有什么意思的小孩有什么用?!既使一个笑话也该有意思——而小孩要比笑话重要,我希望如此。你没办法否定,你举双手也否定不了。"
>
> 爱丽丝反驳:"我不用手做否定。"
>
> 红王后说:"没有人说过你用手做否定。我说的是,你想举手否定,也否定不了。"
>
> 白王后说:"她脑子里就是想否定点什么,只不过她不知道要否定什么罢了!"
>
> "真是卑劣可恶的脾气。"红王后说完后,出现了一两分钟令人不舒服的寂静。①

作者对这种不合逻辑的沟通的语用效果有着高超的洞察力,对此读者只能表示惊叹。几次洗脑之后,作者直接让爱丽丝晕倒了。

3.23 然而,我们讨论的这一现象不仅仅局限于童话故事或者精神分裂症病例,它在人类交际中广泛存在。可以想象,在任何情境下,只要试图逃避沟通所涉及的承诺,就会出现回避沟通的情况。典型的情境便是两个陌生人相遇,一个想要

---

① 译者注。本章所涉《爱丽丝镜中奇遇记》中文翻译摘自陈复庵译,(英)刘易斯·卡洛尔著:《爱丽丝镜中奇遇记》(2009)。

交谈,但是另一个不想。比如,飞机上有两位乘客相邻而坐,[①]我们假设乘客 A 是那个不想说话的人,并且他有两件事情不能做:他不能离开座位,他也不能不做沟通。由此,这一沟通情境中的语用学情况可被归为以下几种类型:

3.231 "拒绝"沟通

乘客 A 可以直率地跟乘客 B 说清楚,他没有兴趣交谈。根据行为得体原则,这么做是会遭受责备的,所以这需要勇气,同时也会造成紧张、尴尬的冷场局面。因此,乘客 A 其实还是与乘客 B 建立了某种关系。

3.232 接受沟通

乘客 A 也可能放弃抵抗,加入交谈。他很有可能会因为自己的不够坚定而痛恨自己和对方,但这不在我们的考虑范围之内。重要的是,他会很快领悟到"万一被俘,只提供姓名、军衔和编号"这一军规的智慧所在,因为乘客 B 可能不愿善罢甘休,他可能决心要挖出 A 的所有信息,包括思想、情感和信仰。一旦开始回应,A 就会发现这段交谈越来越难停止。这是"洗脑者"都熟知的一条规律。

3.233 无效(disqualification)沟通

乘客 A 可能会利用一些有效的方法使沟通变得无效,从而保护自己。比如,他可能会以某种方式使彼此的对话成为一场无稽之谈。无效沟通涵盖了众多交际现象,比如自我矛盾、前后不一致、转换话题、词不达意、语句残缺、误解、晦涩的说话习惯或言语怪癖、对比喻进行字面理解、过度进行隐喻阐释等。[②] 关于这种沟通,有一个极好的案例。在电影《洛丽塔》(*Lolita*)的开场,面对挥舞着手枪的亨伯特(Humbert),奎尔蒂(Quilty)突然进入一种全方位的疯癫状态,使得他的对手没法传递这一信息:"听着,我要开枪了!"(依据动机来判断这是纯粹的恐慌还是聪明的防卫几乎没有意义。)另一个例子是刘易斯·卡罗尔(Lewis Carroll)的故事里白兔(White Rabbit)念的这首可爱的小诗,它既符合逻辑又似胡言乱语:

   他们告诉我,你去找过她,
   还曾向他提到我:
   她曾一再把我夸,
   说起游泳来,却说我太差。

---

① 我们要再次强调:为了更好地对沟通进行分析,这两位乘客的动机在此不作考虑。
② 国际上,意大利人在这一方面处于领先地位。他们独特的应答语"ma..."虽然严格说来是"但是"的意思,但根据情境不同,它可以用来表示怀疑、赞同、反对、困惑、中立、批评、轻蔑、生气、无奈、嘲讽、否认等许多含义。它可能表示很多意思,因而最终可能什么意思也不表示。

他通知他们,说我人还在,
(我们知道是事实):
她若追究这件事,
你怎么来交代?
我给她一个,他们给他俩,
你给我们三四个,
他把它们都还你,
虽说以前全归我。

诗里还有三节类似这样的语句。我们可以将这首诗与下面这段访谈摘录进行比较。访谈对象是一名正常的志愿者。很明显,他对采访者提出的问题感到很不舒服,但同时又觉得自己应当回答。我们会发现,他的沟通在其形式与贫乏的内容之间存在一贯性。

治疗师:R先生,你父母和你自己的小家庭在同一个城镇里,你们是怎么相处的?

R先生:这个,我们试着,嗯,私下里,我是说……嗯,我希望Mary(他的妻子)更主动一点,而不是我主动采取措施或是怎样。我喜欢看到他们,但是我不会努力做到或者让他们……他们很清楚……哦,在我认识Mary之前,有个事实是大家都知道的——在家里我是独子——他们也不想干预,尽了最大努力,不来,呃,不来干预。我觉得没有……我总觉得任何家庭总——总有一股暗流涌动,无论是我们家还是其他家庭。即便是Mary和我,都能感觉到点什么,当我们……我们两个都是比较追求完美的人。嗯,呃,我们非常……我们……我们非常严——格……我们对孩子也很严格,我们觉得,如果你事事留心——我是说,如果,嗯……你可能会对这些亲戚指手画脚,我们觉得,我们看到过别人家有这个问题,而且我们也刚刚……这是我自己的家庭努力去避免的事情,但是,嗯……那个,呃,就像在这里——我们为什么刚刚……我不认为我们对亲人不友好。(157,第20—21页)

任何人如果置身于必须与他人交谈的场合,而自己又想逃避沟通中的连带承诺,通常都会采用上述沟通方式,这不足为奇。因此,从沟通角度来看,所谓正常人落入有经验的访问者之手后的行为,与处于相同困境中的所谓精神障碍患者的行为,彼此之间没有本质的区别:他们都不能离开现场,都不能不沟通,但又可能因为他们自身的原因而害怕或者不愿进行沟通。这两种情况带来的结果都很可能是胡言乱语,除非精神病患者的治疗师是一位具有象征思维深度的心理学家,那他或许会将胡言乱语视为一种无意识的表现,但对病人来说,这样的对话是一种温和而艺术地取悦治疗师的方式——既说了些什么,同时又什么都没说。与此类似,依据"认知障碍"或"非理性"观点来做分析,会忽略情境在此类沟通中的重要性。[①] 让我们再次指出这一事实:就行为光谱中临床这一端而言,"疯狂"的沟通(行为)并不一定是病态心理的表现,也许只是对荒谬的沟通情境的唯一可能反应。

3.234 借助症状来沟通

最后,乘客 A 还可以采用第四种方法来应对乘客 B 的聒噪。他可以假装困倦、耳聋、醉酒、不懂英语,或者以其他残疾及缺陷为由正当地结束谈话。在所有这些情况下,传达的信息都是一样的,即:"我不介意和你说话,但是有一些我没法控制的事情使我无法这样做,这不能怪我。"调用这类无法操控的力量或理由并不容易:A 其实知道自己是在撒谎。不过,一旦某人让*自己*相信自己确实受到了不可抗力的支配,那么这一交际"花招"就相当完美了:不但可以避免贵客的责备,还可以免受良心不安的折磨。然而,这个手段只不过比声称自己出现了某种(心因性神经症、心理疾病或精神疾病)症状稍复杂些罢了。玛格丽特·米德(Margaret Mead)这样描述美国人和俄国人的个性差异:美国人可能会以自己头疼为借口不去参加某个聚会,而俄国人则真的会头疼起来。在精神疾病治疗领域,弗罗姆-雷克曼(Fromm-Reichmann)在一篇名不见经传的论文中指出了紧张症的症状在沟通中的运用(51)。1954 年,杰克逊发现病人在与家人沟通时会利用癔症症状(67)。更多有关借助症状来沟通的研究,可参见萨斯(Szasz, 151)和阿提斯(Artiss, 3)的著作。

从沟通角度定义某个症伏,似乎包含了一个有待商榷的假设,即某人可以用这样的方法说服自己。虽然日常经验完全支持这一假设,我们还是想要提一下麦克金尼(McGinnies)关于"知觉防御"(102)的实验。被试面对着一台视速仪,仪器的小屏幕在短时间内快速显示单词。被试通过几次练习之后,按照要求将他在屏幕上看到的或者他认为他看到的每一个单词连续地报告给实验者。实验用的单词列表里既有中性单词,也有"批判性的"、带有感情色彩的单词,比如强奸、污秽、妓女等。比较被试对中性单词组和批判性单词组的不同表现后发现,识别后一组单词的阈限明显更高,换句话说,他更少"看到"这组单词。这意味着,为了在识别这些

[①] 相关材料请参阅对"移情"这一心理分析概念的交互分析。"移情"可以被看作对最反常情境的唯一可能反应。可参见杰克逊和海利的论文(76)。本书在7.5 节例 2 中也有相关讨论。

社会禁忌词汇方面制造更多的失败,被试必须首先将这些单词确认为社会禁忌词汇,然后再通过某种方法使自己没有办法读出这些单词,这样就能避免不得不向实验者大声读出这些单词的尴尬。[关于这一点,我们应当提一下,心理学实验通常必须考虑测试的情境。比如说,在分别面对年老的教授、机器人或者漂亮的金发女郎时,被试的表现肯定会很不一样。最近罗森塔尔(Rosenthal)做了一些关于实验者偏好(例如130)的细致调查,证实即使在严格控制的实验情境下,也会出现目前尚无法探明的复杂而高效的沟通。]

让我们概括一下。沟通理论构想出一种作为非言语信息的症状:并不是我不想(或者想)这么做,而是存在一些不受我控制的事物,比如我的神经、我的疾病、我的焦虑、我的破视力、酒精、我的家教、共产主义者,或者我的妻子。

3.3 沟通的层次结构(内容和关系)

参加联合婚姻治疗的一对夫妻叙述了这样一件事:丈夫独自在家的时候接到了一个朋友打来的长途电话,说自己将在当地停留几天。丈夫立刻邀请这位朋友到他们家留宿。他知道妻子肯定很欢迎这位朋友,也会发出同样的邀请。然而,当妻子得知丈夫邀请朋友留宿之后,夫妻二人激烈地吵了一架。当在治疗面谈中讨论到这个问题时,丈夫和妻子都同意当时邀请朋友来住是最合适也最自然的举动。他们困惑地发现,虽然他们意见一致,但"不知怎的",在这件事上好像又有分歧。

3.31 事实上,这场争吵包含了两个问题。一个问题跟事件中行动的适当进程有关,即邀请,这是数字模式的沟通;另一个问题与沟通双方之间的关系有关,即谁有权在不与对方商量的情况下独自做出决定。后面这个问题就不那么容易数字化地加以解决了,因为它要求丈夫和妻子具有*讨论*他们关系的能力。在尝试解决分歧的过程中,这对夫妻在沟通时犯下了很常见的错误:他们的分歧出在元沟通(关系)层面,但他们却试着在内容层面上解决不和。其实他们在内容层面并没有分歧,这就使他们陷入了伪争吵。参加联合治疗的另外一位丈夫成功地发现并用自己的语言说出了内容层面和关系层面之间的区别。他和妻子过去常常为一些琐碎的实际问题争吵不休,想要争出个谁对谁错,激烈的对称型冲突不断升级。一次,妻子终于可以证明给他看,他确确实实是错了,但他回答道:"好吧,你可能是对的,但你还是错了,因为你在和我争辩。"问题的内容和关系层面的混乱,尤其是夫妻沟通中的此类矛盾,是每个心理治疗师都很熟悉的。他们还熟悉要消除这种混乱所面临的无数困难。尽管对于治疗师来说,夫妇之间伪争吵的单调冗余很快就能一目了然,但是争吵的主人公通常会孤立地看待这些争吵,认为每一次都是全新的冲突,因为这些实际的客观问题可能来自各种各样的事情:从电视节目到玉米片到性爱。库斯勒(Koestler)曾对这一情形做过经典的描述:

> 家庭关系不适用一般的判断准则。那是个交织着紧张、争吵、和好的迷宫,它的逻辑是自我矛盾的,伦理道理来自那安逸的混乱,价值观念和评判标准像一个自给宇宙的弯曲时空那样被扭曲。这是一个充满回忆的宇宙——但那是不能带来教训的回忆,浸润着不能指导未来的过去。因为在这个宇宙中,每次危机以及和好过后,时间总是重新开始,历史总是从零年起步。(86,第218页;斜体为本书作者所设)

3.32 内容和关系的混淆会造成沟通紊乱,其分歧现象为相关研究提供了很好的参考框架。内容或者关系层面都可能产生分歧,而且它们彼此影响。例如,对于"铀有92个电子"这一命题的真伪如有分歧,那明显只有找到客观证据才可解决争论,比如求助于化学教科书。这样的证据不仅能够证明铀原子的核外电子数确实是92,而且还能证明争论双方中一人正确,另一人错误。这两个结论中,第一个解决了内容层面的分歧,第二个则带来了关系层面的问题。很明显,要想解决这个新的问题,就不能继续讨论原子了,而是必须讨论他们自身以及彼此的关系。这样一来,他们就必须确定他们之间的关系是对称的还是互补的:比如,错了的人可能会崇拜另一位的学识渊博,也可能怀恨在心,决定以后找机会赢对方一次,以重建平衡。① 当然,如果他等不到下一回合,也可以使用"让逻辑见鬼去吧"这一方法来占得上风。他可以宣称92这个数字肯定是印刷错误,或者说自己有个科学家朋友,刚刚证明了电子数这一概念其实毫无意义,等等。一个很好的例子便是某些政党理论家,他们巨细靡遗地挖掘理论经典著作的"真正"含义,以便证明自己的正确和别人的错误。在这些争论中,言语可能已经完全失去了表达内容含义的底线作用,变成了"抢风头"②的专用工具。正如矮梯胖梯(Humpty Dumpty)所说的话,清晰简洁、令人赞叹:

> "我不知道你说的'光荣'是什么意思。"爱丽丝说。
> 矮梯胖梯傲慢地咧咧嘴,"当然,如果我不告诉你,你是不会知道的。我的意思是,'你的论点不容辩驳'。"

---

① 这些可能举动都可能"好"可能"坏",可能合适也可能不合适,依具体的关系而定。
② 波特(S. Potter)可能是这一术语的引进者,他对其给出了很多深刻而有意思的阐述(116)。

"但是,'光荣'与'不容辩驳的论点'不是一回事。"爱丽丝提出反驳。

"当我使用一个字时,我要它表达什么意思,它就表达什么意思,不能添,不能减。"矮梯胖梯的口气颇为轻蔑。

"问题是,"爱丽丝说,"你能使一个字表达那么多不同的意思吗?"

"问题是,"矮梯胖梯说,"归根结底,要看是谁在当家做主。"(斜体为本书作者所设)

这仅仅是用另一种方式表明,面对分歧时,双方必须确定他们之间的关系到底是互补的还是对称的。

3.33 对自身及他人的定义(Definition of Self and Other) 现在让我们设想一下,如果上述关于铀原子的说法是由一位物理学家提出的,那么将会产生一种很不一样的互动,因为对方的反应很有可能会是生气、痛苦或者嘲讽——"我知道你觉得我是个彻头彻尾的蠢蛋,但我确实是读过几年书的……",诸如此类的反应。这一互动的特别之处在于,双方在内容层面上并没有分歧,命题的真实性没有受到挑战。事实上,这种陈述并没有传递任何信息,因为从内容层面上来看,它所主张的内容其实是双方都早已知道的。正是这一事实——内容层面上意见一致——将分歧推到了关系层面,换句话说,推到了元沟通的领域。这时,这些分歧的语用学重要性就远超那些内容层面上的分歧了。正如我们所看到的那样,在关系层面上,人们不会超越关系来谈论事实,而是告诉对方自己对双方关系的界定,其中暗含了对自身的定义。① 本书 2.3 节提到过,这些定义有着复杂的层级,因此,为了随意开始一段对话,P 君可能会跟另外一位 O 君分享自己的自我定义。P 可能采用的方法有许多,但是不管他在内容层面上采用何种方式沟通何种内容,他的元沟通原型都将会是"我是这样看待自己的"②。人类的沟通本能决定了 O 对于 P 的自我定义存在三种可能的反应,它们对于人类沟通的语用效果有着重要的意义。

3.331 确认(Confirmation)

O 可以接受(确认)P 的自我定义。据我们所知,O 对 P 的自我认识的确认极有可能是目前沟通学研究发现的对于确保心智发展和稳定最重要的单一因素。如果没有这种自我确认,人类沟通将很有可能停留在出于保卫和生存目的而不得

---

① 参见卡明(Cumming):

> 我说过,朗格(Langer)所提及的"纯想法表达"或其自身象征活动的大部分内容,从正常人的角度来看,就是不停地重建自我概念,将这些自我概念提供给其他人以求认可,并且接受或者否决其他人的自我认可。
> 我进一步假设,如果我们作为人类而不是物体存在,那么就要持续重建自我概念,而且基本都是在沟通活动中完成重建。(35,第113页)

② 更确切的表达应当是"*在与你相处的这一场景中*,我是这样看待自己的",但是为了行文简洁,我们省略了斜体部分。

进行沟通的层面,为交际而沟通的现象将不复存在(然而,日常经验明确显示,我们沟通中的很大一部分正是出于交际目的)。人们彼此之间广泛的情感联系,从喜爱到憎恶,都有可能不复存在。我们将生活在一个只剩下最功利的举动的世界里,那是一个没有美、诗歌、戏剧和幽默的世界。除了纯粹的信息交换,人似乎*不得不*为了其自我意识进行沟通。这一直觉性的假设正得到感觉剥夺研究越来越多的实验支持。这些研究显示,如果只能和自己沟通,个体是不能长时间保持心智稳定的。我们认为,存在主义者所说的交会(encounter)正是此义,与他人建立社交关系所带来的各种自我意识的提升也当属此列。马丁·布伯(Martin Buber)这样写道:

> 在人类社会里,人们在各种层面上用一种务实的方式来互相确认和接受对方的人品与能力。一个社会的人性化程度,就取决于其成员彼此确认和接受的程度……
>
> 人和人一起生活的基础由两部分组成。一方面,每个人都希望得到来自其他人类的确认,确认他现在是怎样的,确认他将来会怎样;另一方面,每个人天生都具有这种确认和接受自己同类的能力。这种能力埋藏得如此之深,从而构成了人性的弱点;只有这种能力得到展示时,才会有真正的人性存在。(32,第101—102页)

3.332 否决(Rejection)

O面对P的自我定义可以采取的第二种反应是否决它。然而,即使再不乐意,这种否决也必须以对否决对象具有基本的认知为前提,而且否决并不一定是否定P的自我认识的真实性。事实上,某些形式的否决甚至能起到建设性的作用。比如,在移情状况下,当患者试图与治疗师"拉关系"时,治疗师会拒绝接受患者的自我定义。这里向读者推荐两位作者,他们就这一主题在各自的认知框架内做了详尽的论述:伯恩(Berne,23,24)和海利(60)。

3.333 不确认(Disconfirmation)

不管是从语用学角度还是从精神病理学角度来看,这第三种选择可能都是最重要的一个。正如我们将看到的那样,不确认与直接否决他人的自我定义是非常不同的。除了我们在精神分裂症患者的沟通方面的发现,此处还用到了伦敦塔维斯托克人类关系研究所的莱恩(Laing,88)提供的部分材料。莱恩引用了威廉·詹姆斯(William James)的话:"有什么惩罚(即使理论上存在)能比使一个人游离在社会之外且受到所有社会成员的绝对漠视来得更加残忍?"(88,第89页)毫无疑问,这样处境会导致"自我迷失",即"社会疏离"(alienation)。正如我们在病态沟通中发现的那样,不确认意味着不再关心 P 的自我定义是对还是错(如果有这样的标准存在的话),不确认否定了 P 作为这种定义来源的真实性。换句话说,否决意味着"你错了",而不确认的实际含义则是"你不存在"。用更严密的术语来讲,如果确认和否决在正式的逻辑里面分别对应对和错的概念,那么不确认对应的概念则是不可判定性,众所周知,这是一个不同的逻辑指令。[1]

下面引用莱恩的话:

> 对精神分裂症患者家庭所做的研究显示,独特的家庭模式在很多时候并未导致孩子被彻底忽视遭受明显创伤,但是那些孩子的确实性却一点一点地长期受到损毁,这种损毁常常是不知不觉的。(88,第 91 页)

> 最终结果是,不管一个人感觉如何,不管他做了什么,说了什么,他的处境和感受的正当性都会遭到否定,他的行为与动机、意图及后果被剥离开来,处境的意义也被剥夺,他也因此变得困惑和孤僻。(88,第 135—136 页)

接下来举一个具体的例子,更详细的版本可见他处(78)。这个例子取自一段联合心理治疗的记录。来访者是一家人:一对夫妇和他们的两个儿子。大儿子 25 岁,叫作戴夫(Dave),20 岁那年在军队服役时第一次被诊断出患有精神分裂症,从此住在家里,直到参加这次会谈前大约一年,他才被送进医院接受住院治疗。小儿子叫作查尔斯(Charles),今年 18 岁。当谈到患者每周末回家都会使家里的气氛变得紧张时,治疗师指出,全家人的过分担心似乎成了戴夫难以忍受的负担,戴夫由此成了判断周末过得好还是不好的唯一指标。令人惊讶的是,患者立即就此发表了看法:

---

[1] 有些时候——虽然很少被承认——文字的不可判定性可能会在关系中扮演重要角色。这一点可以从下文展示的某次联合治疗的文字记录中看出来。这对夫妇有时会发生剧烈冲突,这使得他们非常担心自己的家庭会破裂,因此他们前来寻求帮助。他们已经结婚 21 年了。丈夫是一名非常成功的商人。交流一开始,妻子就说,这些年她从不知道丈夫是怎么看待她的。

治疗师:你是说,你不能从你的丈夫那里得到线索,以便知道自己表现得好不好?
妻子:是的,我不能。
治疗师:丹(Dan)会在你应该得到评价的时候对你做出评价吗?包括正面的或者负面的。
丈夫:我几乎从不批评她……
妻子(异口同声):他很少批评。
治疗师:好的,那你怎么知道……
妻子(打断治疗师):他称赞我。(笑了一下。)你看啊,这就让人困惑了……假设我做了几道菜,烧得还不错,他会说:"非常非常棒。"如果我做了件特别好的事情——还是"非常非常棒"。我告诉过他,我不知道自己做得好不好,我不知道他是在批评我还是在表扬我。因为他觉得通过表扬可以鼓励我做得更好。当我应该得到表扬时,他,总是表扬我。这不错,……结果我就搞不清楚表扬的真正含义了。
治疗师:因此,你真的不知道一个总是称赞你的人到底是怎么看待你的……
妻子(打断治疗师):是的,我不知道他是在批评我,还是真诚地表扬我。

这个例子的有趣之处在于,尽管夫妻双方显然都很清楚他们陷入了怎样的沟通模式之中,但这还是没能帮他们多少采取一些行动来改变现状。

1. 戴夫:我感觉我父母,还有查尔斯,有时候对我的感受太敏感了,对我会怎么想过于敏感。我感觉——我感觉我回家的时候,并没有要掀翻房顶大吵大闹,或者……

2. 母亲:嗯,戴夫,你有了车之后就没再那样做了,只是,之前你会那样。

3. 戴夫:好吧,我知道我这么做过……

4. 母亲(同时说):对,即使——对,最近,最近两次是在有了车之后发生的。

5. 戴夫:是的,对,不管怎样,唉(叹气),那是——唉,我希望我能控制住自己别那样做,我想,如果我能开开心心或是怎样,那就好了……(叹气,停顿)

6. 治疗师:当你母亲对你友好的时候,你在中途改变了你的说法。这……这是可以理解的,但是处在你的位置,你只是无力那样做。

7. 戴夫(同时说):嗯。

8. 治疗师:这会使你更加疯狂,那时你就根本不知道自己在想什么了。

9. 母亲:他改变了什么?

10. 治疗师:我不能读心,所以我不能确切说出他想讲的话——但我能猜出个大概,根据经验……

11. 戴夫(打断他):事情——事件是这样的。我是家里的病人,所以每个人都有机会做好人,来振作戴夫的精神,不管戴夫是不是真的情绪低落。我感觉,有时候实情就是这样的。换句话说,我只能做我自己。如果人们不喜欢我像他们的样子——啊,像我的样子——那么他们可以告诉我,对此我会很感激的。就是这样。(78,第89页)

患者的口误透露出他的困境:他说"我只能做我自己",但问题是,这个"我自己"是"我"还是"他们"?如果简单地把这当作"弱自我边界"(weak ego boundaries)之类的证据,就会忽略里面包含的"互动中的不确认"这一事实。这不仅存在于戴夫对每周末回家情况的报告中,而且表现在*上述对话*中(第1—5句),母亲对戴夫想法的正当性立即做出了不确认反应。患者的自我在过去和现在得到的都是不确认的回应,他以口误的形式对此进行了揭示。

3.34 人际知觉的层次 现在我们终于可以回到分析沟通的关系层面时发现的信息层级的话题上来了。我们已经知道,P的自我定义("我是这样看待自己的……")会得到来自O的三种可能的回应:确认、否决,或者不确认(当然,这就是3.231—3.233中所用的分类)。现在看来,这三种回应有着一个共同的特性:无论借助其中的哪一种形式，O 所表达的都是"我是这样看待你的"。①

在元沟通层面的对话中，P 会给 O 这样的信息："我是这样看待自己的。"紧接着，O 对 P 做出回应："我是这样看待你的。"对此，P 会在杂糅着其他东西的回应中传达这样的信息："我是这样看待你怎样看待我的。"而 O 会回复 P："我是这样看待你怎样看待我怎样看待你的。"很明显，这样的回复理论上是可以无限循环下去的，但是从实际出发，我们必须假设，人类只能处理最近一次的信息，而处理不了更高一级的抽象层级。应当指出的是，接收者对这些信息当中的任何一条，都可以用上文讨论过的确认、否决或者不确认来回应。当然，这也同样适用于 O 的自我定义以及随后发生的同 P 之间的即时元沟通。由此产生的沟通情境，其复杂性远超人们的想象，并且会带来特定的语用学影响。

3.35 不透性（imperviousness） 尽管人们对其影响效果所知不多，但是莱恩、菲利普森（Phillipson）和李（Lee）这三位正在这一领域开展一些很有前景的研究。经他们允许，我们在这里引用其论文（93）②中的部分成果：他人对自我的不确认主要是由对人际知觉的一种特殊的不察引起的，这被称为不透性。对此，李做了如下定义：

> 我们所关心的是察觉和不察方面的问题。为了能够进行顺利而适度的对话，双方必须互相留意对方的观点。由于人际知觉存在于许多层次上，不透性也存在于许多层次上。因此，每一个层次的知觉都对应一种与其类似的无知觉或者不透性。在察觉不够精确或存在不透性的情况下，双方会陷入伪问题当中……他们将达到一个其实并不存在的虚假的和谐状态，或者为了其实并不存在的假想的分歧而争论不休。我发现这一点正是精神分裂症患者家庭的典型特征：他们总是不停地在"伪一致"的流沙上制造和谐的关系，要不然就是因为一些"伪分歧"而陷入激烈的争吵。

李随后指出，不透性可以存在于会话体系的第一个层次，即：对于 P 的信息"我是这样看待自己的"，如果 O 的回应"我是这样看待你的"与 P 的自我定义不完全一致，P 就可能由此得出结论——O 并不理解（欣赏或者喜欢）自己，而 O 却可能认为 P 觉得得到了他（O）的理解（欣赏或者喜欢）。在这种情况下，O 并没有不同意 P，但是却忽视了或者说误解了 P 的信息——这符合我们对于不确认的定义。第二个层次的不透性存在于这种情况下：P 并没有留意到他的信息未被 O 接收。也就是

---

① 乍看之下，这一结论似乎与刚才所讨论的不确认概念不相符。然而，从根本上分析，即使是像"对我来说，你并不作为一个实体存在"这样的信息，所表达的也仍是"我是这样看待你的：你并不存在"。矛盾并不意味着一定不能发生，这一事实会在第 6 章详细讨论。
② 这一开创性的论著构建了完整的理论框架，并且详细论述了新颖的量化方法。

说,P 并未准确地传达这一信息:"我是这样看待你怎样看待(在此例中即误解)我的。"由此在这一层次上出现了不透性的不透性。

根据对精神分裂症患者家庭的研究,李就这种沟通的语用学影响提出了重要的结论:

> 典型的模式是,父母的不透性存在于第一个层次,而精神分裂症患者的不透性存在于第二个层次。换句话说,父母往往不能留意到孩子的真正想法,而孩子也没有留意到他的想法其实并没有(或者是不能够)被父母感知。
>
> 家长似乎经常不理会孩子的想法,因为他觉得那些想法不中听,或者与自己的价值观不相符。家长认为孩子"应当"按照他(家长)所设想的那样来表现。然而,孩子并没有意识到这一点。他认为他已经将信息传达出来并且得到理解了,于是他做出了相应的行为。在这样的情况下,他肯定会被后续的对话弄糊涂,他会感觉自己好像总是不停地撞上一堵坚硬的玻璃墙。这导致他的困惑源源不断,这种感觉会带来沮丧以及绝望。最终,他会觉得生活完全没有意义。
>
> 有这样一个精神分裂症患者,他在治疗过程中终于意识到了这一点,并且用他自己的话解释了这个困境:"每次我不同意妈妈的话时,她好像总是会自言自语:'哦,我知道你这么大声是想说什么,但是我知道那不是你内心真正想说的话。'然后她就忘了我刚才说过什么了。"

莱恩和伊斯特森(Esterson)提供了大量的临床例证(90),用以说明上述关系层面的不透性。表 1 便是其中一例。

表1 某精神分裂症患者家庭[①]的"不透性"

父母认为患者所具有的特征	患者自己的描述
总是开开心心的	经常感到沮丧、害怕
她真实的自我是活泼、开朗的	强颜欢笑
家里没有不和谐	彻彻底底的不和谐,她不会告诉爸妈任何事情
他们从来没有操控她	借助挖苦、恳求、嘲笑来试图掌控她生活中所有重要的方面
很有自己的想法	一定程度上确实是这样,但是还是很害怕父亲,不敢把自己的真实情感告诉他,还是感觉自己被他控制着

---

① 改编自莱恩和伊斯特森(90,第188页)。

3.4 事件序列分割法(The Punctuation of the Sequence of Events)

> 他笑了,因为他以为他们打不到他——他没有想到,他们其实是在练习怎样打不到他。
>
> ——布莱希特(Brecht)

对于这一现象背后潜在的复杂情况,前一章已提供了几个案例加以说明。这些例子表明,沟通序列分割方面未解决的矛盾可能会直接引发沟通僵局,最终导致互相指责对方疯狂、恶毒的情况产生。

3.41 在下述场景中分割事件序列时会产生矛盾:沟通中双方所掌握的信息量并不对等,但却对此毫不知情。下面是个简单的例子:P写了一封信给O,提出组建合资企业的想法,并且邀请O参与。O回复表示支持,但是这封信被寄丢了。过了一段时间,P认为O不理睬自己的邀请,便决定不再理会O。另一方面,O也觉得受到了冒犯,因为他的回复被忽视了,便决定不再联系P。在这种情况下,他们这种无声的不和可能会一直持续下去,除非他们决定弄清楚沟通过程中到底哪里出了问题,即开始进行元沟通。只有这样他们才会发现,原来P并不知道O已经做过回复了,而O也并不知道他的回信根本没有被送到P处。可以看到,此例中一次偶然的外部事件干扰了分割形式的一致性。

本书的作者之一就曾经历过这种分割形式的不一致。一次,他申请某个精神病治疗研究机构的助理职务。按照预约好的时间,他来到主任的办公室参加面试。以下是他和接待员之间的对话:

> 拜访者:下午好,我与H医生有约。我的名字是瓦茨拉维克。
> 接待员:我又没说它是。
> 拜访者(惊讶,有点生气):但是我在告诉你它是啊。
> 接待员(困惑):那你刚才为什么说不是?
> 拜访者:但是我*明明*说它是!

拜访者很"确定"他正成为某种令人费解而又无礼的玩笑的对象,与此同时,接待员则断定眼前的这个人肯定是H医生新接收的精神病患者。最终事实证明,接待员对拜访者那句自我介绍的理解并不是"我的名字是瓦茨拉维克",而是"我的名字不是斯拉维克(Slavic)"。因此,她的确没有说过拜访者的名字是斯拉维克。很有意思,在如此简短的、不掺杂个人情感因素的对话中,因为口语表达的误解,不一致的分割形式居然能迅速使得双方互相指责对方的疯狂和恶毒。

3.42 不过一般来说,即使对方与自己掌握的信息量一致,也不能据此推断双方根据信息所得出的结论也会一致。沟通学专家估算过,人类每秒钟会获得一万项知觉印象(外部感觉及本体感觉),那么很明显,为了防止更高级的大脑中心被无关信息所淹没,严格的信息筛选程序是必需的。至于哪些信息是重要的,哪些又是无关的,个体的判断具有显著的个别差异,而且其判断标准往往不能被个体所觉察。所谓现实,很有可能只是我们捏造出来的,或者用哈姆雷特(Hamlet)的话来说,"……本没有什么好和坏,不过是我们的思考带来了这样的分类"。我们只能推测,这些分割法的冲突背后,是下面这一饱受质疑却又根深蒂固的信念:只存在一个现实,即*我*所看到的这个世界,与我观点不同的人肯定都缺乏理性,或对我抱有敌意。对于猜测,我们就说这么多。事实上,我们可以从所有案例中发现,那些病态沟通都是无法打破的恶性循环,除非沟通本身成为沟通的对象,换句话说,除非沟通者能够进行元沟通①。要做到这一点,他们必须*跳出*这个循环。要解决某一偶然事件,必须首先置身于事件之外,这一必要性将在本书的后半部分反复讨论。

3.43 起因与效应(Cause and Effect) 在这些涉及分割形式不一致的例子里,我们尤其容易发现起因与效应之间的冲突。在现实中,这两个概念都非常模糊,因为不间断的互动具有循环性。如果再来考察乔德的例子(2.42),我们可以发现,A 国加强武装,是*因为*它觉得受到了 B 国的威胁(即 A 国将自己的行为视为 B 国行为的效应),而 B 国则声称 A 国的军备力量才是自己采取"防御性"措施的*起因*。理查森在描述大约从 1912 年开始愈加激烈的军备竞赛时,指出了一个基本相同的问题:

> 协约国和同盟国都加强了军事上的准备,像是要发生战争一样。无论当时还是现在,对此的常见解释都是:两方的动机完全不一样,我们只是为了自我防御而采取正确、合适以及必要的措施,而他们则是沉迷在自己不切实际的野心当中,试图破坏世界和平。这一概括性的说法中存在几个鲜明的对比。首先,从道德上说,他们的行为是坏的,我们的是好的。对于如此国际化的争端,很难有什么评判可以获得全球性的认可,但是还有一些所谓的差异有望获

---

① 这样的元沟通不一定要诉诸言语,也不一定要多少体现出"洞察力"。(参见 7.32)

得广泛认同,那就是 1912—1914 年间的一个断言:*他们的行为是固定不变的,不依赖我们的行为而变化,但我们的行为都是对他们行为的反应,会根据不同的情况发生相应的变化。*(125,第 1244 页;斜体为本书作者所设)

从语用学角度来看,分割形式的不一致在国际互动和人际互动中的表现并没有什么不同,都会引发对现实的不同认识,包括对彼此关系之本质的认识等,进而引起国际冲突或者人际冲突。下面的例子展示了这一模式如何在人际层面发挥作用:

丈夫(对治疗师说):根据长期以来的经验,我知道如果想要家里安宁一点,我就不能违背她的意愿。

妻子:那不是真的——我倒是希望你能稍稍主动一点,在有些事情上多少能做点决定,因为……

丈夫(打断她):你从来就没允许我这么做过!

妻子:我很乐意让你这么做——可即使我放手让你做,你也什么都不做,最后我还是得揽下所有的事情。

丈夫(对治疗师说):你懂的吧,事情不能等到它们出现了再处理——必须提前一周制订好计划,组织好。

妻子(生气地):你给我举一个例子,证明这过去的几年里你确实做过什么事情。

丈夫:我猜我举不出来——因为一切都由你做主,这对大家——包括孩子——都好。结婚没多久我就发现这一点了。

妻子:你从来都是这样,打从一开始就是——你一直把所有事情都推到我这里来!

丈夫:我的天啊,听着(顿了顿,对着治疗师)——我想她现在说的是,我总是问她她想要怎么样——比如"今晚你想去哪里",或者"周末你想要做什么"。她看不出来我是想对她表示友善,反而对我大发脾气……

妻子(对治疗师说):是啊,他到现在都不明白,如果你总是得到这种"亲爱的,你想怎么样我都同意"的态度,日复一日,你会开始觉得你想要的东西没有一件是他在乎的……

在莱恩和伊斯特森提供的关于一个母亲和她的精神病女儿的案例中,表现出了同样的互动机制。在住院前不久,女儿曾试图攻击母亲。

  女儿:嗯,我为什么要动手呢？可能我是在找什么东西,我缺少的那样东西——感情,可能那是对感情的贪婪渴望。
  母亲:你并不想得到感情。你一直讨厌多愁善感。
  女儿:好吧,但你什么时候给过我感情？
  母亲:这个,比如说我想要亲你一下的话,你会说"别这么多愁善感"。
  女儿:但是你从来都不让我亲你呀。(90,第20—21页)

  3.44 此处出现了一个重要的概念——自证预言(self-fulfilling prophecy)。从沟通的角度来看,这可能是分割活动中最有趣的现象。自证预言被认为是"想当然"在沟通学领域的对等概念。这种行为能引发对方的某种反应,使该行为恰好是对对方那种反应的恰当反应。比如,某人假设"没有人喜欢我",以此为依据,他用一种多疑的、自我防御式的攻击性态度与他人相处,其他人很可能会给他冷漠的回应,这样就证实了他原先的假设。由于我们研究的是人类沟通的语用学目的,在这里无意追问一个人为什么做出这样的假设、它是怎么发生的,以及他是否意识到了这一问题。从语用学角度我们可以发现,个体的交际行为显示出了冗余性,对他人产生补充效应,逼迫他们形成某种特定的态度。个体认为自己只是在对别人的态度做出反应,而不是诱发了这些态度,这是个典型的与事件序列有关的认识,导致个体的分割形式出现问题。

3.5 模拟材料(Analogic)和数字材料(Digital)之间的"翻译"("Translation")错误

  在试着描述这些错误的时候,我们想起了丹尼尔·华蕾(Daniele Varé)的小说《喜鹊门》(*The Gate of Happy Sparrows*)中的一段奇闻趣事。小说的主人公是一个欧洲人,生活在20世纪20年代的北京,师从一位教授学习汉字书法。有一次,教授让他翻译一句话,他认出了其中的三个字——"圆"、"坐"和"水",然后他试图将这些概念拼凑成完整的肯定句(也可以说是"解码成数字语言"):"有人在坐浴。"这真是对不起这位名教授,因为这句话原本非常有诗意,指的是海上日落。

  3.51 像汉字书法一样,上文提到的模拟材料缺少很多数字语言的词法和句法元素。因此,在将模拟信息翻译为数字信息时,译员不得不补充这些元素,就像解析梦境时必须将数字结构尽量直观地引入千变万化的梦象中一样。

正如我们所知道的那样，模拟材料是高度对立的，它可适用于迥异的甚至是互斥的数字化阐释。一方面，说话者很难把自己的模拟沟通用言语表达清楚，另一方面，如果模拟沟通中某一片段的含义造成了人与人之间的矛盾，会话中的任何一方都有可能在将模拟模式向数字模式转译的过程中引进某种数字化策略，而这种数字化与其对双方关系本质的认识是一致的。比如，送礼物肯定是一种模拟沟通，然而根据对自己与送礼者之间关系的认识，接收者可以将这种行为看作喜欢、贿赂或者赔偿的象征。许多丈夫都会沮丧地发现，如果他打破婚姻的"游戏规则"，心血来潮地送给妻子一束鲜花，那他将会被怀疑偷偷做了什么对不起妻子的事。

接受审讯的人变得面色苍白、浑身颤抖、汗流不止以及说话结巴，这体现出什么数字含义呢？这可能是他有罪的证据，也可能只是一个无辜的人遭受被怀疑的折磨，意识到自己的恐惧可能会被理解为有罪。心理治疗无疑与正确的或者被矫正的模拟信号数字化有关；事实上，任何释义的成败都不仅取决于治疗师将一种模式转译为另外一种模式的能力，还取决于患者是否准备好去获得更合理、更轻快的数字化方式。关于精神分裂症性沟通、医患关系以及多种社会文化现象中的此类问题的讨论，请参见里奥奇（Rioch，127、128）。

甚至在"翻译"似乎已经很到位的情况下，关系层面的数字沟通可能还会缺乏足够的说服力。下面的"花生"漫画就讽刺了这一现象：

（版权所有：2010 Peanuts Worldwide LLC.　经销：UFS, Inc.）

3.52　贝特森曾在一篇未发表的报告中提出，人们认为在这两种沟通模式彼此转译时，模拟信息在本质上也像数字信息那样明确而具有指示性，这是一种根本性的错误，有很好的证据来证明这一点。他写道：

> 当一条章鱼或者一个国家做出威胁性的动作时，另一方可能会觉得"它很强壮"或者"它想要攻击我"，但是这些并不是原始信息所包含的内容。其实，信息本身不具有指示性，如果将其看作数字世界里的一个*提议*或者*问题*会更好一些。

在这一点上,我们应当记住,所有的模拟信息都是对*关系的调用*(invocations of relationship),因此,它们是关于关系未来规则的提议,此处再次借用了贝特森的定义。贝特森指出,通过我的行为,我可以表达或者暗示喜爱、厌恶或者反对等,对我的暗示赋予积极还是消极的未来价值观念,则由你来决定。不用说,这就是无数人际关系矛盾的根源。

3.53 正如上一章所解释的那样,数字语言的句法有逻辑性,因而非常适合内容层面的沟通。不过在将模拟材料翻译为数字材料的过程中,一定要引进逻辑真值函数,这是模拟模式所缺少的。这一缺失在涉及否定的事例中最为明显,相当于缺少了数字语言中的"不"字。换句话说,传达"我要攻击你了"这一模拟信息很容易,但要表达出"我不会攻击你"的意思却非常困难,就和在模拟计算机中引入负值一样,几乎不可能做到。

在库斯勒的小说《来来往往》(*Arrival and Departure*)中,年轻的男主人公从被纳粹占领的家乡逃出来,饱受命运的折磨。后来他爱上了一位美丽的姑娘。他不敢奢望她会回应他的感情,只希望能够靠近她,轻抚她的秀发。她拒绝了他这些没有恶意的举动,这激起了他的绝望和怒气。最后,他用力按住了她。

> 她倚靠着墙壁,头部扭曲,姿势奇异,就像一个断了脖子的娃娃那样歪着脑袋。至少现在他可以抚摸她的头发了,温柔地,轻轻地抚慰,就像他一直打算的那样。接着他意识到她在哭泣,无声地哽咽,肩膀也在颤抖。他继续爱抚她的头发和肩膀,带着点抱怨说道:
>
> "你看,你就是不听我说。"
>
> 她突然停止了抖动和哭泣,僵硬地躺着:
>
> "你说什么?"
>
> "我说我只是不想让你走,我只是想让你允许我摸一摸你的头发,请你喝点冷饮……真的,那就是我的所有意图。"
>
> 她的肩膀颤抖了一下,笑了,情绪有点激动。"上帝啊,你是我遇到过的最傻的蠢蛋!"
>
> "你生我的气了吗?别生气,我不是有意的。"
>
> 她蜷起腿,往后挪了挪,蜷缩在墙角里。"走开。请走开,让我一个人静一会儿。"她又开始哭了,这一次安静了一些。他从睡椅上滑了下来,像之前一样蹲在地毯上,但他伸出手握住了她那只无力地放在垫子上的手。这是一只没有活力的、潮湿的、发烫的手。
>
> "你知道,"他说,因为她并没有抽回自己的手,所以他有了勇气,"当我还

是个小孩子的时候,我们家有一只黑色的小猫。我很想跟她玩,但是她太害怕我了,总是躲着我。有一天,我终于费尽心机把她逼到了儿童房里,但是她躲在柜子下面不出来。于是我把墙壁旁边的柜子拖走,但她还是不让我摸她,我越来越生气。后来她躲到了桌子下面。我掀翻了桌子,打碎了墙上的两幅画,把整个房间搞得乱七八糟。我还拖着一把椅子在房间里追着小猫到处跑。最后我妈进来了,她问我在做什么,我告诉她我只是想摸一下那只蠢猫。然后我被痛打了一顿。但是我说的是事实……"(85,第40—41页)

这个例子里,被拒绝引发了绝望,但他又不能证明自己*并没有*恶意,这就导致了暴力的发生。

3.531

现在,如果有人像贝特森那样观察动物的偶发行为,他会发现,对于这类涉及否定表达的问题,唯一解决办法是先做出表达或暗示性动作以期得到否决,然后若没有得到否决,便可得出结论。这一有趣而"非理性"的行为不仅可以在动物的互动中找到,在人类的交往中也能见到。

在人类和瓶鼻海豚建立信任关系的过程中,我们观察到一种非常有趣的沟通模式。尽管这可能仅仅是这两种生物"私下"形成的规矩,但仍为模拟沟通中"不"的表达提供了很好的例子。这些动物显然得出了这样的结论:手是人类身体最重要也最脆弱的部分之一。如果想和陌生人类建立联系,它们会把那人的手含在口中,轻轻地咬磨,而它们的牙齿都很锋利,完全能够一口把人手咬断。如果那人接受了它们的做法,海豚似乎就会把这视为完全信任的信号。作为回报,它们接下来会把自己的腹部前侧(它们最脆弱的部分,大致相当于人类喉咙的位置)放在那人的手上、腿上或者脚上,以此表示它们相信那人是友好的。很明显,这一流程的每一步都很可能发生误解。

里尔克(Rilke)的《杜伊诺哀歌》(Duino Elegy)中第一首诗的开头几行将美视为对内在的任何可能的毁灭的否认,其中所蕴含的人与先验世界之间的关系,同上一段所述的关系在形式上相当类似:

如果我哭喊,各级天使中间有谁
听得见我?即使其中一位突然把我
拥向心头,我也会在他
更强健的存在中丧亡。因为美无非是
我们恰巧能够忍受的恐怖之开端,

我们之所以如此惊羡它，是因为它宁静得不屑于
摧毁我们。（126，第21页；斜体为本书作者所设）①

3.532

正如海豚的例子所指出的那样，仪式可能是模拟沟通和数字沟通之间的中间过程，对信息材料有刺激作用，但是其形式是重复的和程式化的，介于类比和象征之间。因此，我们可以看到，像猫这样的动物往往通过这样的规矩来建立互补且非暴力的关系："占下风"的猫（通常较年轻或处在其他猫的领地上）会躺在地上，另一只猫会将其暴露出的颈部血管咬在嘴里，但不会真的伤害它。这种建立"我不会攻击你"的关系的方法似乎能被双方所理解。更有趣的是，这种编码方式在物种间（比如猫和狗）的沟通中被发现也是成功的。在人类社会中，模拟材料通常以规矩的形式存在，由于这些材料被视为约定俗成的惯例，它们已接近于象征性沟通或者数字沟通。这就形成了一种稀罕的重合。

在病理学层面，此类机制似乎在性虐上得到了有效应用。看起来"我不会弄死你"这一信息只有通过模拟否定的方式才能令人信服（至少是暂时地缓解受虐狂对恐怖惩罚的深深恐惧），这种模拟否定是羞辱和惩罚规矩的固有成分。它使受虐者深信，羞辱和惩罚最终肯定会停止，没有想象中那么恐怖。

3.54 熟悉数理逻辑的人现在可能会同意，或许没有必要去证明模拟材料中缺少*所有*的逻辑真值函数，只需证明缺少关键的一小部分即可。相似地，表示"二者至少有一项为真"这一含义的逻辑真值函数"析取"（无排他性的*或者*）在模拟语言中也是找不到的。尽管数字语言很容易传达"这一个或者那一个或者两者都行"这样的含义，但要将这种逻辑关系植入模拟材料就没有那么简单了，甚至很有可能无法植入。数理逻辑学家（如119，第9—12页）指出，为了表述所有主要的真值函数（否定、合取、析取、蕴涵以及等价），其中两个——否定和析取（或者否定和合取）是表述其他三个的充要条件。根据这一推理，尽管我们对模拟材料缺少其他真值函数的语用学意义几乎毫无了解，但仍可以断定，既然它们无非是"不是"和"或者"的变体，那么翻译它们时的困难与后者也应大致相类。

3.55 贝特森和杰克逊猜测，在癔症症状形成的过程中，数字信息向模拟信息的转码起到了重要的作用。根据他们的观点，存在一种与我们前面所讨论的相反的过程，它是一种重译，即将已经数字化了的信息材料转译回模拟模式：

---

① 译者注，翻译参考了2009年同济大学出版社《杜伊诺哀歌》林克译版本。

关于癔症,存在一个逆向的——但也复杂得多的——问题。毫无疑问,癔症涵盖了大范围的正规模式,但还是多少会有一些案例涉及由数字到模拟的翻译错误。去除数字材料的逻辑类型标记,会引发错乱症状形成。"头疼"这个词曾经是不想执行某项任务的借口,后来却可能臆想成真,被赋予了真实的疼痛感。(19,第282页)

或许我们还记得,沟通中断的第一个后果通常是丧失部分数字化的元沟通能力,从而无法处理关系层面的意外情况,此时"回归模拟"似乎成了合理的妥协手段。① 转换症状的象征性本质及其与梦的象征性之间的紧密联系早在李厄保(Liébault)、伯恩海姆(Bernheim)和沙科(Charcot)时代就已经被人们意识到了。此外,符号若不被用来代表实际量,而是用来代表1.2节时所说的那种抽象函数,用来代表某种关系,那它会变成什么样呢?荣格在著作里表示,象征存在于我们所说的"数字化"尚不可能出现的地方。然而在我们看来,象征也存在于数字化已无可能出现的地方,尤其是在关系有向社会或道德禁忌——比如乱伦——方向发展的危险时。

3.6 对称型和互补型互动中潜在的病理性

为了避免误解,我们需要再三强调:沟通中的对称或者互补本身并无"好"和"坏"、"正常"和"反常"之分。这两个概念仅仅指两种基本的沟通类型,所有的沟通行为都可以归入这两类,它们都有着重要的功能。从维持健康关系的角度来看,两者都是必须的,它们可能会交替出现,或作用于不同的层面,这意味着每种模式都可以在另一种模式出现失控状况时起到稳定关系的作用,也意味着"沟通双方在某些情况下进行对称沟通,而在另外一些情况下进行互补沟通"不仅是可能的,而且也是必须的。

3.61 对称型的逐步升级(Escalation)

像其他任何沟通模式一样,这两种模式也存在潜在的病理现象,借助临床材料可以阐明这一点。我们已经说过,对称型关系中始终存在竞争的危险。从个人或者国家行为中都可以看出,似乎只有己方比对方"更加平等"[借用一下奥威尔(Orwell)的名言]一点点,这时的平等才是最令人安心的。这一趋势解释了稳定性

---

① 同样,在这一点上个人与国家的行为之间几乎没有任何区别。如果两国间产生严重的矛盾,常规做法是先断绝外交关系,然后转向模拟沟通,比如动员部队、集结军事力量等,以释放模拟信息。这一流程的荒唐之处在于,数字沟通(外交程序)中断的时候,恰恰是最迫切需要进行数字沟通的时候。在这一方面,华盛顿和莫斯科之间的"热线电话"可能会起到预防作用,尽管官方表示设置热线仅仅是为了在危机时刻加快沟通。

被打破时对称型互动典型的升级特性,以及由其引发的所谓失控行为,比如个人之间的争吵或者国家之间的战争。以夫妻矛盾为例,我们可以很容易地观察到夫妻双方的挫败感如何逐步上升,直到他们因体力或情绪耗尽而进入一种不稳定的停战状态,待他们恢复精力后,再开始下一轮较量。因此,按照利兹(Lidz)的说法(95),对称沟通中的病理现象多多少少以公开冲突或离心离德为特征。

在健康的对称型关系中,双方能够接受彼此的"本性",因此互相尊重,互相信任,产生现实、互惠的对彼此自我的确认。如果对称型关系中断,我们更常看到的也是对彼此自我的否决,而不是不确认。

3.62 僵化的互补(Rigid Complementarity)

在互补型关系中也存在同样健康、积极的相互确认,不过在另一方面,互补型关系中的病理现象则与前述相当不同,沟通双方往往会选择对对方的自我不予确认,而不是予以否决。因此,从精神病理学角度看,它要比对称型关系中或多或少的公开争斗更为重要。

互补型关系中的典型问题产生于下面这种情况:P要求O确认P的自我定义,而这一定义同O看待P的方式不一致。这就把O置于一个很特殊的困境中:他必须改变自己的定义,转而补充、支持P的定义。从互补型关系的本质来看,一方对自我的定义只有在对方扮演相应的互补型角色时才能得以维持,毕竟没有母亲就不会有孩子嘛。不过,母子之间的关系模式是随着时间变化而变化的,如果不允许关系发生适当的变化,那么那种在婴儿早期生活中具有重要的生理性和心理性意义的关系模式,反而会严重阻碍孩子的未来发展。因此,同样的模式可能在一段时间内带来高度的自我确认,而在关系发展自然进程的后期(或者不成熟期)却具有不确认性。与对称型沟通相比,正是因为其具有更大程度的精神病学相关性,互补型沟通的病理现象在文学世界中受到的关注更多。精神分析认为这是一种施虐与受虐关系,将其视为各自的病态特质结构相互契合的两个个体多少有些偶然的联合。更倾向于互动取向的新近研究包括利兹提出的"婚姻倾斜"(marital skew)概念(95)、舍夫兰关于"惊悚双人行"(gruesome twosome)的论文(136),以及莱恩提出的"共谋"(collusion)概念(88)。在这些关系中,我们可以在一方或者双方身上发现其不断增强的挫败感和绝望感。一些人频繁地抱怨那种与日俱增的可怕的自我疏离感和人格解体感,抱怨意志力丧失以及强迫性发泄,但他们在家庭之外(或者他们的沟通搭档不在场时)却可以表现得非常完美。单独与他们进行会谈时,他们也可以很好地调整自己。然而,如果让他们与其"互补对象"一起做访谈,他们的表现就会发生戏剧性的转变。他们关系中的病理特性由此突显出来。对互补型关系中的病理现象所做的研究中,最卓越的应该是两位法国精神科医生在大约一百年前写的那篇著名论文——《二联性精神病》(La folie à deux)。我们的研究方法在原创上的不足,从下面引用的论文片段就可见一斑了。作者首先描述了一下病人,然后这样写道:

> 以上是对一个精神病人(insane)的描写,他挑起了一种"二人狂"("délire à deux")式的局面。他的伙伴的情况更为复杂难辨,但是*仔细观察就能发现,后者表现出感应性精神病*(Communicated insanity)*的特点*……一旦弄清楚了这两个精神病患(lunatics)之间的*隐性契约*(tacit contract),接下来要研究的就不仅是精神失常者对于可能正常的另一方的影响,还包括研究这个有理智的人对被哄着的那位的影响,以便能够明白两者之间的分歧是如何通过相互妥协而消除的。(92,第4页;斜体为本书作者所设)

3.63 正如本节开头我们简要提到的那样,对称型和互补型关系模式可以起到互相稳定的作用:从一种模式转为另一种模式再转回来,是重要的自我平衡机制。这对于治疗很有启发。比如,至少在理论上,可以在治疗中将对称引入互补或者将互补引入对称,使其在治疗过程中实现直接切换。我们特意使用了"至少在理论上"这一限定,因为在实际处理非常明确的系统时,要想诱发任何形式的改变都极为困难,似乎系统的参与者都"宁愿忍受那些已知的症状,也不愿招惹那些未知的病症"。

3.64 为了解释上述内容,以下是来自所谓"结构化家庭访谈录"(159)的三段访谈摘录。它们都是受访夫妻对下述标准问题的回应:"地球上有这么多人,你们两个怎么就走到一起去了呢?"应当说清楚的是,叙述中所包含的真实历史信息是次要的,尽管这些信息可能相对比较精确,同时也能反映出对称型或互补型互动的问题,但是这种经常被选择性回忆和一厢情愿的假想所扭曲的历史性信息不是本文的兴趣所在。在考察第一对夫妇的访谈摘录时,他们回答问题时所表现出来的对称性会给我们留下深刻的印象。可以说,他们所讲的关于相遇的故事,只不过是他们在"抢风头"游戏中利用的原材料而已。对他们来说(对我们来说也一样),*发生了什么并不重要,重要的是谁有权力跟对方说什么,以及说对方什么*。换句话说,他们沟通当中的本质不在于沟通的内容方面,而在于沟通的关系方面。

例1:这是典型的对称型沟通。①

---

① 在摘录稿中,我们使用以下简写形式:H代表丈夫,W代表妻子,Int代表访谈者。

摘录稿	评论
Int:地球上有这么多人,你们两个怎么就走到一起去了呢?	
H:我们……都在同一个地方工作。我妻子那儿有一台康普托计算机,我是维修康普托计算机的,所以……	H先说话,给出整个故事的单方面总结,以此表明自己有这么做的权力。
W:我们在同一栋楼里上班。	W用自己的话重复了相同的信息。不是简单地表示同意,而是在他们这场讨论中建立对称型关系。
H:她所在的公司有一台很大的设备,我大部分时间都在那里工作,因为那是一台很大的设备。因此,那就是我们相遇的地方。	H没有增加新的信息,只是简单地、累赘地复述他最开头说的话。这说明,为了与W的行为相对称,他坚持着自己给出这条信息的权力;在关系层面,他们在争夺"一锤定音"的地位。H尝试用他的第二句话终结这轮对话。
W:我们是经那里的一些姑娘介绍认识的。(停顿)	W并没有放弃:她修正了H的话,再次重申她在讨论中的平等参与权。尽管这一修正如同那句"我们在同一栋楼里上班"一样被动(因为两者都没有掌握到主动),但她还是成功地使自己"更平等了一点"。因为她强调"一些姑娘",显然她是这一群体中的一员,而H不是。这一停顿结束了第一轮的对称型沟通。
H:事实上,我们是在一次聚会上认识的。我是说,我们从一次同事办的聚会上开始在一起的。不过我们之前见过彼此,在工作的时候。	尽管有点柔和以及妥协的意味,但这个陈述还是没有支持W的说法。
W:我们从未见过,直到那个晚上。(轻轻地笑了)(停顿)	这是一次直接的反驳,而不是简单的复述,意味着他们的争论可能升级了。(然而,注意"见过"这个词,在这个语境下,它的含义是相当模糊的——可以表示好几种意思,从"用眼睛看到彼此"到"被正式介绍认识"——因而她对他的反驳是无效的,也就是说,如果被质问的话,她没法明确表态。她的笑也使得她能够"说些什么,而其实没有真的在说"。)
H:(很轻地)嗯。(长时间的停顿)	H将自己置于下风,因为他对她公开表示了赞同。不过,"嗯"有许多可能的含义,并且他的声音很轻,没有任何确信或者强调的含义,因此结果非常模糊。还有,之前的陈

续 表

摘录稿	评论
	述也是非常模糊的,所以搞不清楚这里究竟达成了怎样的一致。不管怎样,他没有继续下去,也没有给出自己的新说法。因此,他们结束了另一轮互动,同样以停顿为标记。这似乎表明,他们已经到了危险(公开的矛盾和冲突)的临界点,并准备在内容方面的讨论尚未完结的情况下结束这轮讨论。
Int:不过,我能想象你们周围有几十个甚至更多的人可供选择,在这么多的人中,你们两个是怎么走到一起的呢?	访谈者介入,使讨论继续。
H:她当时是几个比较漂亮的姑娘之一。(轻声笑)(停顿)	H强硬地抢了一次"上风";这种含糊的奉承将W和其他姑娘相比较,而他自己是评判者。
W:(语速加快)我不知道,我开始跟他在一起的主要原因是那些姑娘——在跟我说话之前,他告诉过其他一些姑娘,说他对我有兴趣。她们就多少有些故意地安排了那次聚会,然后我们就认识了。	她配合H的傲慢态度,同时给出了自己的说法:她对他有兴趣只是因为他先对她有兴趣。(他们对称型互动的主题已经从"应该由谁来讲述他们相遇的故事"以及"应该采用谁的版本",转换到了"谁在这段恋爱中得到了'战利品'"。)
H:事实上,那次聚会不是这个目的——	对W的定义进行了直截了当的否决。
W:(打断)确实不是,但是我们俩在聚会上相见是安排好了的。按你的说法:正式被介绍认识,面对面的。(轻声笑了笑)我们之前是在一起工作过,但是我不习惯……好吧,周围有大约六十个女人,十个或者十二个男人,我不习惯——	对H的纠正表示同意之后,W重复了自己刚才的话。她削弱其非个人化建构,转而依赖直接的自我定义("我是这样的一个人:……"),以一种不容置疑的口吻建立平等地位。
H:(同时说话)她确实缩在后面,嗯,她跟陌生男子在一起会害羞。嗯,那些姑娘也都知道。(停顿)那时候我和那里的许多姑娘暧昧不清。(轻声笑)我没有任何其他意思,只是……(叹气)只是我的本性如此吧,我猜。	H借用自己的"本性"给出了对称的答案。另一轮沟通结束。

这对夫妇前来寻求帮助,是因为他们害怕不断的争吵会伤害到孩子。正如隐约可以从上述材料中猜测到的那样,他们也提到了他们性生活中的一些困难。当然,由于没有能力互补地进行相处,这种困难便更容易被明显地感受到。

例2:这对夫妇参加了一个研究项目,该项目随机选取一些家庭作为研究对象。研究者们普遍认为,这对夫妇在感情上很疏远,而且妻子相当抑郁。他们的交流是典型的互补型。丈夫"占上风",妻子"占下风"。不过我们在之前的章节里已经强调过,这些术语并不能用来反映谁强谁弱。很明显,妻子的健忘和无力一方面有助于丈夫扮演强健、务实的男性角色,另一方面,也正是这些因素使得他的能干和务实精神变得非常无力。因此,我们再一次遇到了更广义的情绪症状所造成的人际影响。

摘录开始于访谈者提出他们夫妇如何相遇的标准问题之后,丈夫解释说,当时妻子来到他隔壁的办公室工作。

H:嗯——你是什么时候开始过来工作的?

W:我——我没有任何,我——

H:(打断)——我记得好像是,我是十月份来的,第二年……你可能是在……二月份,呃,一月份或者二月份——大概是二月份或者三月份,因为你的生日是十二月份,那一年。

W:嗯,我甚至不记得……

H:(打断)所以我碰巧送了点花给她,你知道的,在——我们第一次出去约会的时候。然后就再也没有——我们再也没有去过其他地方约会,对吗?

W:(笑了笑)对的,没有,我一点儿也不惊讶。

H:我们从那之后就这么开始了。大约一年之后吧,我猜,我们就结婚了。一年多一点。

Int:你们做了什么……

H:(打断)尽管之后没多久简(Jane)就离开了公司。嗯,我觉得你在那儿只工作了几个月吧,对吗?

W:你知道,我很抱歉,我一点也不记得(笑了笑)我在那儿工作了多久,以及我什么时候——

H:(打断)是啊,几个月,然后你就回去教书了。(W:嗯,嗯。)因为我们——她发现,我猜,这一与战争有关的工作并不像她当时预想的那样,能对战争结果产生影响。

Int:所以你——你去了学校?

W:是的,我之前一直在里面工作,直到(Int:嗯)我去那里工作。

Int:然后你们一直保持联系,没有中断。(H:啊,是的。)除了,呃,除了你觉得你的妻子非常有魅力之外,你觉得你们在其他方面有什么共同之处吗?

H:肯定没有。(大笑)我们从来没有——有吗——(深吸一口气)(停顿)

例3:这是一对临床表现正常的夫妇,他们自愿参加同样的访谈。我们可以看出他们怎样灵活地在对称型和互补型互动之间转换,并且由此成功地维持了一段温暖的、互相支持的关系。① 因此,即使他们叙述当中的有些细节可能是在贬低对方,但它们似乎也没有威胁到他们关系的稳定性以及对彼此角色的确认。

摘录稿	评论
Int:地球上有这么多人,你们两个怎么就走到一起去了呢?	
W:我们怎么……?	
Int:……在一起的。	
W:这个……	W接过话题,显示她有这么做的权力。
H:(打断)这个,我来告诉你吧。(W笑了,H也笑了)	H以一种高度对称的策略抢过话题。其中的策略性被他们共同的笑声削弱。
W:这个,这个,还是我来说吧。事实上,我离开高中后就开始工作了。那时大萧条还在继续,所以我就找了个——呃,路边女孩(curb girl)的工作。我猜过去他们都是这么叫的,是在……	W复述了H的话,重新夺回话题。接着以她自己的方式开始了讲述。
H:……在汽车餐厅……	W遇到了麻烦,因为"路边女孩"可以指"街头拉客的妓女"。H救了她,说清楚了她工作的地方,也由此用*他的*方法叙述了当时的情况。直到这里,他们的互动都是对称型的。
W:……在汽车餐厅上——餐厅里工作,一直到我找到新的工作。他那时的工作是……	W接受了H的说法,小心地遵循他对词汇含义的纠正。她接受了互补型下风的地位。
H:我去找她搭讪了。	互补型上风。
W:事实上,的确是这样的。(两人都笑了)	互补型下风(接受了H的说法)。
H:我们就是那样开始的。	互补型上风。因此,之前的对称型升级已经被互补型沟通打断,给话题结束提供了可能。H做了小结,这一轮结束。
W:他其实很害羞的。他是那种害羞型的,我还觉得,这个——	W转换话题,开始谈论H当时搭讪的事情,获得了一次上风。

---

① 如果有信息表明一段关系在*同一时间内*既是对称型的,又是互补型的,那么对称型和互补型互动领域就会出现完全不同的沟通事件。这可能就是悖论出现在人类沟通中最频繁、最重要的途径了。这种沟通不一致的语用学效果会在第6章中单独分析。

摘录稿	评论
H:我已经克服那个了——她是这么说的——我也不知道。	互补型下风。H接受了W关于他害羞的说法,即一方面他不是具进攻性的一方,另一方面她现在还是这一事件的评判者("*她是这么说的——我也不知道*")。
W:因此,因此我觉得……	
H:这就是所有的——	
W:……他没有恶意,所以我——我就跟他回家了。	
H:(同时说话)事情的真相其实或多或少是因为一次挑战。有一个周末,我和另外一对朋友出去,我们在回城的路上聊天,也不知道为什么,我们都认为我该找一个稳定的女朋友了。	H进一步解释了W的说法,并补充说,自己之前没有女朋友,以及朋友们影响了他的行为,等等。
W:(笑)嗯,我只是正好在那儿——	尽管说话的*内容*听上去是在自我贬损,并且因此形成了一次互补型下风,但是在这一语境中,W的话是在影射H行为的被动性;W将沟通切换到了对称型模式。(注意,区分她的动机和实际沟通效果是很有必要的,由此,对称也可以建立在下风的基础之上。)
H:于是我们就在那个地方停了车,喝了点根汁汽水,或者类似的其他东西(都笑了),而她就在那里。所以我就——呃……	H也对称地给出了他对当时情况的描述。笑声再次给结束话题提供了机会。
W:那就是我们的故事。	W结束了话题,就像H在第一轮结束时做的一样——"我们就是那样开始的"。

3.65 在对上述例子进行分析时,需要强调两点。首先,当沟通显现出模式性时,内容的重要性就减弱了。一组有两三年临床经验的精神科住院医师在给上述访谈情况打分时认为,例3中的夫妻要比另两对有临床障碍的夫妻"病得更重"。经询问发现,他们下此评判的原因是,例3中那对夫妻的相遇方式相对来说不太能为社会所接受,而且他们还针对细节问题进行公开的"争论"。换句话说,这些医生的不当判断是基于内容的,而不是基于叙述的互动层面的。

更重要的是,有一点应当明确,我们分析的都是连续的陈述。任何特定的孤立陈述都不可能具有对称性,或者在互补中占得上风。要对给定资讯进行"分类",就必须考察对方的回应。这就是说,对沟通功能和作用进行定义,看的不是单独存在的陈述的本质,而是两次或者多次交互回应之间的关系。

第4章 人际互动的组织

4.1 引言

前面章节中相对独立的例子已经专门且及时地勾勒出当前人类沟通中的某些基本属性和病理现象。这就是沟通的复杂性得以构建的元素。现在我们要进入互动组织(organization of interaction)层面(这里的沟通单元,其定义参见2.22),在此将考虑循环性的、持续的沟通模式,也就是沟通过程的*结构*。

这一层面的分析已经隐含在先前的讨论中了,如累积性对称或互补型互动(2.6、3.6)。相似地,"自证预言"(3.44)所包含的内容较之某个独特的沟通序列的特定分割法多:某种分割模式在不同时间及不同情况下的重复极为关键。因此,沟通模式这一概念可以被用来代表事件的重复或冗余[①]。由于这些模式有一定的模式,甚至可能有更高的组织层级,对其不能多加限定。然而就目前而言,我们的研究单元将是比我们之前讨论的更为高级的层级:序列性资讯的组织(the organization of sequential messages)。先考察一般情况,然后考察持续互动系统的情况。本章主要是理论性的,对宏观现象进行具体说明等复杂问题,则将放在第5章中进行讨论。因此,这两章的关系在本质上同第2、第3章之间的关系是一样的(前一章讲述理论,后一章进行具体说明)。

4.2 成系统的互动(Interaction as a System)

互动可以被认为是一个系统,因而认识关于系统的一般理论有助于深入了解互动系统的性质。一般系统理论不仅仅是生物学、经济学或工程系统的理论。尽管它们所涉的对象千差万别,但这些关于特定系统的理论有着许多共同的概念,从而形成了一种更具普遍性的理论,将这些相似之处构建成正式的同形体(isomorphies)[②]。该领域的先驱冯·贝塔朗菲将该理论描述成"对那些总体上适用于'系统'的原则的规定和派生"(25,第131页)。冯·贝塔朗菲猜想,当我们急于用那些明显适用于非人类(尤其是电脑)系统的、更为人所熟知——并不意味着更合适——的理论来处理人际关系时,人们会有所顾虑。他指出了其中的错误逻辑:

> 我们前面提及的同形体是一个导自下述事实的结果:在某些情境中,某种

[①] 冗余和限定与模式概念的相关性已在1.4节进行了详细的讨论,这儿只需要强调:模式是由发生特定事件且不发生其他事件所传达的信息。如果某一特定集合内的所有可能事件都随机发生,那么就不存在模式,也无所谓信息了。

[②] 必须指出,我们关注的重点仅限于持续互动系统特别是家庭的某些特定方面。关于该生命系统框架最近在广泛应用方面的大致情况,请参阅米勒(Miller, 105)的系列著作,它们显示了这方面的研究很可能获得大量成果。

抽象概念和概念模型可以适用于不同的现象。只有这些情境才适用系统定律。这并不意味着物理系统、生物体和社会之间没有区别。原则上，这类似于万有引力定律可应用于牛顿的苹果、行星系统以及潮汐现象。这意味着，就相当有限的部分情境而言，某种特定的理论体系，例如力学，在其中是普遍适用的。不过，这并不意味着苹果、行星和海洋在其他无数方面还有什么相似之处。(26，第75页)

4.21　在定义任何系统的某些属性之前，我们需要指出，显著且重要的时间变量（以及它的同伴——顺序）必须是我们的研究单元中不可或缺的一部分。用弗兰克(Frank)的话来说就是，沟通序列并不是"按频率分布的匿名单元"(45，第510页)，而是持续过程中不可分割的材料，其顺序和相互关联会在一段时间内显现，它们正是我们的兴趣所在。正如伦纳德和伯恩斯坦(Lennard & Bernstein)所说：

> 系统的内隐性是一个时间跨度。由于本身的性质使然，系统由互动构成，这意味着只有掌握了行动和反应的序列，我们才能描述系统的任何状态或任何状态变化。(94，第13—14页)

4.22　**系统的定义**　在一开始，我们可以沿用霍尔和费根(Hall & Fagen)对系统的定义，认为它是"一组对象及其彼此之间的关系，再加上它们的属性之间的关系"(62，第18页)，其中*对象*是系统的组成元件或组成部分，而关系则"将整个系统连为一体"。他们进一步指出，任何*对象*最终都被自己的属性所限定。"对象"可以是独立的个体，我们这里识别他们时所利用的属性就是他们的沟通行为（而不是心理特质之类的东西）。互动系统中的对象并不是个体，而是人们——彼此正在进行沟通的人们。明确了术语"关系"的含义后，上述定义的模糊性和笼统性就大大减少了。霍尔和费根承认，任何对象之间总存在着某种关系，虽然看上去似乎不是那么回事。他们都持有下述观点：

> 在给定一组对象的情境下，关系依手头的问题而定，从而纳入重要或有趣的关系，排除琐碎或非本质的关系。至于哪些关系是重要的，哪些是微不足道的，则取决于处理该问题的人。例如，琐碎与否的问题是和一个人的兴趣有关的。(62，第18页)

在这里，重要的不是沟通内容本身，而是人类沟通的关系（指令）方面，就像2.3节所指出的那样。因此，互动系统其实是*两个或两个以上的沟通者正在定义彼此关*

系的本质,或在这一层面上进行沟通。①

4.23 环境和子系统 系统定义的另一个重要方面是它的环境定义。霍尔和费根对此的定义是:"对特定系统而言,环境是一系列对象的集合,这些对象的属性若发生改变,将会影响整个系统,而且这些对象的属性也会因系统行为而改变。"(62,第 20 页)他们承认:

> 上面的陈述让人不禁要问:对象何时属于系统?又在何时属于环境?如果对象通过前述方式让系统发生反应,那它是否就不能被认为是系统的一部分?答案绝不会是明确的。从某种意义上说,系统连同其环境组成了在特定情境中所有被关注的事物的小宇宙。要将这个小宇宙细分为系统和环境两个部分,往往可以有很多种实际上很主观的方式……

> 显而易见,就系统和环境的定义而言,特定系统可以被进一步细分为多个子系统。这个子系统中的对象,很可能被视为那个子系统中环境的一部分。(62,第 20 页)

这个"系统—环境"或"系统—子系统"概念特有的排他性和灵活性大大保证了系统理论在研究生命(有机)系统时的效力,使其适用于诸如生物、心理以及这里所述的互动系统。

> ……(因为)有机系统是*开放*的,这意味着它们会与环境交换物质、能量或信息。如果没有任何形式的能量——如信息、热能、物理材料等——输入或输出,系统就会*封闭*,也就没有成分会发生改变,就像在密封的绝缘容器中发生化学反应一样。(62,第 23 页)

可以说,封闭系统和开放系统的区别已经让涉及生命现象的科学摆脱了主要以经典物理学和化学为基础的理论模型的束缚,而它们正是完全*封闭*的系统模型。生命系统与其环境之间的关联至关重要,所以那些适用于可被置入"密闭绝缘容器"的事物的分析理论和方法显然会对其研究产生阻碍和误导。②

---

① 尽管我们主要的关注重点是人类沟通者,但理论上也并不排除其他哺乳动物(9)或其他群体的互动,如国与国之间的互动就类似于两个或更多个体之间的互动(125)。
② 关于主要借助经典物理学来阐述的元理论对不同学科的间接影响,可以在精神病学中找到一些有趣的例子:在精神病学发展早期,互动病理学尚不为人知,除了一个例外——感应性精神病相关的共生(3.62)。这些戏剧性的关系首先被认为是互动的问题,而非个体的问题,如认为其实不过是疾病分类学上的反常现象。不过他们也承认,其他许多关系问题被忽略了,这个事实是耐人寻味的。我们现在可以发现,只有感应性精神病恰好符合当时的封闭系统模型。

随着分层架构系统的理论发展,系统与其环境不再需要被人为地彼此隔离,它们可以在同一理论框架内有意义地结合在一起。库斯勒描述了如下情况:

> 一个鲜活的有机体或社会团体并不是基本部分或基本流程的集合;它是一个由半自发的次整体整合而成的层级结构,其下包括次次整体。因此,这个层级结构的每一层都具有两面性:面对下层时,它们扮演整体的角色;面对上层时,它们扮演部分的角色。(87,第287页)

利用这一概念模式,我们可以很容易地将二元互动系统放入更大的家庭、扩展家庭、社区以及文化系统之中。此外,这类子系统可能与其他子系统(理论上可免责)有所重叠,因为参与二元子系统的每个二分体成员都关涉他人,甚至生活本身(参见结语)。总之,在与其他人、其他系统或水平或垂直的关系中,均能看到正在进行沟通的个体。

4.3 开放系统(Open Systems)的特性

由此,我们把讨论从一般系统中最普遍的定义转移到对系统的两个基本类型之一——开放系统——的重点关注上。现在,通过考察,我们可以对开放系统的一些宏观形式的特性进行定义。

4.31 整体性 系统的每一部分都与其他同类部分相关联,因而每一部分的改变都会引起所有相关部分及整个系统的变化。也就是说,系统不是独立元素的简单组合,而是一个连贯和不可分割的整体。这一特点也许最好通过对比与其截然相反的加总性(summativity)来进行理解:如果某一部分的变化不影响其他部分或整体,那么可以说这些部分是彼此独立的,它们构成了一个"堆(heap)"(借用系统文献中的术语),这个"堆"的复杂程度不超过其元素各自复杂性的总和。如果假设有一个连续体,其一端是整体性(wholeness),那么加总性这一特性就在该连续体的另一端,而且可以这么说:*系统多少总是以一定程度的整体性为特征的*。

虽然19世纪的机械理论在当时并没有正式成为一种元理论,但现在我们可以看到,它们其实已经具有分析性和总结性了。"机械论的世界观在拉普拉斯的思想中找到了典范,即所有的现象本质上都是基本物理单元偶然活动的集合体。"(25,第165页)因此,历史性的对比将提供最好的例子。阿什比这样叙述:

> 今天,科学的立足点面临分裂。两个世纪来,它一直在探索那些要么本质

上很简单,要么能够被拆分成简单部分以进行分析的系统。"每次改变一个因素"这样的教条被接受了一个世纪,因而科学家们主要探索那些允许这种教条存在的系统,而这一教条通常不可能在复杂的系统中奏效。直至罗纳德·费舍尔(Ronald Fisher)爵士于20年代在耕地上做实验,方才使人们清楚地认识到复杂系统的存在。它们恰恰不允许每次只改变一个因素——它们是动态的,相互联系的,一个因素的变化会立即成为动因,引起其他因素的改变,甚至引发大量其他因素的改变。科学一直想要回避对这类系统的研究,试图将注意力集中在那些简单的尤其是可简化的系统上,这一情况直到最近才发生改变。

然而,在对一些系统进行研究时,复杂性不可能被完全回避。自由生活的生物体的大脑皮层、作为功能型社会的蚁丘,还有人类的经济系统,它们不仅具有实际重要性,且难以被其他方法所驾驭,因而显得格外突出。因此,今天面对着未被治愈的精神病、衰败的社会、摇摇欲坠的经济体系,科学家除了意识到他正在研究的这个问题的全部复杂性,恐怕难以再多做什么。当然,今天的科学已经向研究"复杂性"迈出了第一步。(5,第5页)

4.311

非加总性(Nonsummativity)作为整体性概念的一个推论,为系统的定义提供了反向的指导原则。系统非其各个部分的加和;事实上,对人为隔离部分进行形式分析会破坏所关注的对象。人们有必要忽略完形的部分而专注于它的复杂性和组织的核心。完形的心理学概念是非加总性原理的唯一表达方法;在其他领域,人们对由两种或多种元素之间的相互关系生成的*新生性质*(emergent quality)有着极大的兴趣。最明显的一个例子来自化学,相对较少的已知元素能产生无限多种复杂的新物质。另一个例子是所谓的"摩尔纹"——两个或多个光栅叠加的光学表现(114)。在上述两个例子中,因为其各个元素都不可加和,所以它们都具有相当的复杂性。此外,还有一点非常有趣:组成部分之间的关系如有细微改变,往往会在新生性质中被放大——在化学的例子中,有不同的物质出现;在摩尔纹的例子中,有不同的形态产生。在生理学领域,魏尔啸(Virchowian)细胞病理学与魏斯(Weiss,162)这样的现代研究方法形成对比;而在心理学方面,经典的自由联想与完形理论形成对比;因此,在有关人类互动的研究中,我们建议将个人取向的研究方法与沟通理论进行对比。当互动被认为是个体的"属性",是诸如社会角色、价值观、期望和动机的衍生物时,两个或多个互动个体的综合就是一个可加总的堆,能被分成多个基本(个体)单元。与此相反,根据沟通的第一原理——所有的行为都是沟通,沟通无处不在——沟通序列是不能被割裂的;简言之,互动是非加总性的。

4.312

互动的另一个与整体性原则背道而驰的原理就是元素之间的联系是单向的，例如，A 可能会影响 B，但反之则不然。让我们回忆一下那个一直唠叨的妻子和总是回避的丈夫的例子(2.42)，从中可以看到，尽管互动序列或许可以被(参与者或者观察者)分割成一种单向的因果性模式，但即便是这样的序列实际也是循环性的，表面上的"反应"一定是这个各环节相互依存的事件链中下一起事件的刺激源。断言是 A 君的行为导致了 B 君的行为，便会忽略 B 的行为对 A 的后续反应的影响；这其实是在扭曲事件的发生顺序——鲁莽地分割出某些关系结构而忽视了其他关系结构的存在。若关系是互补型的，如领导者—追随者、强者—弱者或父母—孩子，这样做很容易丢失互动的整体性，而将其分割成独立的、线性的因果单元。在 2.62 节和 2.63 节中，我们已经提出要警惕这一类谬误，此处仅在长期互动方面再次明确其重要性。

4.32 反馈 如果系统各部分之间的关系不是加总性的或单向的，那么它们是以怎样的方式联合的呢？否定了前面两个经典的概念模型，我们手里似乎只剩下它们在 19 世纪和 20 世纪初声名狼藉的替补——模糊的、生机论的、超自然的概念，因为它们不符合决定论的教条，所以被冠以目的论之名。然而，正如我们在 1.3 节中所讨论的，从能量(及物质)到信息的概念转换，最终使我们不必在决定性和目的论的因果方案之间进行无意义的选择。由于控制论的问世和反馈的"发现"，人们看到循环且高度复杂的关联性虽与更简单、更传统的因果概念截然不同，但其科学性却没有一点点减少。正如我们在第 1 章中详细描述并在第 2、第 3 章中反复阐明的那样，反馈和循环性是与互动系统理论相契合的因果模式。反馈过程的特性比反馈的开端甚至结果都更让人感兴趣。

4.33 等效性(Equifinality) 在循环的自修改系统中，"结果"(即一段时间后的状态变化)更多地由过程的本质或系统参数所决定，而不是由初始条件所决定。简而言之，等效性原则意味着相同的结果可以源于不同的开端，因为这是限定性组织的特性。冯·贝塔朗菲详细阐述了这一原则：

> 开放系统的稳定状态是以等效性原则为特点的，也就是说，与初始条件起决定作用的闭合系统的平衡状态相反，开放系统可以达到与初始条件无关的非时间相关状态，它们只由系统参数决定。(27，第 7 页)

如果开放系统的等效行为基于它们与初始条件无关的独立性，那么不同的初始条件可能得到相同的最终结果，同样的"起因"也可能带来相异的结果。这个推论成立的前提是,系统参数较之初始条件更具支配地位。因此,在分析人们如何在互动中彼此影响时,我们认为起源或结果的特性在重要性方面不可与持续的互动组织相提并论。①

精神分裂症(心因性)病因学的观念转变正说明了这个问题。儿童时期独特创伤理论让位给了下述假设:母亲造成了单向、静态而反复的关系创伤,导致孩子罹患精神分裂症。正如杰克逊指出的那样,这只是一场更大革命的第一阶段:

> 从历史的观点看,病因学中精神创伤的阵地似乎正从弗洛伊德首创的单一创伤事件理论转移到重复创伤概念的手中。*接下来要研究的不是谁对谁做了什么,而是谁怎样做了什么*。也许下一个阶段将从家族携带的角度研究精神分裂症(或精神分裂症谱系),涉及复杂的宿主—传播媒介—接收人的循环,其包含的内容远远超过术语"精神分裂症源性母亲"所表达的范围。(68,第184页;斜体为本书作者所设)②

刚才关于起源(病因)的说法也可以应用于相应结果的临床症状(疾病分类学)。让我们再以精神分裂症为例,理解这个词有两种方式,一种是将其作为固定疾病实体的标签,另一种是将其作为互动模式的标签。前面(1.65 和 1.66)我们已经指出,传统上被归类为"精神分裂症"的行为已不再被那么加以具体化了,而是被置于其发生的人际情境——家庭、机构——中进行研究,在这些情境中,此类行为既不是奇特的环境条件导致的结果,也并非后者产生的原因,而是一个持续的病理性系统的复杂组成部分。

最后,开放系统最明显的一个特点在等效行为中被发现,尤其是与封闭系统模型对比而言。封闭系统的最终状态完全取决于初始情况,因而后者可以被认为是对该系统的最佳"解释";然而在开放系统中,系统的组织特质可以形成与初始条件不同甚至完全无关的极端情况,因此,*系统成为其自身的最佳解释*,研究其当前组

---

① 朗格用另一种方式来解释这种选择:

> 有一种广泛传播、为人熟知的谬论,被称为"具体化谬误",它来自哲学和批判主义的历史方法:将事物的*起源*和它的*传入*相混淆;追踪事物最原始的形式,然后称其"仅仅"是这种陈述……如:在成为沟通设备(communicative devices)之前,言语可能是仪式性的声音;并不意味着现在的不是"真正"的沟通手段,而"其实"仅仅是部族活动的残留物。(91,第248页;斜体与引用号都为原文所有)

② 有证据支持这一类精神病理学的等效性观点:康德(Kant, 82)与雷诺和艾思悌士(Renaud & Estess, 124)分别发现,在连续 56 例精神分裂症案例中均无创伤性诱因存在,而对一些精神正常男性的生活史却有关于其创伤经历铺天盖地的报道。因注意到正常群体与临床病例很难以此为依据进行区分,雷诺和艾思悌士提出:

> 这样的结论与 20 世纪行为科学的基本假设并非不能共存(例如,人类行为在很大程度上是生命体验的产物),它与"人生命的最初几年对以后发展至关重要"的基本命题也没有冲突。然而,这一观点确实质疑了元素主义的概念——坚持假定在某类事件与以后发生精神疾病之间存在简单、直接的因果关系。(124,第801页)

织结构成为一种适当的方法论。①

4.4 持续互动系统(Ongoing Interactional Systems)

我们现在已经准备好更细致地考察以稳定性为特征的系统,即所谓的"稳态"系统。霍尔和费根这样阐述:"如果变量倾向于保持在特定的限度内,那么系统就其变量而言就是稳定的。"(62,第23页)

4.41 持续关系(Ongoing Relationships) 这一层面的分析不可避免地要将焦点放在持续关系上,也就是那些①对双方都很重要,且②有持久性的关系。广义的例子有:友谊,一些业务性或专业性关系,尤其是婚姻和家庭关系(73)。除了对社会或文化机构具有实际重要性,这些具有历史渊源的重要群体对沟通的语用学研究也具有特殊的启发性意义。在上述条件下,沟通序列的重复在形成前面所讨论过的原理及病理性的长远后果方面,不仅是有用的,也是必要的。陌生人群体或偶然相遇者可以提供有趣的独特材料,但除非是研究单独的、人为的或新奇的现象,否则这样的互动就不如"自然"网络中的互动那样有价值,因为我们认为人类沟通的特性和病理性在"自然"网络中将呈现出更清晰的语用学影响。②

4.411

下面这个问题常常出现在我们面前:为什么某种关系会存在?为什么某些关系能最终维持下来,关系的参与者不但不离开,而且——更积极地说——还调整自己以使关系继续延续,尤其是在面临疾病和不幸时?该问题引出的答案建基于动机、需要满足、社会或文化因素,或其他明显与现在的论述没有直接关系的决定因素。不过,这个问题不可以被草率地搁置,所以我们和布伯等人提出了确认作为社交目的的重要性(3.331)。

然而,因为我们的目标是集中的而非发散的,所以我们有必要在整合其他参考体系框架之前,率先探索互动性方面的解释。由此,我们将得到一个描述性而非解释性的答案,③它将说明互动系统如何运作,而不是为什么可以运作。此类模型的运作可以被高度简化地比作计算机。机器的运转可以用它自己的语言来描述,比如反馈回路、输入输出系统等。可以想见,火星人可以通过仔细观察这样一个系统来了解它如何工作,但他仍然不知道它"为什么"工作;这是个不同的问题,而且也

---

① 维塞尔(167,第33页)这样的科学大家和幽默的现实主义者C·诺斯科特·帕金森(C. Northcote Parkinson, 115)也持同样的观点。
② 这并没有否定有关这些现象的实验性(即对照)研究的实用性或可能性,虽然贝特森(11)、海利(59)、舍夫兰(138、139)和谢林(Schelling, 140)曾提出,在各种不同的环境中,这样的实验很可能根本就是建立了新秩序。另见4.31节中阿什比的评论。
③ 例如,从现象学的角度看,持续关系可以被认为是一个动机混合的非零和博弈(140),在这个博弈中,所有关系内的解决方案都好过关系外的解决方案。我们将在6.446节中详细描述这样的模型。

不是个简单的问题。电脑会运行,是因为它插上了电源;它会以某种特定的方式运行,是因为它的组成部分具有相关性质;从目的论的角度看,它可以用这样的状态运行,是因为它就是为了实现这一特定目标而被设计出来的。从整体上看,权力和目的是为了*什么*(用心理学术语来说就是驱力和需要)不容忽视,但操作的本质——*怎么样*——也同样不能忽略。而且,至少就目前而言,这些问题和其他领域的类似问题一样,都可以个别进行考虑,如在物理学中就存在着著名的不连续性模型:

可能现在还不方便去问,为什么电子和质子同时既像粒子又像波那样活动,理论物理学尚未发展到如此前沿的程度,而另一方面,我们却有可能用波的属性来解释,为什么电子在围绕着原子核旋转时,会被限制在一定的轨道中。(2,第269页)

4.42 限制(Limitation) 如前所述,我们之所以采取这种受限的立场,原因之一是沟通过程中很可能存在其固有的可识别因素——在动机和简单的习惯之外——这有助于巩固和延续关系。

注意到"在沟通序列中,信息的每一次交换都会缩减下一步可能的行动数目"之后,我们可以将这些因素暂时纳入沟通的限定作用的概念。在最浅表的层面,这一观点是对第一原理的重述,即在互动情境中,人们都不得不进行沟通:面对那些向你搭讪或对你不理不睬的陌生人,即便是视若无睹,这种无视本身也是一种回应。在更复杂的情形下,回应的可能范围甚至会进一步缩小。例如,3.23节显示了:在几乎不对陌生人的状况进行情境修正的情况下,所有可能性的大致概况。*情境*或多或少都有限定性,总会将意外情况限制在某种程度内。然而,情境并不只由程式化的外界(对沟通者而言)因素所组成。明确的信息交换成为某些人际情境的一部分,并将它们的限定作用施加到后续的互动上(144)。若用游戏来类比,那么在所有人际游戏中——不只是前文所述的动机混合模式——每一步行动都会在该阶段改变游戏的布局,影响该时点之后的可能性,从而改变游戏的进程。将一段关系界定为对称型或互补型,或是采用某种分割形式,总体而言都会对双方的对等性产生限制作用。换句话说,不仅发送者,而且这段关系,包括接受者,都被这种对沟通的认知所影响。即便是不同意、否决或重新定义之前的资讯,也不仅仅是做出反应,而且还由此进行了参与,这种参与只需要以*所有*沟通都固有的关系定义和承诺为基础,无需其他任何支持。3.23节中假设的飞机乘客可能会选择敷衍几句,但他将发现自己越来越被卷入沟通之中——或者说是被他最初的平常举动套牢了。我们将在第5章中看到准临床的例证,第6章中则有受悖论强化的可能是最僵化受限的案例,该章提出人际悖论是相互的,且环环紧扣,因而会出现系统工程师所谓的振荡,即双方都处在岌岌可危而又显然无法回避的复杂困境之中。

4.43 关系规则(Relationship Rules) 考虑到限定现象,我们可以再回来讨论那些直接涉及持续互动系统的问题。大家应该还记得,每次沟通中,参与者都向彼此提供对于他们关系的界定,或者更强有力的说法是,每个人都在试图确定关系的本质。类似地,每个人都按照自己对关系的界定做出回应,如对他人的界定进行确认、否决或修改。这一过程值得密切关注,因为在持续关系中,它不能悬而未决或起伏波动。如果这一过程没有稳定下来,那么宽泛的变量、难以处理的状况,更不用说每一次交换都要对关系进行重新界定的低下效率,都会导致关系的失控和解体。治疗中常能看到病态家庭对关系问题无休止的争论(3.31节),这正说明了稳定的必要性。同时我们也认为,即使是他们的争论,以及他们那一团糟中极其戏剧化的规律性,其中也存在着种种限定。

> 夫妻……可能从求爱期就开始使用各种行为策略了,经过一段时间,便可就什么值得商榷、如何进行争论等问题建立相当的秩序。因此,他们似乎……会共同从他们的互动清单中删去很大一部分行为,并永远不再为它们斤斤计较……(74,第13页)

关系界定的稳定性被杰克逊(73,74)称为关系*规则*,它指的是在关系层面上观察到的冗余,可以涵盖大范围的内容领域。这一规则可以涉及对称性或互补性、某种分割法(例如替罪羊)、相互匹配的人际不透性(3.35),或是关系的一些其他——无疑有很多——方面。在所有例子中都可以观察到,全部可能行为的集合边界沿着某种特定维度被纳入一个冗余结构之中。这促使杰克逊进一步将家庭标记为规则支配型系统(74)。显然,这并不意味着存在先验的法规(laws)来主宰家庭行为,而是如马赫(Mach)所说:

> ……(一般来说,对科学而言,)大量事实的重构规则可以用*单一的*表达来体现。因此,如果我们知道了入射光、折射光以及垂直线位于同一平面,而且知道 $\sin\alpha/\sin\beta = n$,我们就能在内心重构现在和未来的所有相关案例,而不用关注光线折射的个例。我们只需要注意上述规则和 n 的值,而不必考虑在不同的物质组合以及不同入射角度条件下发生的无数折射情况——这就使问题变得容易多了。这无疑是出于经济方面的考虑。实际上并不存在折射的

定律,而只存在不同的折射情况。折射定律是一个精练、简洁的规则,让我们用以在内心重构事实,而且只是用于部分重构,即几何学方面的重构。(99,第485—486页)

4.44 作为系统的家庭 家庭规则理论符合系统"就其变量而言是稳定的,如果这些变量倾向于保持在特定限制内"的初始定义,这其实意味着可以将家庭更正式地作为一个系统来考虑。

当杰克逊将*家庭稳态*(family homeostasis)(69)的概念介绍给世人时,他提出了一个家庭互动模型。他观察到精神病患者的家人经常在患者情况好转后出现剧烈的反应(抑郁症、心身发作等),推测这些行为与患者的病情之间也许存在某种"稳态机制",以便使被扰动的系统恢复原先微妙的平衡。这一简要陈述是家庭沟通方法的核心,其要点可以依据一些之前介绍过的原则来加以列举。

4.441 整体性(Wholeness)

家庭中每个个体的行为与所有其他人的行为相关,也取决于其他人的行为。所有的行为都是沟通,因此它们会影响他人,也会被他人所影响。尤其如前文所述,患病的家庭成员情况恶化或好转,经常会对其他家庭成员造成影响,特别是在心理、社交以及机体健康方面。缓解了主诉病症的家庭治疗师往往会面临新的危机。下述例子所体现的原理非常典型,尽管选中它是因为其主诉问题被描述得异常清晰。

一对夫妇在妻子的坚持下进行婚姻治疗,她的主诉听起来再正当不过:她的丈夫,一个整洁、惹人喜爱而且头脑灵活的年轻人,甚至没有学习读写就设法完成了文法学校的课程,在服兵役的时候,他还顺利地通过了为文盲军人开设的特殊辅导课程。退伍后,他成为一名体力劳动者,没机会获得任何提拔或加薪。妻子是一个有魅力、精力充沛、非常认真的人。丈夫是文盲的情况导致她承担了家庭责任的重担,不得不多次开车载丈夫去新的工作地点,因为他看不懂路牌或城市地图。

在治疗的过程中,丈夫进入一所为文盲开办的进修夜校,他父亲成了他的学习导师。他很快就获得了基本的阅读能力。从治疗的观点看,一切似乎都发展得非常好,直到有一天,治疗师接到了妻子的一个电话,告知她将不再参加婚姻治疗,而且她已起草了离婚协议。正如老笑话所讲的,"手术很成功,患者却死了",治疗师忽略了主诉问题(文盲)的互动性本质,消除主诉问题改变了他们的互补关系,虽然这个结果正是妻子最初对治疗的期望。

4.442 非加总性(Nonsummativity)

对家庭的分析并非其个别成员分析内容的加总。系统的特质,即互动模式,高于个别成员的特质——例如3.62节的补充材料,或6.432节所述的双重束缚式的沟通。许多成员的"个人特质",特别是症状行为,其实是系统所特有的。例如,弗莱(Fry)曾简要而清晰地分析了一组表现出焦虑、恐惧、刻板回避行为综合征的患者的婚姻场景,其中没有一人的配偶功能完全正常,但是就我们现在讨论的理论而言更有趣的是,每对夫妇中都能看到微妙而弥散性的行为互锁。弗莱指出:

> 仔细研究发现,配偶显示的症状史与患者症状即使不完全相同,也是极为相似的。通常他们都不愿意透露这段病史。例如,妻子不仅无法独自出门,即使在公司里,如果她进入一个灯火通明和/或拥挤的地方,或不得不排队时,也会惊恐不安。她的丈夫先是否认了自己有任何情绪问题,但之后发现他其实也经历过阵发的焦虑,因此会回避某些特定场景,即拥挤的地方、排队,以及灯火通明的公共场所。然而,夫妻双方都坚持,妻子应当被当作患者,因为在这些场景中,她比他更害怕。
>
> 在另一个案例中,也是妻子被认定为患者,因为她害怕密闭空间,不能坐电梯,所以夫妻俩不能参加在高层建筑顶楼举办的鸡尾酒会。然而后来发现,其实丈夫也恐高,但他无需面对它,因为由于妻子对电梯的恐惧,他们夫妻约好永不到建筑物的顶层去。(52,第248页)

作者进一步提出,患者的症状可能是对配偶的保护。这一论点的证据是,症状的出现通常与配偶生活状况的某个改变具有典型相关,而这个改变可能会引发配偶的焦虑:

> 一名以往工作经历相当混乱的律师,得到了另一座城市某个更好的职位。他举家搬迁过去赴任,这对他而言是极不寻常的自我主张。这时夫妇俩也开始在分房就寝一年多后,再次睡在同一间卧室里。妻子出现了严重的焦虑发作,无法走出新房子。
>
> 一名城镇职工,虽然薪水微薄,但是靠自己建造了一所精致的房子,现已基本完工。他的妻子在短期内出现了焦虑发作,只能留在家中。另有一名丈夫终于获得了硕士学位并找到了一份工作,而过去非常支持他的妻子却因为焦虑症而精神崩溃了。(52,第249—250页)

弗莱将这些夫妻的互动模式和问题特征称作"双重控制(dual control)",即:

患者的症状将她置于生病的家庭成员的位置,以此来要求婚姻伴侣总是听她的指挥,唯其命是从。伴侣不可能在不征询患者意见并向她做出澄清的情况下有所行动。不过与此同时,患者也持续被配偶所监督。他可能必须寸步不离电话,以便她能随时联系他,但他也会检查她的所有活动。无论患者还是其配偶都经常报告说,对方总是妨碍他/她。

患者的麻烦事会发挥作用,让配偶得以回避很多会令他经历焦虑或其他不适的情境,从而不必面对出现症状的可能性。她可以成为他精巧的借口。他可以回避社交生活,表面上看是因为这会使患者感到不自在。他可以限制自己的工作,表面上看是因为他必须照顾虚弱的患者。他的回避或过度反应倾向可能使他管教不好自己的孩子们,但是通过怀疑孩子的问题是由病人的症状引起的,他可以免于自我剖析之苦。他可以避免和患者进行性活动,表面上看是因为她病了,不能这样做。他可能对独处感到不自在,既然患者很害怕单独呆着,那么他就可以总是带着她,而不必强调其实是*他*自己有这个症状。

不满意的患者会有一些向往婚外恋的迹象,但是她的恐怖症状阻止了她与其他男性产生关联。考虑到配偶的个性和他对患者疾病的反应,绯闻对他来说也不太可能。患者和配偶在不同程度上都受到患者症状的保护,避免了危机的发生。

通常情况下,这些婚姻是悲惨的,夫妇关系冷漠,彼此心怀不满,但是症状起了作用,让夫妇双方的关系保持和睦。这类婚姻可以被称为强制性婚姻……

只要症状持续,就没有办法走出这种困境。患者不知道她的配偶是否还要她,因而只能越来越多地要求他与她待在一起——因为她病了。他和她待在一起了,但这并没有让她放心,因为他看起来只是因为她有病才和她在一起,而并不是因为他想和她在一起。既然他感到自己是因为她有病才不得不和她在一起,那么他就不能说服她或他自己,他其实是自愿寻求她的陪伴的。

配偶不能解决这一问题。如果他与患者待在一起,看起来似乎只是因为她病了。如果他离开她,他就是个对她的不幸漠不关心的无赖。而且,如果他离开她,或她情况好转,他就不得不面对自己的焦虑和症状。因为心怀怨恨,他无法表现出同情,又不能无动于衷。相应地,患者也既不能对丈夫为她所做的牺牲感激不尽,又不能公开表示对此并不赞赏。(52,第250—252页)

4.443 反馈(Feedback)和稳态(Homeostasis)

输入家庭系统的内容(家庭成员或外部环境的活动)会随同系统进行活动,并为系统所修改。我们必须考虑系统的本质和它的反馈机制,还有输入的本质(等效)。一些家庭能承受大量挫折,甚至将它们变成凝聚力,另一些家庭却似乎无法处理最微不足道的危机。更极端的是那些精神分裂症患者家庭,那些家长似乎无法接受他们的孩子有任何成熟的表现,因而使用将他们视为病人或坏人的方法来抵消这些"偏差"。莱恩和伊斯特森描述了一个15岁的精神分裂症少女["琼"(June)]的母亲["菲尔德夫人"(Mrs. Field)]对女儿独立性增强的反应。从2岁到10岁,琼一直遭受先天性髋关节脱位的折磨,需要佩戴复杂的矫正装置,这几乎限制了她所有的活动。

> 母亲:哦,是的,她总是和我在一起,总是。当然,我自然也不会离开她,因为她带着那些铁玩意儿,我怕她万一摔倒或怎么样的。实际上,她以前摔倒过,摔掉了门牙。不过你看,她也和其他小孩子一起玩……我们过去常常带琼外出,因为我不管去哪儿,总是带着她,我当然会这样做。我从不离开她。你看,当琼打着石膏时,我不会让她下地,因为石膏很快会磨坏(微笑)。我把她放在床上,你看,就像那样(做出示意动作)——然后我会——给她绑上一根很好的皮带,因为她一直是一个很健壮的孩子。我会在这边系一根牵引绳,那边再系一根,然后琼就可以自由地上下移动和翻越,不是很远,但总可以上下移动。她在床上*那么*用力地跳(大笑),两年时间里,所有的弹簧都掉了。她也不是所有时间都在那儿,我前面讲了,我总是带她一起出去的。那时我们常让她待在花园里,夏天我会把她放到花园里的树荫下,你看,先铺上小毯子,然后把她绑到树上,这样琼就可以绕着树活动,而不会走到水泥地上。因为那些石膏——它们并不那么结实,你知道水泥地造成的摩擦有多大,它们很快就会被磨损掉的。你看这中间有一根小杆,这是蝴蝶型的石膏,每次都会被拉长一些。有一次她把它脱掉了,当然琼大多数时间是带着这副石膏和这根小杆的,她做得非常棒,轻轻松松就能驾驭它。之前有天早上,她把它拿掉了,我带她去了医院,重新装了一副。要我说,她那时真是一个精力旺盛的孩子,她一直都是这么个快乐的小姑娘——是不是,琼?
>
> 琼:嗯。
>
> 母亲:是的,你就是,亲爱的。
>
> 菲尔德夫人以一种轻松愉快的口气讲述了她的故事,其讲述方式揭示了与其丰富的内容同样多的信息……

琼对她的母亲而言,除了"可爱"之外,有时可能意味着某种痛苦,然而菲尔德夫人对此没有说过一个字。在快乐之余,琼也可能是不高兴、可怜或悲惨的,有喧闹的时候,也有安静的时候,即使并不总是热情洋溢,她积极特质的表现也从不会改变。琼的这种刻板形象伴随了她十四年,这显然对任何人来讲都是极其狭隘的看法。不过,要将对琼的看法引至反面是很困难的。琼被施加了强大的压力,让她接受自己就是这幅图景。只要她持异议,她的生活就会遭到攻击。这种状态永无止境。正如菲尔德夫人反复说的:"那不是我的琼。我现在实在不能理解琼。她一直是个很开心的孩子。她一直是个非常精力旺盛的淘气孩子。"(90,第135—136页)

请注意对任何指向反面的证据的否认。当证据开始来自琼自身时,母女之间的二元关系就进入了一个新的阶段。那时,菲尔德夫人付出了巨大努力去抵消变化,努力给琼贴上"有病"的标签:

> 在琼住院的那个冬天前的夏季,她在两岁时入院六周治疗髋关节后第一次离开母亲。当时她参加了教会组织的女童夏令营。和其他女孩子的母亲不同,菲尔德夫人陪同琼去了营地。琼在离家的一个月里对自我和他人进行了一系列探索,与她的好朋友有了不愉快的分歧。她有了更强烈的性别意识。
>
> 在她母亲的眼里,从夏令营回来后的她"不是我的琼,我不认识她"。
>
> 下面这张表列举了菲尔德夫人所描述的琼在离开母亲之前和之后品质的变化。

之 前	之 后
可爱的女孩	外表丑陋 化可怕的妆 变胖
非常快乐的女孩	不开心
精力旺盛	孤僻
总是把所有的事都告诉我	不把她的想法告诉我
晚上和母亲、父亲、祖父一起坐在房间里	回自己的房间
喜欢和母亲、父亲、祖父一起玩牌	更愿意读书,即使玩牌也没什么精神
学习过于用功	不那么用功——不够用功
总是很听话	好斗,无礼(如:有一次称母亲为"骗子")

续表

之前	之后
举止得体	狼吞虎咽,不愿意等所有人都吃完饭后再离开餐桌
信奉上帝	说她不再相信上帝,说她已经失去了对人性的信仰
好孩子	有时看上去挺邪恶

她的母亲对这些变化非常警觉,并在八月到十二月间就她的情况咨询了两位医生和琼的女校长。这些人中没有一位发现琼有任何异样,琼的姐姐和父亲也没察觉。然而,菲尔德夫人非要对此加以干涉。

我们必须意识到,菲尔德夫人对琼的印象当然不是真实的。琼的母亲对琼的整个生活一无所知。琼感到害羞和局促不安,对自己没什么信心,但她比同龄人高大,而且在游泳和其他运动方面很活跃,从而弥补了她在漫长的童年期中严重受损的功能(她直到十岁才摆脱矫正装置)。尽管表现活跃,但正如她告诉我们的,因为她很大程度上必须遵照母亲的意愿行事,所以她无法独立,也不敢与母亲对抗。不过,在十三岁时,她已经一边假装在教会俱乐部参加活动,一边和男孩子出去约会了。

从夏令营回来后,她开始表达一些自己的真实感受,关于她对自己、母亲、学业、上帝和他人的感受。如果用一般标准衡量,她使用的实际已是很和缓的表达方式了。

这个变化受到了学校老师的积极欢迎,西尔维亚(Sylvia)认为它们不过是女孩子气的小狡猾,在父亲看来也不过是生女儿总会有的烦心事儿。唯独她的母亲将其视作*有病*的表现,而在圣诞假期及之后,当琼开始在家中变得更为孤僻时,她对这个观点更加确信无疑了。

母亲认为,这些事件导致琼几乎完全陷入呆滞被动的状态,其观点陈述如下:琼从八月份起就病了。她的人格发生了隐匿的变化,在家时粗鲁、好斗、专横跋扈、目中无人,而在学校则变得孤僻退缩、局促不安。依据"母亲最了解自己的女儿"的说法,她可以比其他人(父亲、姐姐、老师、医生)都更早发现琼患精神分裂症的初兆。(90,第137—139页)

经过严密的考察,可以明显观察到住院期和恢复期这两个阶段:

琼的临床紧张期维持了三周，其间她母亲像照料婴儿一样照料着她，这也是我们直接观察到的她们关系最和谐的时期。

从我们的观点看，直到琼开始恢复时，冲突才出现。

在恢复期，琼所取得的几乎每一点进步（护理人员、精神病治疗社工、职业治疗师和我们自己都认为它们是进步）都遭到她母亲的强烈抵制，她坚持认为我们和琼眼中的退步才是进步的表现。

这里有几个例子。

琼开始采取一些主动。她的母亲对任何这样的举动都表现得非常惊慌，要不就认为琼不负责任，要不就称未经询问便做事根本不像琼的行为。并不是琼做错了什么事情，而是她没有事先请求获得允许……

她母亲举的一个引起她警惕的例子是，琼在早餐后吃下了一块三便士的巧克力条，而她没有事先征询意见……

琼的父母不允许琼口袋中有零用钱，但是他们告诉她，如果她能给出需要钱的理由，他们就会给她钱。因此，她当然会更愿意向其他人借点小钱。她的财产，哪怕数目再小，也都必须上报。

这种控制严格到了异乎寻常的程度。有一次，琼未经许可就想办法从父亲的钱罐中拿了六便士买冰激凌吃。父亲告诉她母亲，如果琼偷窃，他就不再认她这个女儿了。另一次，琼在电影院中发现了一先令，她父母坚持要她把钱交到服务台。琼说这实在很荒谬，因为她如果丢了一先令，也不会指望能找回它。然而她父母第二天一整天都在讲这件事，而且那天夜深以后，她父亲还走进她的卧室来告诫她。

诸如此类的例子还有很多很多，它们集中体现了琼的父母对她刚萌发的脆弱的自主性有强烈的反应。菲尔德夫人把这种不断成长的独立性称为"一种爆发"。

到目前为止，琼还能够招架。对于琼展现出的更强大的独立性，母亲继续表现出极度的矛盾情绪。当琼化了普通的妆时，母亲说她看起来很丑陋，母亲会嘲笑她期待男孩对自己感兴趣的心理，母亲将琼的任何恼怒和激愤都看作"疾病"的症状，或将它们解释为"邪恶"的象征……

[琼]不得不严格地自我控制，因为如果她高呼、尖叫、哭泣、诅咒、吃得太少或太多、吃得太快或太慢、读书太多、睡得太多或太少，母亲都会说她病了。从琼的角度讲，要冒险不成为父母所谓的"好孩子"，需要极大的勇气。（90，第139—145页）

当我们回到反馈问题上时，重温一遍术语对理论的澄清而言是很有必要的。术语*稳态*已经等同于稳定或平衡，不仅适用于家庭，在其他领域也是如此。然而，正如戴维斯(Davis, 36)以及托克、哈斯托夫(Toch & Hastorf, 154)所强调的，从伯纳德时期至今，存在着两种关于*稳态*的定义：①作为一个*终点*，或状态，尤其是指面对（外部）变化时的某种持续性的存在；②作为一种*方法*，尽可能减少变动的负反馈机制。这种双重使用的模糊性，以及该术语在随后的广泛而同样模糊的应用，削弱了它作为精确类比或解释原则的有效性。目前，它更多地用来指称一般通过*负反馈机制*来维持系统的*稳定状态*或*稳定性*。

为了抵抗外界和个别成员强加的压力，所有并肩作战的家庭都必须有一定程度的负反馈特征。心理失常的家庭尤其难以应对变化，常常通过占主导地位的负反馈展示出超凡的维持现状的能力，就像杰克逊(Jackson)[①]所观察到的那样，莱恩和伊斯特森所举的例子对此也有所叙述。

然而，家庭中依然会发生学习和成长，正是在这里，纯粹的稳态模型最容易出错，因为这些效果都更接近于*正反馈*。行为的分化、强化、学习（适应行为和症状行为），以及孩子最终的成长和离家都表明，从一方面看，家庭通过稳态保持平衡，而另一方面，系统运行过程中会遇到一些重要的同步变化的因素[②]，家庭互动模型必须整合这些因素和其他原则，从而形成一个更为复杂的结构形态。

4.444　校定(Calibration)与阶跃(Step-Functions)

上文中隐含了一对更基本的假设：在*界定范围*内的*稳定性*。改变和变量（就正反馈、负反馈或其他机制而言）的重要性依赖于变量所具有的一些基本的稳定性，这一观点被稳态的双重用法所掩盖。对于这一限定范围，更准确的说法是*校定*(14)，即系统的"设定"，它可以被视为与前面定义过的更具体的*规则*概念相等价。可以用家用恒温炉作为例子，来说明这些术语。恒温炉能被加以设置或校准，使房间维持特定的温度。如果室温波动至低于设定的水平，电炉就会启动，直到偏差被纠正（负反馈），房间温度再度回到校定的范围。让我们想想，如果恒温炉的设定被改变——设定温度被调高或调低，会发生什么情况？系统作为一个整体，它的行为会发生一些变化，尽管负反馈机制仍然保持不变。校定中的这个变化，诸如改变恒温炉的设定或汽车换挡，就是一次*阶跃*(4)。

[①] 杰克逊(Cf. Jackson)：

　　家庭理论的发展过程中很重要的一步，是对精神病患者家庭的稳态机制的观察，致使家庭作为一个稳态系统的假说出现，并最终将家庭明确视为规则支配型系统。如果可以观察到对规则废止的反应，人们就能推断出被废止的规则是哪些，因为它很快就会变得非常明显。不过，若只是对常规表现进行机械的长期观察，即便仔细记录了那些被排除在外的可能表现，也还是无法获得关于游戏规则的合理精测。而对单一偏差的可观察的反抗却可以引导我们实现目标。(74, 第13—14页)

[②] 这里我们要再次引用普里布拉姆的说法(1.3)，稳态会带来新的敏感性，从而有必要形成新的应对机制。

需要注意的是,阶跃往往具有稳定作用。降低恒温炉的温度设定可减少负反馈的必要性,从而减少电炉的工作量和电费支出。通过阶跃,还能获得更多的适应性效果。汽车的"司机—油门—速度"反馈回路在每个档位都设有一定的限制,加速或爬山时就需要重新进行校定(换挡)。目前看来,阶跃在家庭中也可起到稳定作用:精神病造成了一种反差强烈的变化,它重新校定了系统,甚至可能使其更具适应性(77;注意前面莱恩和伊斯特森所述的临床紧张期)。事实上,不可避免的内部变化(父母和孩子双方的年龄、成熟程度的变化)可能会改变系统的设置,无论是逐渐从内向外施加影响,还是像社会环境造成的冲击(求学、服兵役、退休等)那样从外部推动彻底的改变。

从这个角度看,杰克逊(69、70)在临床上注意到的稳态机制可能比这里讨论的现象更为复杂。一般说来,如果某种稳态机制在家庭规则出现偏差时开始工作,那么它将形成一种更高层级的关于破立模式的模型,以涵盖更长的时间单位。

如果将这种模型应用于家庭生活或大型社交模式,如执法,我们认为其中存在着一种对习以为常的或可接受的行为的校定,比如家规或国法,大多数个人或团体都在其限制范围内活动。在某个层面上,这些系统相当稳定,因为在可接受范围外的行为的偏差会受到抵制(被惩戒,被制裁,甚至被替代品所取代,例如另一个家庭成员也成了患者),但在另一个层面,变化随时间推移而出现,我们认为这至少应部分归因于其他偏差的扩大,这可能将最终导致该系统产生新的设置(阶跃)。

4.5 总结

人类互动被描述成一种沟通系统,以一般系统的特性为特征:时间作为变量,系统—子系统的关系,整体性,反馈和等效性。持续互动系统被看作语用学在研究沟通现象的长期影响时自然而然的焦点。一般意义的限定和家庭规则的发展,使人们将家庭当作一个规则支配型系统来加以定义与说明。

> "去问诗人们。"
>
> ——弗洛伊德，《文明及其不满》(Civilization and its Discontents)

第5章 从沟通角度看戏剧《谁怕弗吉尼亚·伍尔芙》

5.1 引言

前一章描述了互动系统理论，在对它进行充分阐释时存在一些一般性问题，对此我们需要做出特别的说明。需要说明的还有，我们为什么选择虚构的系统，而没有像之前的章节那样选用真实的临床记录。一段循环、持续的沟通过程中，没有任何重要的插曲或变化发生，只有在长时间的各种情况下的冗余模式，若要以此为原料找出合适的例子，所面临的第一个困难就是篇幅问题。为了精确地解释构建体系的各种抽象概念——规则、反馈及等效性等，必须向读者提供无数资讯，及其分析和构造信息。比如，长达数小时的家庭访谈记录稿肯定会庞大得惊人，并且会受治疗师的观点和治疗情境的影响，因而不够客观。然而，未经编辑的"原始"材料又缺乏对无用的极端值的限制。对材料进行筛选和总结也不可行，因为这样做剥夺了读者了解筛选过程的权利，还是失其公正。因此，除了控制篇幅之外，我们的第二个主要目标是保证材料合理的独立性，即在保证公众接受性的意义上，确保材料独立于作者本身。

这样一来，爱德华·阿尔比(Edward Albee)非同寻常的著名戏剧《谁怕弗吉尼亚·伍尔芙》(Who's Afraid of Virginia Woolf?)似乎符合这两个标准。剧本呈现的材料受到艺术的制约，尽管这个剧本身可能比现实还要真实，它"在自然主义沉闷的骨灰上燃起火焰"(145)。另一方面，剧本提供的所有信息读者都能够看到，它使得人们对这部戏做出了许多不同的解读，而且不少解读确实是有道理的。我们这里只专注于其中一种解读，并不代表我们不赞同其他理解。我们的目的只是解释手头的理论，而不是把这一戏剧作为独立的整体进行没完没了的分析。在对戏剧情节进行提纲小结之后，本章会尽可能地按照第4章的主要结构进行阐述，至少前几个小标题(5.2、5.3和5.4)可以做到与第4章一致。

5.11 情节提要(Plot Synopsis)

根据一位批评家的说法，这部剧描画了"家庭争吵的集合(a limbo of domestic cantankerousness)"(107，第58页)，其中几乎没有具体的活动。大部分动作都包含在快速的、细节性的口头交流中。通过这些交流，四位演员沟通的复杂性被更加明显地表现了出来。如果作者按照传统戏剧理念，更倚仗"实在"的事件，那么效果就不会这么好。

整出戏的故事情节发生在周日凌晨的几个小时之内，地点是乔治(George)和玛莎(Martha)家的客厅,他们住在新英格兰地区的大学校园里。玛莎是大学校长的独生女,她的丈夫乔治是学校历史系的副教授。玛莎身材高大,精力充沛,今年52岁,但是看上去要年轻一些。乔治身材瘦弱,脸色灰白,是一个将近46岁的知识分子。他们没有孩子。按照玛莎的说法,她和她父亲期待年纪轻轻就来校任教的乔治能够接管历史系,并最终成为学校的校长。不过乔治辜负了他们的期待,目前仍然只是一个副教授。

戏开演时,乔治和玛莎刚从在父亲家举办的员工聚会那儿回来。此时已经凌晨两点了,但是乔治不知道玛莎还邀请了聚会上认识的一对夫妻来家里做客。来访者是生物系的新教师尼克(Nick),大概30岁,一头金发,相貌帅气。他的妻子哈妮(Honey)今年26岁,是一个身材娇小、平淡无趣、胆小如鼠的金发姑娘。后面的情节披露,尼克娶哈妮是因为他以为她怀孕了,但后来发现她是癔症性怀孕,婚后她肚子自然就小了下去;另一方面,他也可能是因为她父亲的财富而娶她。不管结婚是出于什么原因,总之尼克和哈妮维持着一种极为传统的沟通模式。

乔治和玛莎也有他们自己的秘密。首先,他们共同幻想出一个儿子,正值盛年。关于这个想象中的儿子,他们有一个规定,即他们不能将他的"存在"告诉其他任何人。此外,关于乔治的早年经历还有一段模糊的介绍,似乎他意外地射杀了自己的母亲,一年之后,当他的父亲指导他驾驶时,他没控制好汽车,导致了父亲的死亡。然而观众多少有些怀疑这是又一个幻想。

第一幕叫作"乐趣和游戏"("Fun and Games"),介绍了这对年长一点的夫妻典型的争吵,还提到了他们虚构出来的儿子,以及玛莎(明显是老一套)对尼克的勾引态度。高潮是玛莎对乔治学术上的失败进行了刻薄的攻击。

第二幕是"沃尔帕吉斯之夜(Walpurgisnacht)"(女巫安息日)。一开始,乔治和尼克单独在房间里,两人互相揭露秘密,几乎像在比赛一样——乔治借用了一个第三人称的悲情故事来谈论自己父母的死,尼克则解释了他为什么会结婚。当妻子们回来的时候,为了羞辱乔治,玛莎开始肆无忌惮地与尼克跳舞。他们开始了第一个游戏:"羞辱男主人"。玛莎告诉客人们,乔治的父母是怎么死的。乔治动手打了玛莎,并开始了下一个游戏:"戏弄客人"。他说出了尼克夫妇"奉子成婚"的秘密,这使得尼克感觉遭受了极大的羞辱,而哈妮则感到非常惊恐。在后续的争吵中,玛莎和乔治互相刺激对方,发誓要再打一架。下一个游戏是"干女主人"("Hump the Hostess")。玛莎开始公开引诱尼克,但后者的配合能力却因连续饮酒而遭到损害——他们从前一天傍晚就开始喝酒了。

第三幕"驱魔"("Exorcism")开场的时候,玛莎一个人既在后悔也在抱怨她差点成功的不忠行为。同时,乔治准备好了最后一个游戏("提起儿子")。他叫来了其他三个人,一起玩这最后一轮游戏。他透露了关于儿子的所有虚构的故事,然后向无助而恼怒的玛莎宣布,儿子在一次车祸中"死掉"了。尼克领悟到这场驱魔的本质["上帝啊,我想我明白了"(1,第236页)],便和哈妮离开了,戏剧在一片筋疲力尽和模糊不清中结束。观众不清楚,乔治和玛莎是会继续玩那个扮父母的游戏,痛惜他们英年早逝的儿子,还是从现在开始彻底改变他们之间的关系模式。

5.2 作为一个系统的互动

剧中的人物,尤其是乔治和玛莎,可以被看作一个互动系统,经过必要的变更(mutatis mutandis),拥有了一般系统的许多特性。再强调一遍也无妨:这样的体系既不是呆板的,也不是无所不包的。这就是说,对于这些人物,就像真实关系里的人物一样,我们认为他们不是机械的、自动化的,也不可以完全从其交流互动的角度来定义他们。确实,科学性模型的力量就在于这种对讨论对象有意简化的表达与组织(2)。

5.21 时间和顺序,行动和反应 格雷戈里·贝特森把社会心理学定义为"对人们对于他人反应的反应的研究",并补充说:"我们不仅必须考虑 A 对 B 的行为的反应,还必须接着考虑这种反应如何影响 B 的后续行为,以及它们又会对 A 产生什么影响。"(10,第175—176页)这是我们进行分析的基础原则。乔治和玛莎是很有意思的两个角色,但即使是他们也不能从社会情境(首先是他们彼此)中抽离出来,也不能被看作某种"类型"。更准确地说,我们的分析单元是他们之间循序发生的事情:玛莎对乔治做出反应,他又对她的反应做出反应。这些反应经过长时间的积累,呈现出一定的顺序。这种顺序尽管抽象,但仍然是循序性过程必不可少的组成部分。

5.22 系统的定义 4.22节将互动系统定义为正在定义彼此关系的本质或在这一层面上进行沟通的两个或两个以上的沟通者组成的体系。正如我们在前面的章节里解释的那样,关系模式独立于内容而存在,尽管它们在现实生活中总是通过内容表现出来。如果注意力被局限在人们交流的内容上,那么沟通似乎常常没有任何连贯性可言——"时间总会从头开始,历史总是从元年起步"。阿尔比的戏剧也是这样:痛苦的三个小时里,观众看到五花八门的一系列千变万化的事件。它们的共同特征是什么呢?酗酒、无能、没有子女、潜在的同性恋、性虐,所有这些都解释了周日凌晨短短的几个小时内这两对夫妻之间发生的事情。英格玛·伯格曼(Ingmar Bergman)[①]在他斯德哥尔摩时期的一部作品中强调:"父亲牺牲儿子的

[①] 瑞典著名电影、舞台剧以及歌剧导演。——译者注

基督教性含义——儿子是父亲献给母亲的礼物,也是上天给大地、上帝给人类的礼物。"(109)如果将沟通的*内容*作为评判的标准,那么所有这些观点,即使其中有一些是矛盾的,在某种程度上也都是合乎情理的。

不过阿尔比给出了一个完全不同的观点。第一幕的名字是"乐趣和游戏":整出戏都贯串着关系方面的游戏,游戏规则一直被不停地调用、遵守和打破。这些游戏很吓人,丝毫没有什么乐趣可言,游戏的规则也任由他们解释。无论游戏还是规则都没有回答*为什么*这一问题。正如施梅尔(Schimel)指出的那样:

> 第一幕叫作"乐趣和游戏"是合适的,它表现了人们之间重复不休且破坏力惊人的行为模式。阿尔比展示了游戏是"怎样"进行的,把"为什么"留给了观众和批评者。(141,第99页;斜体为本书作者所设)

那么,乔治是否真的像玛莎描述的那样,是一个学术上的失败者?尼克是否真的代表着未来的科学家,会威胁到历史和历史学家?这些问题都无关紧要。比如,乔治经常提到(如:1,第36—40、65—68页)历史和未来的生物学(优生学,一致性 eugenics, conformity)。这一情况有很多含义,它可以被看作个人观点,用他自己的话说,就是"相当暴躁的成见",同时也是一种社会评论,甚至象征着传统男子(乔治)同未来势力(尼克)的抗争,"大地之母"[玛莎这么称呼自己(1,第189页)]则是这场争斗的奖品。不过,从乔治和尼克的关系来看,这一话题又是一个"沙包"[乔治后来还用这个词描述他们虚构的儿子(1,第98页)],即一个玩具,一个可以用来扔的东西——他们的游戏得以显现的媒介。就这个意义来看,乔治关于历史和生物的题外话可以被看作伪装成防御的挑衅,由此显示出一种非常有趣的沟通现象,包含了蔑视、拒绝沟通(带来渐进的参与效果)以及分割法,这次的分割引出了自证预言:尼克真的干了乔治的妻子。

与此相似,似乎乔治和玛莎是如此痴迷于他们之间的关系斗争,以至于他们对彼此的攻击内容毫不介怀[事实上,玛莎不允许尼克用她侮辱乔治的话来攻击乔治,也不允许尼克干扰他们的游戏(比如:1,第120、204页)];他们似乎*在系统内*尊重彼此。

5.23 系统和子系统 这部戏的主要焦点和我们的评论要点都在"乔治—玛莎"这对二元体身上。他们组成了一个"开放的系统",而且层级结构的概念在这里是适用的。他俩分别与尼克形成一个次二元体。再往下,他们还分别与哈妮结合。当然,"尼克—哈妮"是另外一个二元系统,他们与"乔治—玛莎"的关系也值得注意,因为双方在互补性方面形成了鲜明的对比。乔治、玛莎和尼克形成了一组三角关系,可随意地两两组合①。这四个人形成的一个整体,是本剧中一个可见的系统,不过其结构并不局限于出场的人物,同时也包括或偶尔借用那看不见的儿子、玛莎的父亲以及校园环境等。当前的目标限制不允许我们对所有可能性进行彻底的分类和分析,给我们留下的只有劳伦斯·德雷尔(Lawrence Durrell,41)所说的"工分"(workpoints)——当结构的其他方面被详细阐述时,它拥有无数的变革和新观点,比如尼克和哈妮独特的互补性、玛莎那与尼克的自恋相匹配的好斗与冒失、乔治和尼克紧张的友好关系②、玛莎和乔治关于她父亲的争吵等。

总的说来,阿尔比在本剧里几乎只跟较小的组合打交道,最多由二元体切换到三角关系或者二对二(男性对抗女性,可能似是而非)的组合。同时使用三人或四人的单元组合可能太复杂了。

5.3 开放系统的特性

系统的一般特性都可以在乔治和玛莎的系统中得到阐释,尤其是借助对比,更确切地说,是借助他们个人独特的行事方式。

5.31 整体性(Wholeness) 理想状态下,我们会描述一下这些角色的格式塔,即他们呈现出的品性。他们的关系不仅大于个体之和,而且有别于个体之和。乔治或者玛莎的个体特征无法解释他们组合在一起的情况,以及他们如何组合在一起。将这种整体性分割为个人的人格特质或人格结构,其实就是将他们彼此分离,否认他们的行为在互动情境中有独特的意义——而实际上,互动模式将确保后者的存在。换句话说,整体性是一种对"刺激—反应—强化"这一重叠性的三元联系的描述,这是贝特森和杰克逊对它所下的定义(19),我们在2.41节中也讨论过。因此,在另一个层次上,我们或许可以将强调个人改为强调适用于系统的行为,以此来形容这个系统的"可行性",而不再过于关注相关个体的动机。第1章的所有结论——"黑箱"方法、有意识与无意识、现在与过去、效应和原因、循环性、"正常"与"异常"的相对性等——都应当作为系统整体性原则的推论而被我们记在心里。

面对这对二元体,媒体评论员几乎全都采取*单方*观点,似乎都"想让"乔治当这故事里的受害者。然而,乔治和玛莎在对骂中的唯一不同,就是他指责她强势,而她嫌弃他软弱。即使评论员承认在这些争斗中乔治也有份,他们也只是认为他

---

① 无论哪种组合形式,都会形成两人联合对抗第三人的局面。比如玛莎和尼克跳舞并嘲笑乔治的时候(1,第130—136页),或者乔治和玛莎一致针对尼克的时候(1,第96—97页)。
② 这就赋予了标题"沃尔帕吉斯之夜"一个互动的含义。乔治向尼克展示其放荡的一面(1,第115页),正如梅菲斯特(Mephistopheles)向浮士德(Faust)所做的展示那样。

在受到激烈的挑衅之后采取了一些应对策略。我们的观点是，这是一种相互刺激的关系，任何一方都无法停止。然而，描述这种循环及其所认可并希望得到的平衡是很困难的。这主要是因为我们缺乏适当的词汇来描述这种互为因果的关系，[①]同时也因为我们必须有一个起始点，然而无论从哪里断开循环，都可以看到一个新的起始点。

因为玛莎的攻击是明白无误的，而且她又是一个如此典型的泼妇，所以我们倾向于把分析重点放在乔治的反应上。当然，这不是逃避责任，而是由于谁是谁非不是我们这里要讨论的问题。其实玛莎和乔治对这一系统都有着很明显的推动作用：事实上，他们的分割法是一致的，即她是积极主动的那个，而他是消极被动的那个（尽管他们对这两个词的理解不一：乔治认为自己这是懂得克制，而玛莎则把这定义为懦弱）。这正是他们的游戏策略。我们应当看到最基本的事实：他们是一起在玩这个游戏。

对循环的着重强调很容易导致对他们个人的补偿性品质的忽视，尽管他们其实都非常聪明、感觉灵敏，也都偶尔展示过同情心，而且似乎也都在不同的时候感受到了这场游戏可怕的破坏力，明显想要停止。

5.32 反馈 这一简化系统中的反馈过程分别与对称型（积极的、放大偏差的反馈）和互补型（消极的、起稳定作用的反馈）的特点高度吻合。"你能做的我都能做得更好"这样的对称型竞争模式必然会导致争论走向失控的局面。相反地，切换到互补模式——接受，顺从，笑声，有时甚至是不作为（inaction）——则通常能带来争吵的终结，或者至少得到暂时的休战。

然而，这种一般模式也有例外。随着话语尖酸程度的升级和循环尺度的加大（由简短的、开玩笑式的戏谑变成越来越严重的辱骂，比如"羞辱男主人"），就需要与之对应的更强大的纠偏措施来扭转局面，但是正如玛莎和乔治所演示的那样，他们的和解技巧很不幸地与战斗技能成反比。原本可成为稳定剂的元沟通，最终也同样屈服于对称型模式(5.43)，未能阻止怒火蔓延，反而助其越烧越旺。当互补型模式服务于对称型模式时(5.41)，出现了更多的问题，而且它会引发悖论，进一步阻碍问题的解决。

5.42 节将讲到，"儿子神话"被认为是他们系统内严格控制的范例，是另一种形式的内植式稳态机制。

5.33 等效性（Equifinality） 如果将一个系统看作某种经长期发展而形成的事物，它目前达到了某个阶段，或者正从一种状态转变成另一种状态，那么就会有两种相当不同的方法可用于解释当前的系统状态。一种常用的方法是观察，或者

[①] 丸山（Maruyama, 100）创造了术语"多边共同即时因果关系"（multilateral mutual simultaneous causal relations）。

去推测可能导致当前状态的初始条件(病因、过去的动机、历史),这在人类研究中更常见也更必要。在乔治和玛莎这样的互动系统中,初始条件可能是他们在恋爱期或者婚姻早期的共同经历,可能是各自在更早以前的生活中形成的固定的个性特征,也可能两者兼而有之。对于第一种可能,这种因果作用可以解释一些行为,比如玛莎对乔治的偶然攻击,对此她说:"我觉得这使我们整个生活更加丰富多彩了。我真的这么想。不过,这是个借口。"(1,第 57 页)或者更深刻一点,它可以用来解释事件的周围环境,如乔治在实现对岳父职位的"法定继承"方面的失败,或者用来说明玛莎失落的纯真,以及乔治长期忍受着的她的酗酒问题[从"真正的淑女小酌"到"豪饮"(1,第 24 页)],或者他们婚后的其他诸如此类的问题。个人的"初始条件"可能提供的解释就更多样化了。[1] 乔治可以被看作潜藏的同性恋者,他鄙视玛莎,为了获得间接的满足,便利用甚至巧妙地鼓励她与漂亮的年轻男子尼克(可以假设还有其他人)发生关系。或者,玛莎和乔治以及幻想中的儿子或者尼克形成了典型的俄狄浦斯式情境。一方面,尼克尝试与母亲发生性关系,结果发现自己无能,未能打破禁忌;另一方面,正值少年的儿子被父亲杀死,其方式与传说中乔治年少时导致自己父亲死亡的方式完全一致(对比:1,第 95—96 页和第 23 页);除此之外,乔治用玩具枪(1,第 57 页)假装杀死玛莎的行为复制了他当年射杀自己母亲(1,第 94 页)的方式。这些仅仅是可能的分析方向,其中所有的互动都被认为由先前的——通常是个体的——条件所决定,因此,它们是对这些互动的最好解释。

关于记忆类数据的本质及其利用,我们已经在之前(1.2、1.63 和 3.64)做过评论了。过去与现在之间存在比一一对应的关系更加复杂的概念化倾向,这一点也已经讨论过了(4.33)。因此,我们可以在这里对上述历史描述法提出批评:需要再次提醒读者注意,在其他许多——可能是大多数——人类研究中,过去的信息是无法使用的,除非它们在当前可以加以报告,因此,它们不仅包含纯内容层面的东西,还包括关系方面的内容。在当下的真实互动场景中被报告的过去事件,也可以作为当前游戏的素材。对理解当前的互动来说,素材的使用方法和关系种类的定义,比真相、选择以及失真更为重要。我们在这里提出的观点,旨在探索系统参数——在持续互动中观察到的规则以及限制——可以在何种程度上同时解释系统中的延续和改变,即在何种程度上,一种不依赖于过去的规律性可用来解释系统。[2]

---

[1] 不过,它们也具有相当的终结性,没有清楚地说明其他解释对情境的适用性如何。
[2] 从目前的知识水平来看,这一问题并不是非此即彼式的,并不一定要从完全依赖和完全独立中选择其一。它只是较简单地从一些细节出发,研究沟通系统中互惠行为的影响力量,比如家庭,并且思考——不管它们是怎么开始的——它们能否停止。

5.4 持续互动系统(An Ongoing Interactional System)

为了阐述这里的互动是什么意思,我们现在将乔治和玛莎互动游戏的规则和策略梗概作为例子加以说明,然后再来考虑持续关系中的一些特殊方面。

5.41 他们的游戏是一种*对称型的逐步升级*(symmetrical escalation)(3.61)。双方互相追赶,根据谁让对方接受了自己的分割法来判定胜负。在一开始乔治和玛莎进行几次快速的对称型升级时,这种争斗就被确立了,几乎就像是在演习一样。"我们只是……在演习。"乔治在剧里这样说道(1,第33页)。每次争吵的内容都不同,但是结构几乎完全一致,并且通过一起大笑来获得暂时的稳定。比如,玛莎对她的丈夫说:"你让我恶心!"乔治玩味了一下,回答道:

> 乔治:这话可够难听的,玛莎。①
> 玛莎:这话什么?
> 乔治:……这话可够难听的。(1,第13页)

玛莎继续出言不逊:

> 玛莎:我喜欢你的愤怒。我想我最喜欢你的地方就是……你的愤怒。你是个大笨蛋!你没有一丁点儿……什么来着?
> 乔治:……胆子?……
> 玛莎:你还真有词儿!(停顿)(1,第13—14页)

然后两人都笑了——可能是团队合作的结果——由此形成一次暂停。笑声似乎是接纳的信号,也就有了平衡和稳定的效果。然而,他们的对称性是无处不在的,这一点到目前为止都很明显,因为只要一方有哪怕一丁点不够友好的举动,另一方就会立刻采取报复,以确认自己的平等地位。因此,当玛莎让乔治给她的饮料再加点冰块时,乔治尽管照做了,但还是把她比作西班牙长毛狗,说她一直用"大牙"嚼冰块。于是他们又开战了:

---

① 译者注:戏剧的内容节选或参考了中国人民大学出版社1996年出版的黄晋凯主编《荒诞派戏剧》中,戏剧《谁怕弗吉尼亚·伍尔芙》曹久梅版本,略有修改。

> 玛莎:它们是我的大牙!
> 乔治:其中的一些……其中的一些。
> 玛莎:我的牙比你多。
> 乔治:多两颗。
> 玛莎:对,多两颗也是多不少呢。(1,第14页)

乔治迅速把话题转到玛莎一个明显的弱点上:

> 乔治:我想就算是吧,我想这已经很了不起了……考虑到你已经这把年纪了。
> 玛莎:你住口!(停顿)你自己也年轻不到哪儿去。
> 乔治:(带着男童般的喜悦吟唱)我比你小六岁……我一直如此,日后也将如此。
> 玛莎:(阴郁地)哼……你的头都秃了。
> 乔治:你也是,(停顿……两人都笑了)喂,宝贝。
> 玛莎:喂,过来,给你妈妈来个深情长吻。(1,第14—15页)

另一场升级由此开始。乔治带着讽刺的语气拒绝了:

> 乔治:亲爱的,如果我亲你的话,我会兴奋起来的……我会不能自己,我会干你,用强制的,就在这客厅的地毯上[……]
> 玛莎:你个猪!
> 乔治:(高傲地)呼噜!呼噜!
> 玛莎:哈,哈,哈,哈!再给我来杯酒……亲爱的。(1,第15—16页)

现在话题又转回她喝酒的问题上了。这时客人们到了,不停地按门铃。于是,沟通的升级变得更加尖锐,在谁应该去开门的问题上出现了力量角斗。

这里请注意,因为他俩谁都不会采取主动或者听从对方的命令,所以他俩除了命令或者控制之外,什么也不做。玛莎并没有说"你可以给我再来一点冰块",更没有说"我可以来一些……吗",而是说:"喂,给我的酒里加点冰块,不行吗?"(1,第14页)与此类似,她命令他亲吻她,命令他去开门。她也不只是粗鲁无礼,因为那样反而会给自己带来很大的不利。比如在玛莎公开嘲笑乔治之后,乔治在客人们面前表演起纯熟的小把戏:

乔治:(努力克制自己,……然后,就好像她只说了一句"亲爱的乔治"似的……)是,玛莎?我能给你来点什么吗?

玛莎:(被他的把戏逗乐了)哦……当然啦,你若有意的话,可以给我把香烟点上。

乔治:(思考,然后走开)不……这是有限度的。我是说,人如果不在古老的进化之梯上往下走一两级,那他就只能忍受这一点点……(迅速地悄悄对尼克说)……这是你的专业……(转向玛莎)……往下,玛莎,这是个有趣的梯子……你无法逆转自我……下去之后再重新往上。(玛莎给了他一个傲慢的飞吻)现在……当天黑的时候,我会握住你的手,你害怕恶鬼,我会在午夜之后把你的酒瓶子拿出去,这样谁都看不见……但是,我不会给你点烟。像他们说的那样,如此而已。(短暂的沉默)

玛莎:(低声地)上帝啊!(1,第51页)

与此类似,如果乔治表现得很有礼貌,或者接受处于下风的地位,那么玛莎不是说他没骨气,就是找点理由出来怀疑其中有诈。

策略是游戏的一部分。尽管乔治和玛莎风格迥异,但是他们各自的策略却保持高度一致,最重要的是,他们的策略彼此完美配合。玛莎性格粗鲁,公开侮辱乔治,发起非常直接的甚至是身体上的攻击。她的语言粗鄙低俗,她的辱骂虽然几乎没有说服力,但是往往很直接。即使是她杀伤力最大的一次进攻("羞辱男主人"),也不过是一次简单的揭发。

另一方面,乔治因势利导地设置陷阱,把被动、间接和克制当作武器。当玛莎用一些她习以为常的言辞(粗鲁的绰号,或者反复攻击他学术上的失败)来羞辱他时,他援引一些微妙的价值观,清晰而克制地予以还击,但更常见的方法是进行表态:她侮辱他的行为是不会被他忽视的。他悄悄地利用她的行为对抗她自己,像镜子一样把她的行为反射到她身上,比如前文提到的"这话可够难听的,玛莎",或者煽动性地模仿哈妮的傻笑:

乔治:嘻,嘻,嘻,嘻。

玛莎:(转身对着乔治)看,烂舌头……闭上你的嘴巴!

乔治:(一副无辜受伤害的样子)玛莎!(对哈妮和尼克)玛莎说话损着呐,她真的是。(1,第21页)

如果玛莎什么也不说,就让乔治展示他的粗鲁,或许会更有效果,但是她没有使用乔治的那种策略,他也知道她不会使用,因此,他可以干净利落地收拾她。显然,一方的行为是对另一方行为的回应,而玛莎的辱骂变成了钩子,引得她吼起来更加大声。[①] 因此,他们是在完全不同的层次上争斗,这也就阻碍了争吵的结束和问题的解决:策略本身不仅推动游戏进程,还使得游戏永远继续下去。

这种状态中存在一些内在的不稳定性。玛莎可能,有时候也确实,在攻击的时候超出可控范围。随后乔治就会切换到她的层次上来。比如在"羞辱男主人"游戏中,她揭露他意外杀害父母的秘密,在这个极端的事例中,乔治打了她:

乔治:(扑向她)我宰了你!(掐住她的脖子,他们打了起来。)

尼克:嘿!(拉架)

哈妮:(疯狂地)暴力!暴力!(乔治、玛莎、尼克三人扭成一团……叫喊,诸如此类。)

玛莎:(继续激怒乔治)就是发生了!就是!就是!

乔治:你这个臭娘们!

尼克:别打了!住手!

哈妮:暴力!暴力!(另外三人扭打,乔治的双手掐住玛莎的喉咙,尼克抓住他,将他从玛莎身上扯开,把他扔到地板上。乔治在地上,尼克压在他身上;玛莎站在一边,手扶着自己的脖子。)(1,第137—138页)

在这一层次上他是赢不了的,他必须用自己的方式加倍做出反应。攻击过后,大家暂时平静了下来,他说话了:

乔治:好啦……好啦……现在非常安静……我们都会……非常安静。

玛莎:(轻声地,头慢慢地摇)杀人犯。杀……人……犯。

尼克:(轻声地,对玛莎)行啦,现在……够了。(短暂的沉默。他们都有意识地动了动,像摔跤手倒地后活动肌肉。)

乔治:(像是恢复了冷静,但仍有一种神经质的紧张)哼,这算一个游戏吧。现在我们干什么呢?(玛莎和尼克不安地笑)嘿,来呀……让我们想点儿别的。我们已经玩了"羞辱男主人"……我们已经演完了这一出戏……我们现在干什

[①] "施虐-受虐共生关系"可能会在我们脑海中浮现,但是这里有两处不适用的地方:首先,他们的循环模式使得判断他俩谁施虐、谁受虐不仅是困难的,也是武断的。此外,这样的标签是对原因的揣测,但它不是绝对描述性的,甚至没有提示这对二元体如何运作,因为它显然是一个总结性的提法。

么呢？

尼克：啊……看……

乔治：啊——看！（抱怨地）呵——看——（警觉地）我是说，来吧！我们肯定知道别的游戏，像我们这种大学里的人……不会被……词汇量是无限的，对吧？（1，第138—139页）

于是他立即提出了一个新游戏，这个游戏一直持续到剧终。游戏叫作"干女主人"，是一个需要尼克参与的联合游戏。这样一来，原本已经很混乱的互动中加入了第三方，由此产生了可以切换的次二元体，极大地增加了游戏的复杂性。在此之前，客人的作用只是类联盟性的，可以说他们就像篮板一样，等着乔治和玛莎来投球。[①] 然而，在倒数第二轮中，第三方（尼克）更加直接地参与到游戏中来了。由于后者一开始并没有准备玩这个游戏，乔治提出了另外一个游戏——"戏弄客人"。在此之后，尼克准备好了：

尼克：（对乔治，他正走向门厅）你会为此后悔的。

乔治：有可能，我什么都后悔。

尼克：我是说，我要使你后悔。

乔治：（轻轻地）毫无疑问！非常尴尬，嗯？

尼克：我将按你设计的方式玩字谜游戏……我将用你的语言玩……我将成为你所说的那种我。

乔治：你已经是了……你只是不知道罢了。（1，第149—150页）

然而最令人印象深刻的是，接下来发生的事情是多么符合乔治和玛莎游戏的基本规则和各自的策略。他们又一次想要打倒对方。玛莎公开和尼克调情，想要侮辱乔治；乔治则对此置之不理，再一次让她自食其果。因此，他没有和她形成又一次对称型的逐步升级，而是突然赞同（互补型）她要和尼克乱搞的威胁，甚至还鼓

[①] 奥格登·纳什(Ogden Nash)在他的诗作《别等了，赶紧打我！》(Don't Wait, Hit Me Now!)中促进了这种方法的形式化。该诗部分内容如下：

这是一个公式，公式中，第三人的在场是唯一关键的额外要素；……
如果你觉得你的格雷戈里(Gregory)和利姆沃斯(Limbworthy)夫人跳舞太过勤快了点，你不会直接对他说："格雷戈里，如果你不放开那个镀了铂的贱人，看我不扁死你。"
对，你会等到有朋友顺道拜访的时候，看一眼格雷戈里，然后对朋友说："你说这些人到中年的蠢男人们，他们在随便哪个清溜溜的金发女人面前的那副德行，是不是很好笑？一个清醒的、脑子没问题的人居然会多看利姆沃斯那货两眼，你能想通吗？但是，当然了，亲爱的，格雷戈里那天晚上肯定是脑子完全坏掉了，对吧？"
对格雷戈里来说，这确实要比莎士比亚式的漫谈和警告更加折磨人，
因为连击是无法抵抗的……
因为直射根本无法和跳弹相提并论。（110，第99—101页）

励她继续,由此一手造成了现在的局面。这不是简单的沟通中断,对乔治来说也并非完全没有痛苦(1,第73页)。玛莎对新的升级做好了准备,却没料到会出现这种沟通(这会在7.3节中进行更详细的讨论,请见"症状处方")。她毫无防备,像阿尔比所写的那样陷入了"古怪的狂怒"(1,第168页)。面对她的威胁,乔治安静地宣布自己要去看书:

> 玛莎:你要干什么?
>
> 乔治:(平静地,清晰地)我要看书,看书,看书,看书?你听清了吗?(拿起一本书)
>
> 玛莎:你要看书是什么意思?你是怎么回事?(1,第168页)

玛莎有两个选择:停下,或者继续行动,以试探乔治究竟有多认真。她选择了后者,开始亲吻尼克。乔治沉浸在自己的阅读中:

> 玛莎:你知道我在干什么吗,乔治?
>
> 乔治:不知道,玛莎……你在干吗?
>
> 玛莎:我在娱乐。我在招待我们的一位客人。我在同一位客人亲热呢。
>
> (1,第170页)

然而乔治并没有回应她的挑衅。玛莎用光了原本能够引起乔治反应的所有挑衅方式。于是她又试了一遍:

> 玛莎:我说我正在跟一位客人亲热呢。
>
> 乔治:好……好,你接着来吧。
>
> 玛莎:(停顿……不知道该做什么)好?
>
> 乔治:是,好……你干得好。
>
> 玛莎:(眼睛眯上,声音变得严厉)哦,我知道你想要干什么了,你这个可恶的小……
>
> 乔治:我就要看到第一百页了……(1,第171页)

因为不知该做什么,玛莎把尼克派去厨房,然后又对乔治说:

> 玛莎:现在你给我听着……

乔治：我想看书，玛莎，如果你不介意的话……

　　玛莎：(她气得都快哭了，灰心丧气得要发疯)我介意。现在，你看着我！你快别演把戏了，不然我发誓我真干。我对天发誓我会跟那个家伙进厨房，然后我会把他带上楼，然后……

　　乔治：(再次转向她……大声地……厌恶地)那又怎样，玛莎？(1，第173页)

与此类似，他这样攻击尼克：

　　尼克：你不……你甚至不……

　　乔治：在乎？你还真弄对了……我一点都不在乎。所以，你拿起这包脏衣服，把她放到你肩上，然后……

　　尼克：你让人恶心。

　　乔治：(怀疑的语气)因为你要干玛莎，所以我让人恶心？(他嘲弄地大笑起来。)(1，第172页)

后来，甚至都不需要乔治点破，玛莎就这样评价自己的行为：

　　我讨厌自己。我虚度年华，生命里都是肮脏的、毫无意义的不忠……(苦笑)*未遂*的不忠。干女主人？那是个笑话。(1，第189页)

5.411

　　乔治和玛莎的竞争游戏并不像表面上或在某些事件中表现的那样，单纯以击败对方为目标。相反地，从更宽泛的角度来看，他们之间似乎是一种协作型冲突，或者说是冲突型协作：他们的升级可能存在某种"上限"，就像我们所讲的，存在一些双方都认同的规则，限定了游戏的玩法。这些规则使得对称型沟通的基本原则得以成立，在游戏中赋予了胜利(或者失败)以含义；没有这些规则，胜利和失败就没有了意义。

　　若不加以过多的形式化，他们的对称性(很可能会导致谋杀——白刀子进红刀子出的那种，而不是本剧中那种比喻式的)所受的限制可以被认为是：他们的对话不仅要言之有物，而且得充满机智和勇气。以下这段是互相侮辱式的对称型沟通的完美范例：

乔治:怪物!

玛莎:猪!

乔治:畜牲!

玛莎:流氓!

乔治:婊子![1]（1,第101页）

他们吐字清晰而又毒辣邪恶的对骂中有着某种超凡的风格,相比之下,尼克夫妇,尤其是哈妮,就显得乏味无趣了。后面这两个人在游戏中都不是合适的次二元体搭档;玛莎对尼克的失望不仅在于他的性能力,还因为他太被动,相当缺乏想象力。乔治也好几次试图挑衅尼克,结果发现他没什么竞争力:

乔治:(耍他)我问你,你认为这种词尾变化怎么样:好,较好,最好,不再好,嗯？喂？

尼克:(带着某种厌恶)我真的不知道该说什么。

乔治:(假装不信)你真的不知道说什么？

尼克:(不耐烦)行了……你想让我说什么？你想让我说它很有趣,然后你可以反驳我说它很可悲？或者你想让我说它很可悲,那么你就可以反过来说不,它很有趣？这种小把戏你怎么玩都行,你自己清楚!

乔治:(假装敬畏)很好! 很好!

尼克:(比刚才更生气)等我妻子回来(往客厅方向),我想我们就……(1,第32—33页)

除了这种多姿多彩的变化,乔治和玛莎还有一种毫无畏惧地把任何事情拿来游戏的能力,即使这需要双方一起努力。在最后一幕中,乔治和玛莎组队嘲笑尼克,而他们用来揶揄他的素材则是尼克和玛莎的通奸:

玛莎:(对尼克)啊! 你呆在那儿别动,给我丈夫倒杯喝的。

尼克:我不想倒。

乔治:别,玛莎,别;那样就太过分了;他是你的仆人,不是我的,宝贝。

尼克:我谁的仆人也不是。

乔治和玛莎:……(唱)现在我谁的仆人也不是……(两人都笑。)

---

[1] 译者注:此处两人对骂原文均为法语。

尼克:恶毒的……

乔治:(替他说完)……孩子们。嗯?是吗?恶毒的孩子们,玩着悲哀的游戏,跳格子式地生活着,等等,等等,是这样吗?

尼克:诸如此类吧。

乔治:去操吧,宝贝。

玛莎:他不行。他喝多了。

乔治:真的哦?(把金鱼草递给尼克)给,把它们浸在酒里。(1,第196—197页)

这种麻木无情的胆大妄为在他们的"边缘政策"(brinkmanship)中也可以看到。这时,胜过或者"干掉"对方时所受的限制越来越少,而对想象力的要求却越来越高。比如,玛莎对乔治的一次可怕的还击感到很兴奋:当乔治背着手出场的时候,玛莎正在尼克和哈妮面前嘲笑他。一开始只有哈妮看到了他,玛莎还在继续讲她敲打乔治的故事:

玛莎:*那是一次事故……一次真正的、该死的意外事故!*(乔治从背后亮出一杆短筒猎枪,镇静地瞄准玛莎的后脑勺。哈妮尖叫……站起身来。尼克站起身来,与此同时,玛莎转身面向乔治。乔治扣动扳机。)

乔治:砰!!!(噗!从枪管中绽出一把红黄相间的中式阳伞。哈妮又尖叫了,音量比刚才小了一点,主要是由于松了一口气,但还有些迷惑。)你死了!砰!你死了!

尼克:(大笑)上帝哟。

(哈妮难以自持。玛莎也大笑……几乎喘不过气来,她的大笑声震四方,乔治也加入这笑声和混乱中。最终,笑声停止了。)

哈妮:哦!我的天呐!

玛莎:(高兴地)你从哪儿弄的,你个杂种![……]

乔治:(做出心不在焉的样子)哦,这玩意儿我放在那里有一阵子了。你喜欢吗?

玛莎:(嘻笑)你个畜牲!(1,第57—58页)

玛莎的快乐和嘻笑可能部分源于纯粹的宽心,但是其中也涉及从玩得好的游戏中所获得的感官享受,一种两人共享的快感:

> 乔治:(倾向玛莎)你喜欢,是不是?
>
> 玛莎:是的……挺好。(更轻柔地)过来……亲我一下。

然而,冲突并没有就此结束。正如他们的对抗中有性的内容一样,他们的性行为也是充满对抗的。当玛莎坚持直接求爱时,乔治倒庄重起来了;她不会被劝阻,他将通过拒绝她,并让客人们听到他对她不当行为的评论,而最终赢得"得不偿失的胜利"(1,第59页)。

因此,他们共有的风格代表了更深一层的限制——他们游戏的另一条规则。进一步看,在冒险的兴奋中,明显存在着一些对他们自我的共同确认,然而其中也存在严格的限制,使双方都仅止于短暂地欣赏或构建这种确认。

5.42 儿子 这个想象中的儿子是值得单独讨论的特殊话题。许多评论家尽管总体上对这部剧反响热烈,但对这一问题仍持有保留意见。马尔科姆·蒙格瑞奇(Malcolm Muggeridge)认为:"当这个想象中的儿子的可悲故事逐渐发展时,本剧的第三幕散成了一堆碎片。"(107,第58页)霍华德·陶布曼(Howard Taubman)断言:

> 阿尔比先生想让我们相信,21年来这对老夫妻精心培养了一个幻觉,认为他们有一个儿子,而这个孩子的存在是一个秘密,粗暴地一会儿将他们聚合,一会儿又使他们离散。乔治宣布孩子的死亡可能是一个转折点。故事的这个部分听上去并不真实,它的虚假性损害了剧中主要人物的可信度。(152)

我们不同意这一观点。首先,从精神病学证据来看,故事的可信度既不会因为其中的妄想情节而消失,也不会因为他们共同分享这一幻想而丧失。因为他们表现出经典的感应性精神病症状,会扭曲现实。费雷拉(Ferreira)给"家庭神话"(family myth)下的定义是:

> 一系列被所有家庭成员共享的适当整合的信念,这些成员关心彼此以及他们在家庭生活中的共有地位,这些信念被所有卷入其中的人所接受,尽管它们明显包含现实扭曲的成分。(42,第457页)

这一构想中值得一提的两点是:①信念的字面含义并不重要;②欺骗的运作是协作

式的。

对于第一点,费雷拉说:"家庭成员也许知道,通常也确实知道,大部分意象都是假想出来的,仅仅代表了某种官方的党派路线。"(42,第458页)阿尔比从来没说过乔治和玛莎"真的"相信他们确实有个儿子。当他们*谈论*这件事时,他们的用词明显是非人称的,不是指称一个人,而是指称这个神话本身。这部戏的前半部分,当这个儿子的故事第一次被提及时,乔治说的是"那事……孩子那事"(1,第18页),后来他甚至拿他们的双重指称体系打趣:

乔治:……你把这件事捅开的。他什么时候回家,玛莎?

玛莎:我说了,不用操心。我抱歉我提起了它。

乔治:是他……不是它。是你把他捅出来的,或多或少是这样。那个小废物什么时候露面,嗯?我是说,明天不是他的生日什么的吗?

玛莎:[……]我不想谈它!

乔治:我打赌你不想。(对哈妮和尼克)玛莎不想谈它……他。玛莎抱歉她提起了它……他。(1,第70页)

"儿子"和"儿子游戏"之间的区别是如此一致地贯串始终,甚至当乔治宣布儿子死亡之后,玛莎的第一反应也还是——"你不能自己做决定"(1,第232页)——所以他们不可能是真的相信他们有个儿子。

既然如此,那么他们为什么要玩假装有个儿子的游戏呢?在这里,问*为了什么*比问*为什么*要好。费雷拉这样描述:

家庭神话代表了关系中的节点和停顿。它设置了角色属性,规定了行为,还反过来加强和巩固了那些角色。顺便说一句,我们可以观察到,在内容上,它代表了群体与现实的脱离,我们可以称这种脱离为一种"病态",但是同时,*正是它的存在*,构成了生活的一个碎片、所面对的一部分现实,从而塑造了(任何)降生其中的孩子以及从旁掠过的局外人。(42,第462页;斜体为本书作者所设)

后一点是最重要的。尽管儿子是想象出来的,但是他们关于他的互动不是想象的,而对这一互动本质的追问,可以带来丰富的成果。

围绕这个儿子的互动,首要基础是乔治和玛莎之间的合作;为了维持这个虚构的故事,他们*必须*团结一致。这个孩子不像真实的孩子那样,一旦出生,就会一直存在。在这里,他们必须不断地联手创造他们的孩子。扯句题外话:在这方面,他们*能够*团结协作,放弃竞争。这个故事是那么奇异和私密,他们可以接受彼此团结,恰恰是因为这并不是真的。在任何情况下,他们可以,也确实会,像对待其他任何事情一样,为他争斗不休,但是为了维持这个虚构的故事,他们对称型的逐步升级中存在一个内置的上限。*他们的孩子神话(child-myth)是一个稳态机制。* 在他们生活的核心区域,他们拥有一个稳定的对称型联盟。因此,当玛莎对孩子进行梦呓般的描述时,她的话语中包含着某种隐喻:

> ……他长啊……长啊……哦!多么聪明!……他走在我们两人的正中间……(她摊开手)……两只手分别向我们伸来,要我们也伸手拉住他[……]这双手呵,仍然握着我们的手,以便相互保护[……]保护他自己……和我们。
> (1,第221—222页)

我们有充分的理由假设,如果他们真的有个孩子,这个孩子肯定也会面临同样的任务。我们可以想象出费雷拉描述的下述情景,尽管由于本剧的重点是神话的滥用,我们无法在剧中实际观察到这些情景:

> 似乎只要家庭成员之间的紧张气氛达到预设的临界值,或者真真假假的危险威胁到了持续性的关系,家庭神话就会介入,像温控炉那样维持家庭的"温度"。和其他稳态机制一样,神话能防止家庭系统损坏或毁灭。因此,它具有"安全阀"的特性,这就是它的*生存*价值……它利用稳态机制的循环性和自我矫正特性,建立了一种运作模式,从而能够维持甚至促进家庭的组织水平。
> (42,第462页)

真实的孩子对婚姻来说既可以是药膏,也可以是借口。因此,如同弗莱所指出的那样(4.442),症状性的行为也可以实现同样的功能。

不过,从表面上看,这部戏并没有涉及神话的这种功能,而是关注神话的毁灭过程。正如我们注意到的那样,任何涉及儿子的内容都是他俩战争中不公平的弹药。即使是在激战正酣的时候,搬出儿子来都被认为是错误的:

> 玛莎:乔治最大的问题——关于那个小……哈,哈,哈!……关于我们的儿子,关于我们了不起的好儿子——就是,在他的灵魂的最深处,他不完全确定那是他的孩子。

乔治：(极为严肃地)我的天呐,你是个恶毒的女人。

玛莎：我已经告诉过你一百万次了,宝贝……除了你,我不会怀上任何人的孩子,可你……你知道的,宝贝。

乔治：一个极为恶毒的人。

哈妮：(醉得难受)天哪,天哪,天哪,哦,天哪。

尼克：我不知道这个话题是否……

乔治：玛莎在说谎。我现在就要你知道这一点。玛莎在说谎。(玛莎笑。)这世界上我有把握的事情很少很少……国界线,海平面,政治忠诚,道德……这些都不再是我确信的事了……但是在这个堕落的世界中,有一件我十分有把握的事情,就是我的合作关系,我的染色体合作关系,用于……创造我们的……金眼睛,蓝头发[原文如此]……的儿子。(1,第71—72页)

然而,就目前能确定的内容来看,是乔治推动了系统的变化。刚开场时的几分钟,他被明显夹在玛莎命令他开门和屋外有客人等候的两难之间,那时他选择了让步。不过,他后来实施了一次典型的反击,使得自己获得了平衡:他告诉她不要提他们的儿子(1,第18页)。乔治后来明确地告诉大家,他们夫妻之间有协定,不能在别人面前提起儿子(1,第237页)。因此,乔治那时的嘱咐似乎不仅没必要,而且也不重要。然而,他们之间存在着一条更高层级的"规则"——在整个游戏当中——谁都不允许决定对方的行为;因此,任何命令都会失效,不会被遵守。从这个意义上讲,谁走错第一步并不重要,因为游戏界限的混淆所导致的结果可以预见:玛莎反抗,将这一素材引入他们之间的对称型竞争。

乔治：别把孩子的事情扯进来,就这些。

玛莎：你把我当成什么?

乔治：太叫人受不了了。

玛莎：(真的生气)是吗?哼,只要我想提到孩子,我就会提到孩子。

乔治：千万别把孩子扯进来。

玛莎：(威胁地)*他是你的孩子,同样也是我的孩子。我想谈就谈。*

乔治：我建议你别这么做,玛莎。

玛莎：你拉倒吧。(敲门声)来啦。开门去吧!

乔治：我可提醒过你了。

玛莎：是的……当然。开门去!(1,第18—19页;斜体为本书作者所设)

一旦条件允许,玛莎就把他们的儿子及其生日告诉了哈妮。① 现在他们的稳态机制成了火上浇油,于是乔治调用了他们俩的固有权利,一举毁灭这个儿子["我有这个权利,玛莎。我们从来没提到过。就是这样。只要我想,我可以在任何时候杀了他。"(1,第236页)]。

接着,我们在舞台上看到了一段对称型失控的开始,它最终导致了长期存在的关系模式的瓦解。最重要的是,本剧反映了系统变化的历史,这种变化产生于关系游戏的规则之中,源于这些规则不可避免的小规模混杂。本剧没有定义新模式和新规则,它只是刻画了旧模式逐步走向毁灭的状态序列。(7.2节涉及系统内外更宽泛的系统性变化。)没人清楚接下来会怎样:

乔治:(长久沉默)会好起来的。

玛莎:(长久沉默)我不知道……

乔治:也许……会。

玛莎:我……不敢……肯定。

乔治:不。

玛莎:只有……我们?

乔治:是的。

玛莎:我不想,或许,我们可以……

乔治:不,玛莎。

玛莎:是的,不。(1,第240—241页)

撤除尼克和哈妮已卷入其中这一情况,费雷拉对家庭神话给出了一个中肯的总结和预测:

……家庭神话……在关系中推动了重要的稳态功能……家庭神话的这些功能在爱德华·阿尔比的著名戏剧《谁怕弗吉尼亚·伍尔芙》中的表现可能要

---

① 在孩子"死后",她称自己对此失忆,这一点很有趣:

乔治:你违反了我们的规矩,宝贝。你提到了他……你向别人提到了他。
玛莎:(眼泪汪汪)我没有,我从未提过。
乔治:不,你提了。
玛莎:谁?谁?
哈妮:(哭喊)跟我,你跟我提了。
玛莎:(哭)我忘记了! 有时候……晚上,夜里……别人在说话……我会忘记,我……就想提到他……但是我……忍着……我忍着……但是我想……经常想……(1,第236—237页)

她和乔治都没有看出导致这种局面的关系规则冲突。

比其他任何地方都要明显。剧中,带有精神病性质的家庭神话支配了整出戏。丈夫和妻子从头至尾都在谈论他们不在场的儿子,为他争斗,为他哭喊。在互相毁谤的狂欢中,他们为儿子的每一件小事争吵,比如他眼睛的颜色、他的出生、他的养育等。然而,后来我们发现,这个儿子是虚构的,是他们两人之间的协定,是杜撰,是神话——一个他们共同创造出来的神话。本剧高潮部分,怒气冲天的丈夫宣布儿子死了。当然,他用这一举动"杀死"了这个神话。然而,他们的关系还在继续,似乎没有受到这一宣告的影响,没有显现出即将改变或者解除关系的打算。事实上,什么都没有改变。丈夫消除了一个关于活着的儿子的神话,其结果只不过是开启了另一个关于死去了的儿子的神话。很明显,家庭神话只在内容上有了变化,可能会变得更加详细,更加"神经质";我们猜测,它的功能还是保持完好,他们的关系也是如此。(43)

另一方面,儿子的死亡可能是一次重新校定,一次朝向新的运作层面的阶跃式变化。我们对此不得而知。

5.43 乔治和玛莎之间的元沟通　根据1.5节给出的定义,元沟通描述的是我们对乔治和玛莎之间沟通规则的论述。不过,在乔治和玛莎谈论或者试图谈论他们的游戏时,他们在剧中也进行了元沟通。这很有趣,原因非常多。比如乔治和玛莎拥有明显的"游戏意识",换句话说,他们无数次地提到游戏,给它们命名,援引规则等,这似乎使得他们成为一对奇怪的夫妻,其沟通模式基本就是强迫性地沉浸于古怪、残忍的游戏之中,就像乔治说的那样,"恶毒的孩子们,玩着悲哀的游戏,跳格子式地生活着,等等,等等"(1,第197页)。这表明:一方面,他们的游戏行为是经过深思熟虑的(或者受制于不同的元规则);另一方面,这些行为所演示的原则其实只是游戏的怪诞内容,并不适用于其他夫妻,尤其是真实的夫妻。他们元沟通的本质直接与这一问题相关,可以看到,*即使是他们关于他们沟通的沟通,也要服从于他们的游戏规则*。

在两次有一定长度的明显冲突(1,第150—159、第206—209页)中,乔治和玛莎明确地讨论了他们的互动。第一次元沟通揭示了他们对彼此互动的看法是多么不同,以及他们在这些不同显现出来时怎样互斥疯狂和恶毒(3.4)。玛莎反对"戏弄客人",她认为这明显不合规矩:

乔治:(几乎掩饰不住愤怒)你可以坐在椅子里,坐在那儿让酒从你嘴里淌出来,你可以羞辱我,撕碎我……一整晚……毫无问题……这可以……

玛莎:你承受得了!

乔治:我承受不了!

玛莎:你承受得了!! 你就是为此才跟我结婚的!!(寂静)

乔治:(平静地)这纯粹是谎话。

玛莎:你直到现在还不知道吗?

乔治:(摇头)哦……玛莎。

玛莎:我的胳膊打你都打酸了。

乔治:(不相信地盯着她)你疯了。

玛莎:二十三年啦!

乔治:你弄错了……玛莎,你弄错了。

玛莎:这不是我想要的!

乔治:我以为至少你……了解自己的情况。我以前不知道。我……以前不知道。(1,第152—153页)

这是一个非常清晰的有关事件序列分割法的病理学案例。乔治认为自己只是在正当地反击玛莎的攻击,而玛莎觉得自己就像是被雇来"鞭打"他的妓女;他们都觉得自己是在回应对方的行为,却没有意识到是自己激发了对方的行为。他们没有认识到游戏的全部本质——其真正的循环性。这些观点差异成了进一步对称型升级的素材。继续上文的情节:

乔治:我以为至少你……了解自己的情况。我以前不知道。我……以前不知道。

玛莎:(愤怒地接话)我了解自己的情况。

乔治:(似乎她是某种臭虫)不……不……你……病了。

玛莎:(起立——尖叫)我要让你看看是谁病了!(1,第153页)

针对谁有病、谁有错、谁误解了谁的争论持续发展,到目前为止都指向一个熟悉的结局:他们处理他们没法携手同行这个问题时所用的方法很好地展示了他们确实没办法"携手同行":

乔治:玛莎,一个月一次!我已经习惯了……一个月一次,我们误解了玛莎,这个好心的小姑娘,只要受到仁爱的感动,就会再度盛放。我对此相信了多少次,连我自己都记不清了,因为我不愿认为我自己是这么一个容易上当受骗的人。我不相信你……我就是不相信你。我们没有可能……我们不再有可能……携手同行。

玛莎:(重新武装起来)嘿,也许你是对的,宝贝,你跟任何东西都不可能携手同行,你算个屁!啪!今晚在爸爸的聚会上就啪一声断掉了。(轻蔑,但内含一种愤怒和失落)在爸爸的聚会上,我坐在那儿,我看着你周围的年轻人,那些将会有所作为的人。我坐在那儿,看着你,你却根本不在那儿!它断了!它终于断了!我把它喊出来,我才不管我会做什么呢,我要搞一个你从没听过的最响的爆炸声出来。

乔治:(很尖锐地)你试试看,我会让你自作自受。

玛莎:(充满希望地)这是威胁吗,乔治?嗯?

乔治:这是威胁,玛莎。

玛莎:(假装唾他)你会得到惩罚的,宝贝。

乔治:小心点,玛莎……我会把你撕成碎片。

玛莎:你还缺点阳刚之气……你没那个胆子。

乔治:全面战争?

玛莎:全面的。(寂静,两人似乎都解脱了……高兴了。)(1,第157—159页)

乔治再一次平静地挑战了玛莎。这并不是说这次主要是他起的头,因为他们的争斗并没有真正的开端。她正面还击,他继续挑战她,刺激她,她无法拒绝。于是,正如我们经常说的那样,这变成了又一轮老把戏,只是赌注被加得更高。这能使他们感到宽慰,甚至兴奋,但与之前几轮相比并没有显得更聪明或者有所不同。没有什么可以将他们的元沟通与他们的日常沟通加以区别;*针对游戏本身的评论、辩解、最后通牒都毫无例外地遵从游戏规则*,因此它们也就不会被对方接受,从某种意义上来说,它们甚至不会被对方察觉到。最后,当玛莎将自己置于下风,悲伤地不停恳求乔治停手时,结果还是无情地维持原样:

玛莎:(温柔地;走过去抚摸他)求你了,乔治,别玩游戏了,我……

乔治:(激动地打开她伸过来的手)你别摸我!留着你的干净爪子用在本科生身上吧!

玛莎:(惊恐地尖叫,但声音很弱。)

乔治:(抓住她的头发,向后拽她的头)现在,你听好了,玛莎;你这一晚上玩得够痛快……你这一夜疯得够可以,你休想嘴里喝够了血就完事。我们要继续来,我不会放过你,那会儿你今晚的表演就会像一场复活节游行了。现在我要你让自己清醒一点。(用另一只手轻轻地拍她的脸)我要你打起点精神,

宝贝。(又拍)

玛莎:(挣扎)住手!

乔治:(又拍)振作起来!(又拍)我要你自己站好,宝贝,因为我要揍得你团团转,我要你站好了等着。(又拍,他松开她,住手。她起来。)

玛莎:好了,乔治。你想要什么,乔治?

乔治:一场平等的战斗,宝贝,如此而已。

玛莎:你会得到的!

乔治:我要你发疯。

玛莎:我已经疯了!!

乔治:更疯!

玛莎:不用着急!

乔治:好样的,姑娘;现在,我们要把这个游戏玩到死。

玛莎:要死也是你死!

乔治:你会吃惊的。现在人到齐了,你准备准备。

玛莎:(她踱步,看上去其实有点像个斗士)我等着你。(1,第208—209页)

尼克和哈妮重新上场,驱魔开始。

因此,他们所玩的,更具体地说,是一种"无结局游戏"(7.2),游戏中的反身法则(self-reflexiveness)引发悖论,从而阻碍系统内问题的解决。

5.44 沟通中的限定 4.42节中讨论过,沟通序列中信息的交换会缩减下一步可能行动的数量。乔治和玛莎游戏的互锁性、他们共享的神话,以及无处不在的对称,都展现出稳固的限定性,这种限定被称作关系规则。

乔治和尼克的几次交谈体现了新关系的限定。根据尼克最初的行为和他自己的抗议来看,他并不想受到乔治、玛莎以及他们之间争吵的牵连。然而,就像前文提到的例子[5.411(1,第32—33页)]里那样,他越是想置身事外,就越是深陷其中。在第二幕开头,此前一直都很谨慎的尼克经历了同一类沟通升级,再次从普通的闲聊发展成强烈的愤怒:

乔治:[……]有时候这里还真热闹。

尼克:(冷淡地)是的……我敢肯定。

乔治:嗯,你已经看到了一个例子。

尼克:我尽量不……

乔治:介入。嗯?那样不对吗?

尼克:是……对的。

乔治:我想不是。

尼克:我觉得这……令人尴尬。

乔治:(揶揄地)哦,是吗,嗯?

尼克:是的。真的。相当。

乔治:(学他)是的。真的。相当。(然后大声地,不过是对自己)这令人恶心!

尼克:听着!我没有任何……

乔治:令人恶心!(轻轻地,但是语气强烈)你认为我会喜欢那个……管它什么东西……挖苦我,诋毁我,当着……(轻蔑地挥手否定)你们的面?你认为我在乎吗?

尼克:(冷淡——不友好地)这个,不……我猜你不在乎。

乔治:哦,你猜我不在乎,嗯?

尼克:(敌对地)是……我猜你不。我猜你不在乎!

乔治:(蔫了)你的怜悯解除了我的武装……你的……你的同情使我哭泣!大颗的、咸咸的、不科学的眼泪!

尼克:(极为轻蔑地)我真不明白你为什么一定要把别人也扯进来。

乔治:我?

尼克:如果你和你的……妻子……想互相攻击,像两只……

乔治:我!我为什么想这么做!

尼克:……动物那样,我不明白为什么你们不在没有外人在场的情况下这样做……

乔治:(愤怒地大笑)为什么,你个自命不凡、自以为是的小……

尼克:(真的威胁道)住……口……先生!(静默片刻)你……小心点儿!

(1,第90—92页)

这里,乔治嘲讽尼克的不参与,使得尼克更加轻蔑疏远。很明显,这激怒了乔治。尽管乔治可能是在寻求同情,但是最终却以他羞辱尼克、尼克威胁他结束了这段对话。尼克试着不做沟通,结果反而导致更深入的参与。乔治努力使尼克认可自己对他与玛莎这场游戏的分割法,最后却变成了向尼克展示他(乔治)到底可以有多愤怒。将来的模式也无外乎如此。

5.45 总结 现在已经很清楚了,即使是相当简单的、虚构的家庭系统也需要庞杂的详细阐述,因为一小部分关系规则的内容可以产生不可计数的变化,而且往往都是非常细节性的。[这一问题让人想起弗洛伊德对爱玛(Irma)梦境的解析——半页纸的梦境带来八页纸的解析。]以下是对乔治—玛莎互动系统非常概括性的一个小结。

5.451

据说，如果变量维持在设定的限制范围内，那么系统就会保持稳定。乔治和玛莎的二元系统确实如此。"稳定"一词似乎与他们的室内突击游戏相去甚远，不过这个问题是由那些预期变量决定的。他们的对话机智、喧闹、令人震惊，克制和社交礼节被无所顾忌地迅速抛到脑后。无论在哪个时点，要猜出下一步会发生什么都是相当困难的。然而，对于乔治和玛莎之间的事情会*怎样*发展，描述起来却非常容易。因为这里用来定义稳定的变量是关于关系的，而不是关于内容的。在关系模式方面，这对夫妻展示出的行为的范围是相当窄小的。①

5.452

行为的这种范围就是他们系统的校定和"设置"。他们行为的对称性界定了这种范围的性质以及高度敏感的"下限"，即非对称型行为很少或者仅仅是短暂地出现。至于其"上限"，正如我们之前所说，表现为他们的特定类型、一些互补型负反馈，以及儿子神话，它们对他俩都提出了要求，限定了他们互相攻击的程度，强化了一种合理、稳定的对称——当然，直到儿子神话和其他行为之间的区别消失，这一领域不再神圣，从而不再具有稳态作用。即使在对称型行为的范围之内，他们也是受限的：他们的对称性几乎就是冬节②的模式，以破坏而不是积累或成就为特征。

5.453

随着导致儿子毁灭的沟通不断升级，这个系统在本可以完成一次再校定即阶跃的时刻，戏剧性地终结了。他们一路升级，几乎不受限制，直到他们唯一的限制被摧毁。他们需要一种新的互动秩序，除非儿子神话如同费雷拉所说的那样继续发展；乔治和玛莎都公开表达了他们的恐惧和安全感的缺乏，同时混杂着对未来结局的期盼。

---

① 我们甚至发现，基于临床观察和一些实验证据(61)，病态家庭的沟通模式通常要比正常家庭更加拘谨。这与传统社会学认为病态家庭往往吵闹、毫无组织的观点正好相反，同样地，区别在于分析层次以及对变量的定义。家庭间关系的极端刻板可以表现为——甚至解释——家庭—社会相互作用中的混乱。
② 某些西北部印第安部落的习俗。部落领袖比赛*销毁*自己的财产，对称地焚烧他们的物质财富。(21)

第6章 悖论沟通

6.1 悖论的本质

过去的两千年里,人类为"悖论"所深深吸引,今天依然如此。事实上,20世纪在逻辑学、数学、认识论领域取得的最重要的成就中,就不乏对悖论的直接论述,还有一些则与悖论紧密相关,其中尤以元数学、实证理论、逻辑类型论、一致性问题、可计算性问题、可判定性问题等的发展最为突出。作为门外汉,我们常常受挫于这类学科复杂而艰深的本质,宁可拒绝接纳这些理论,因为它们太抽象,以至于对我们的生活很难产生重要意义。也许有人会回想起读书时学到的经典悖论,虽然那很可能和有趣的怪事差不多。本节和接下来几节旨在向读者展示:悖论的本质中有一些东西对我们而言有直接的应用价值,甚至可能具有存在性意义;悖论不仅渗入人际互动并影响我们的行为和理智(6.4),而且还会挑战我们对宇宙一致性乃至终极稳定性的信念(8.5、8.63)。在7.4节,我们将进一步展示,按照希波克拉底"以毒攻毒"的精神,精心设计的悖论有重要的治疗潜能;7.6节将粗略考察悖论在人类理性层面几项最高尚的追求中所扮演的角色。我们希望借助这种对悖论的剖析,可以使读者认识到:对悖论概念的思考极为重要,它绝不是象牙塔里的抽象讨论,尽管我们首先必须检验悖论的逻辑功能。

6.11 定义

悖论可以被定义为*由相容的前提经过正确的推导所产生的矛盾*。这样的定义可以帮助我们直接排除各种形式的"假"悖论,它们是因论证过程中存在隐匿错误或在论述过程中有意加入一些谬误而产生的。[1] 不过,这个定义在这里已开始变得模糊不清了,因为真悖论和假悖论的划分其实是相对的。今天的相容前提可能到明天就成了错误或谬论。举个例子,在世人发现无穷收敛级数(即阿基里斯和乌龟间不断缩短的距离)存在有限的极限前,芝诺(Zeno)关于阿基里斯和他永远无法追上的乌龟的那条悖论毫无疑问是一条"真"悖论[2],可一旦它被发现实为谬论,并且为迄今依然可靠的假设所验证后,这条悖论就不复存在了。奎因(Quine)明确指出:

> 对概念架构的修订并不是毫无依据的。随着科学领域的每一次进步,概念构架都被小幅修订;随着科学领域的每一次飞跃,例如哥白尼式的革命以及

---

[1] 这类悖论的典型例子就是那个"六位先生需要入住六间单人房,但旅店老板只有五间房"的故事。旅店老板是这样"解决"该问题的:把第一位先生带到房间一,并叫另一位和第一位先生一道在那个房间里稍等片刻,然后把第三位先生带到房间二,把第四位先生带到房间三,再把第五位先生带到房间四。做完这些之后,旅店老板回到房间一,把在那里等候的第六位先生带到房间五,成功!(这里的谬误在于第二位先生和第六位先生被当成了同一个人。)

[2] 对该悖论及其谬误之处的解释,见诺思罗普(Northrop, 112)。

从经典牛顿力学理论向爱因斯坦相对论的转变,概念构架都将被大幅更改。可以预见,我们迟早会面临最剧烈的转变,接纳随之而来的新构架。"地球围绕太阳转"这条公理曾经被世人——甚至是接纳它的人——称为哥白尼悖论。也许到某一天,对真理的表述如果不像携带保镖一样加注脚标,那么它听上去将和二律背反一样让人感到荒谬。(120,第88—89页)

6.12 悖论的三种类型

我们需要对上一节最后一句中的术语——"二律背反"做一番阐释。"二律背反"有时候可与"悖论"交替使用,但绝大多数作者更倾向于把它的运用局限于逻辑学和数学这类正式系统。(读者可能想知道悖论还可能出现在什么地方;我们将在这一章和下一章中努力向读者展示悖论同样能够在语义学及语用学领域出现,第8章将涉及悖论如何侵入人类的哪些存在体验。)奎因(Quine)曾指出(120,第85页),二律背反是"经过可被接受的论证过程而产生的自相矛盾的结果"。施太格缪勒(Stegmüller)更加明确地把二律背反定义为一种既矛盾又可论证的命题:如果我们有一条命题 S_j,而第二条命题是第一条命题的否命题,即 $-S_j$(表示非 S_j,或 S_j 为假),那么我们能把这两条命题合为第三条命题 S_k,即 $S_k = S_j \& -S_j$。我们由此得到一个正儿八经的矛盾,因为没有什么事物能够同时既是自己本身又非自己本身,也就是既真又假。然而,如果我们能够通过演绎证明 S_j 及其否命题 $-S_j$,那么 S_k 就也能被证明,我们便会得到一项二律背反。如此,我们能够证明每一项二律背反都是一个逻辑矛盾,虽然,就像接下来将展示的一样,并不是每一个逻辑矛盾都是二律背反。

现在存在另一类悖论,它仅在某一重要方面和二律背反不同:它并不出现在逻辑系统或数学系统之中,因而并非建基于正规的类或数等术语,而是产生于某些隐藏的思想和语言水平上的不一致。① 后一类通常是指*语义学二律背反*或者*悖论式定义*。

最后,还有第三类悖论,它们最不为人所知。这正是我们的研究最感兴趣的地

---

① 为了区分这一点,我们在此引用拉姆齐(Ramsey, 121,第20页)对这一分类法的介绍:
第一组:
    a. 所有不属于自身的类。
    b. 当一个关系与另一个关系无关时两个关系间的关系。
    c. 布拉力(Burali)和福尔提(Forti)的最大序数悖论。
第二组:
    d. "我在说谎。"
    e. 不能用少于19个音节来命名的最小整数。
    f. 最小的难定义序数。
    g. 理查德(Richard)悖论。
    h. 外尔(Weyl)关于"逆逻辑"的悖论。
(我们应当注意,拉姆齐倾向于运用"集合理论中的矛盾"这一术语,而不是"悖论"。)这类悖论均在博琴斯基的著作(Bochénski, 29)中得到描述。

方，因为它产生于持续互动中，并且决定了互动中的行为。我们可以称之为*语用学悖论*，它们可以被分为*悖论式命令*和*悖论式预言*。

总而言之，存在以下三种悖论类型：

① 逻辑学—数学悖论（二律背反）；

② 悖论式定义（语义学二律背反）；

③ 语用学悖论（悖论式命令和悖论式预言）。

在人类沟通的理论建构中，这三类悖论分别对应该理论的三个主要领域——第一类对应逻辑语法学，第二类对应语义学，第三类对应语用学。我们现在将举出各种悖论的实例，竭力向读者呈现鲜为人知的语用学悖论是如何从另外两种类型中"发展"出来的。

6.2 逻辑—数学悖论

这一组悖论中最著名的是"所有不属于自身的类"，它建立在如下前提之上：类是指具有某种特征的所有对象的集合。因此，所有的猫，无论是过去的、现在的还是将来的猫，都可以构成"猫"这个类。建立起这个类之后，宇宙间剩下的一切对象都可以被认为属于"非猫"这个类，因为所有这些对象都有一个明确的共同特性：不是猫。现在，任何声称"一个对象同时属于这两个类"的陈述都将成为简单的矛盾，因为没有什么东西能够同时既是猫又非猫。这里并没有发生什么离奇的事情；这个矛盾的出现仅仅表明一条逻辑基本定律被打破了，但逻辑本身并没有遭到破坏。

现在抛开单个的猫与非猫，让我们站在更高的逻辑层级，看看类本身是什么。我们已经看到，类可以是自己的组成部分，也可以不是。举例而言，我们能够清楚地认识到，所有概念所组成的类本身也是一个概念，但我们之前提到的猫类本身则不是一只猫。这样一来，在第二个层级上，世间万物又可以被分为两个类：可以是自己组成部分的为一类，不可以的为一类。同样地，任何声称"这两个类中存在某对象既是自己的组成部分，又不是自己的组成部分"的陈述都可以被归为简单的矛盾，并且必定可被驳回。

然而，当这种类比操作出现在更高的层级上时，灾难就会突然降临。我们只要把所有可以是自己组成部分的类归为一类并命名为 M，把所有不是自己组成部分的类归入 N 类，那么如果我们现在要检验 N 是不是自己的组成部分，就会直接陷入著名的罗素悖论。请记住，把宇宙间的类分成可为自身组成部分的类和不可为自身组成部分的类，是完全且无遗漏的，依其定义而言是不可能存在例外的。因此，这种分类也同样能运用于 M 类及 N 类本身。这样一来，如果 N 类是自己的组成部分,那么它就不是自己的组成部分,因为 N 是由不是自己组成部分的类所组成的类。另一方面,如果 N 不是自己的组成部分,那么它就满足成为自己组成部分的条件:正是由于它不是自己的组成部分,它才是自己的组成部分,因为不是自己的组成部分是所有属于 N 类的类的基本特质。这就不再是一个简单的矛盾了,而是成了一项真正意义上的二律背反,因为这一悖论性的结果建基于严格的逻辑推理,而非对逻辑定律的亵渎。除非在类和组成部分的整个概念中有什么地方存在隐匿的谬误,否则,依照逻辑就会不可避免地推导出这样的结论:当且仅当 N 类不是自己的组成部分时,N 类是自己的组成部分,反之亦然。

事实上,这里面存在一个谬误,罗素在介绍自己*逻辑类型论*时曾对此进行过介绍。正如罗素(164)所言,该理论假定了一项基础性原则,简而言之就是:*任何有涉全集的事物都不能成为该集合中的一项*。换言之:罗素悖论产生于逻辑类型或逻辑层级的混淆。类是比其组成部分更高级的类型;要对它作出假定,我们必须在类型层级的基础上再升一级。因此,之前我们所说的"由所有概念组成的类本身也是一个概念"不是假命题,而是无意义。做这样的区分非常重要,因为如果仅仅把这个命题定为假命题,那么意味着它的否命题为真,而这显然与事实不符。

6.3 悖论式定义

"由所有概念组成的类"的例子为我们搭建起便捷的桥梁,帮助我们由逻辑学悖论跨向语义学悖论(悖论式定义或语义学二律背反)。正如我们之前所见,低层级的"概念"(组成部分)和比它高一层级的"概念"(类)并不等同,但"概念"这一名称被同时用于此二者,从而产生了二者同一的语言学错觉。要避免这一陷阱,任何可能出现逻辑层级混乱的地方均需使用逻辑类型标记——正式系统中的下标或应用更为广泛的引号或斜体。由此我们可以清晰地看见,刚才的例子中概念$_1$和概念$_2$并不能等同,而关于可为自身组成部分的类的观念也必须被摒弃。在这里,错误的根源是语言的不一致,而非逻辑的不一致。

也许最著名的语义学二律背反是关于一个自称"我在说谎"的人的。按照这句话所得出的逻辑推论,当且仅当它为假时,它才为真;换句话说就是,当且仅当这个人说真话时,他才在撒谎,反之,当且仅当他在撒谎时,他说的才是真话。在这里,逻辑类型论不能用于消除二律背反,因为词语或词组之间并没有逻辑类型层级。据我们所知,又是罗素最先提出了解答方案。他在为维特根斯坦(Wittgenstein)的《逻辑哲学论》(*Tractatus Logico-Philosophicus*)一书所写前言的最后一段指出,像一场时尚潮流一样,"正如维特根斯坦先生所述,所有的语言都有一种结构,该语言无法表述这种结构,但或许存在另一种语言来表述第一种语言的结构,而其本身又有一个新的结构,这种语言的层级是没有终极的"(133,第23页)。这部分观点后来主要由卡纳普(Carnap)和塔尔斯基(Tarski)发展成现在的语言层级论。和逻辑类型论相似,这一理论也竭力避免层级的混淆。它假设:在语言的最低层级上,陈述是关于对象本身的,这属于*对象语言*领域;当我们要谈论这种语言时,我们就需要使用元语言;如果我们要谈论元语言,我们就需要用到元元语言;诸如此类,在理论上能够无限上溯。

把这种语言层级论的理念运用于上述撒谎者的语义学二律背反之中,我们就能够看到,他的言论虽然只有四个字,却包含两重意思。一重处于对象层级,另一重处于元层级,并对*有关对象层级*的内容发表了评论,即它不是真的。同时,就像是魔术师的戏法一样,它暗示了元语言层级的陈述本身也是元陈述所给出的陈述之一,即它本身也是对象语言层级的陈述。在语言层级论中,这种包含自身真与假(或类似属性,如论证可能性、可定义性、可判定性等)的陈述的反身法则等价于逻辑类型论中可为自身组成部分的类的概念;两者均为无意义的陈述。①

"你肯定写得很好!"
(参见6.3 悖论式定义)

---

① 本章中的漫画展示了交际情景中一个有趣的例子,其自我指涉性陈述否定了其原先的确定性。

当然，我们非常不愿意接受逻辑学家所证实的结果：这个撒谎者的陈述毫无意义。似乎在什么地方存在着隐情，这种感觉在读到另一条悖论式定义时更为强烈：一个小村庄里有个理发师，他给所有不为自己刮脸的人刮脸。一方面，这个定义同样也是无遗漏的；另一方面，如果人们企图把理发师归类为给自己刮脸的人或不给自己刮脸的人，则能导致悖论再次出现。经过严格推导证实，不可能存在这样的理发师，但是我们心里或许仍然觉得不痛快：为什么不可能存在？带着这个固执的怀疑，让我们来看看悖论的行为学—语用学后果。

6.4　语用学悖论

6.41　悖论式命令　虽然理发师悖论几乎总是通过上述形式被表述，但至少还存在另一个略有不同的版本。莱辛巴赫（Reichenbach, 123）曾这样表述：长官命令连队理发师只给全连所有不给自己刮脸的人刮脸，不能给其他人刮脸。这条命令明显是毫无道理的。莱辛巴赫得出的唯一一条*合乎逻辑*的结论就是："从定义的层面而言，不存在连队理发师这种人。"

无论作者是出于什么目的才用这种似乎有些异于寻常的方式来呈现这个故事，他都给出了一个语用学悖论的绝妙例子。虽然这项命令的逻辑很荒谬，但它其实是可以被下达的。这起事件的基本要素如下：

① 牢固的互补型关系（长官和下属）。

② 在这种关系结构中，下属必须遵从被下达的命令，而为了达到遵从该命令的目的，他又必须不遵从该命令（该命令规定当且仅当这名士兵不为自己刮脸时，他才可以给自己刮脸，反之亦然）。

③ 在这个关系中处于服从地位的人没有办法*踏出*该结构，因而他需要尝试通过对该命令发表评论，即通过元沟通，来解决这个悖论（但这一行为也将被归为"不服从"）。

陷入这种情境的人*进退维谷*。虽然纯粹从逻辑学角度来看，该长官的命令是无意义的，我们也可断言这样的理发师根本不存在，但现实生活中的情况截然不同。语用学悖论，特别是悖论式命令，远比大家所想象的来得常见。一旦我们开始在互动情境中审视悖论，这种现象就不再只是逻辑学家和自然哲学家的研究对象了。无论沟通者是个体、家庭、社会还是国家，语用学悖论都在沟通者的理性方面具有非常实际的重要性。下列实例涉猎范围涵盖纯理论模型、文献、相关领域的摘录，以及临床案例。

6.42　语用学悖论　例1：*芝加哥是座受欢迎的城市*这句话，无论在语义学还是语用学层面均正确,但芝加哥是一个三字词这句话就不正确了,在这种情况下必须使用引号:"芝加哥"是一个三字词。这个词的两种不同用法的区别在于:第一句话中,这个词指代一个对象(一座城市);在第二个例子中,这个词指的是一个名称(即一个词),也就是指其本身。因此,"芝加哥"这个词的两种用法显然属于不同的逻辑类型(第一句属于对象语言,第二句为元语言),而引号则行使了逻辑类型标记的功能(108,第30—31页脚注)。[①]

现在请想象下面这种怪诞的可能:某人准备将这两句关于芝加哥的陈述合为一体(芝加哥既是座受欢迎的城市,也是一个三字词),并口述给自己的秘书,还威胁说,她如果不能或不愿准确无误地把它写下来,就会被解雇。当然,她写不出来(如前文所述,我们也写不出来)。那么,这种沟通所带来的行为学后果是什么呢?——这也是人类沟通的语用学所关心的内容。虽然这个例子有些空洞,但这不应减损它在理论方面的重要性。毫无疑问,这种沟通方式会造成进退维谷的窘境。因为这条资讯是悖论性的,在这条资讯所设定的框架中对其做出的任何反应必然同样是悖论性的。在一个不一致、不符合逻辑的情境下做出一致的、符合逻辑的行为,是完全不可能的。只要这名秘书还待在雇主设定的框架中,她就只有两条路:试着服从——这当然会失败,或者拒绝书写任何内容。选择第一条路,她将被视作无能;选择第二条路,她将被视作不服从。值得注意的是,这两项指责中第一项点明其能力不强,第二项点明其态度不端正。这和之前章节中出现的关于疯狂和恶毒的典型指责相去不远。无论做出哪一种选择,她都很可能出现情绪反应,比如哭泣或发怒。也许有人会反驳说,没有任何神经正常的人会像这个老板一样行事。在女秘书的眼里,这种行为也存在两种解释——要不就是这个老板找到了一条借口开除她,要不就是他神经错乱了。请注意,疯狂或恶毒似乎再次成为唯一的解释。

如果这名秘书不再待在这条命令所设置的框架中,而是对其做出评价,那么就会出现全新的情况;换句话说,如果她不是对老板的指令做出反应,而是与他交流他的沟通方式,那么情况就会有所不同。她由此走出了老板设定的情境,因而不会陷入两难处境。不过这通常并不容易做到,原因之一是:就像前文反复阐释的那样,针对沟通进行沟通是很困难的。这名秘书必须指出,为什么这种情境让人进退维谷,以及这一切对她而言意味着什么,这需要相当的技巧。元沟通无法简单地解

[①] 在这里,我们必须赞颂数学家弗雷格(Frege),他早在1893年就提醒道:

也许频繁使用引号会显得有些奇怪,但通过这种方法,我能够区分自己所指的是字符本身还是它所代表的意义。不管这显得有多么迂腐,我都认为它是必要的。不精确的口头或书面表达最开始也许只是为了使言语简洁,人们也能够意识到其不精确性,可一旦这种意识消失,它便会最终导致混乱。(48,第4页;斜体为本书作者所设)

决问题的另一个原因是,这个老板能够轻易地利用他的权威,拒绝她在元层面的沟通,并将其作为她无能或傲慢的又一项证据。①

例 2:说谎者那类悖论性的自我定义很常见,至少在我们的临床经验中是如此。如果我们牢记,这些陈述不仅传达逻辑上无意义的内容,同时还界定了自我与他人的关系,其语用学意义就将更加明朗。因此,当它出现在人类沟通过程中时,相比内容(报告)的无意义,其在关系(指令)方面的既无可回避又难以理解的状况显得更为重要。以下几种此问题的变体是近乎随机地从新近几次访谈中抽取出来的:

① 咨询师:X 先生,您觉得您家里的主要麻烦是什么?

X 先生:家里的麻烦,我的问题是,我是个习惯性的撒谎者……很多人会用这个评价——啊……哦,虚伪或夸张或油腔滑调,许多说法——但实际上就是撒谎……

我们有理由相信这位先生从来没有接触过说谎者悖论,而他也不是故意试图愚弄咨询师,但他确实这么做了,因为在面对这种有关悖论性关系的资讯时,人们还能怎么回应呢?

② 一个由父母亲和他们明显肥胖并据说患有精神发育迟滞的 20 岁儿子组成的家庭,在一次结构式家庭访谈中协同解释谚语"流水不腐,户枢不蠹"(159):

父亲:作为一则谚语,它给我们——就是妈妈和我——的启示是,如果我们像流水或门轴一样保持忙碌、保持活力,你懂的,就是运动,那么,啊,我们就不会也长得那么那么胖,你的脑子也会变得更灵光……

儿子:真的吗?

妈妈:现在你明白了吗?

儿子:我跟得上。

母亲(重复):你明白了吗?

儿子(重复):是的,我明白了。

父亲(重复):这样会有益于你的……

---

① 刘易斯·卡罗尔(Lewis Carroll)深谙这种阻断元沟通以防止他人跳出窘境的方法。我们回顾一下爱丽丝被红白皇后的问题弄得晕头转向的情景(3.22)。她们用一束叶子对着她的脑袋扇风,直到她慢慢苏醒,然后继续对她洗脑:

"她现在又恢复正常了。"红皇后说,"你懂语言吗?'fiddle-de-dee'用法语怎么说?"

"'fiddle-de-dee'不是英语。"爱丽丝字正腔圆地答道。

儿子(打断):*精神发育迟滞*。
父亲(继续):保持忙碌……
母亲:噢,这对你来说是这样的吗,流水不……
儿子(打断):*好吧,帮我克服精神发育迟滞,是的,有用*。
母亲:那么……
父亲(打断):那么,保持忙碌*是*有用的,这是——我认为这是有道理的。

父母或治疗师应该怎样对待这位能够谈论如何克服自己的精神发育迟滞甚至还能使用这一诊断术语的"精神发育迟滞者"①?就像那个说谎者一样,面对诊断所设置的框架(对自己的定义),他一会儿跨入其中,一会儿又跳出其外,从而荒诞地把这条诊断引上一条真正的精神分裂之路。对这一术语的使用排除了该术语本身所指代的情况。

③ 在一次联合婚姻治疗中,一场关于某对夫妻的性关系及他们对不同性行为的个人态度的讨论,证实了丈夫对自慰行为的极端不适。他说,"老实说",虽然他经常因为妻子的断然拒绝而"不得不"采取自慰行为,但他受到对变态及罪恶的恐惧的深深折磨(这名丈夫是天主教徒,坚信自慰在道德上是有罪的)。治疗师回答,自己无法对罪恶的问题加以评论,但即使自慰被视为变态,仍有众多研究显示,天主教徒报告的自慰频率虽然比信奉其他宗教的人群低,但其自慰人数比人们想象的要多。这名丈夫拿该结果开了个玩笑,说:"天主教徒总是在性事上撒谎。"

例3:也许悖论侵入人类沟通的语用学最常见的形式,是借助针对某种特定行为的命令,而这种行为就本质而言只能自然生发。这类信息的原型就是"顺其自然"。任何面对这类命令的人都处在进退两难的窘境之中,因为要服从这条命令,就必须在服从即不自然的框架下做到自然而然。这类悖论式命令的变体还有:

① "你必须爱我";
② "我要求你来主导我"(一位妻子这样要求她被动的丈夫);
③ "你应当像别的爸爸一样享受和孩子们玩耍的时光";
④ "不要这么听话"(父母这样要求在他们眼中依赖太强的孩子);
⑤ "亲爱的,你要知道,你随时可以离开,即使我忍不住哭泣,你也不要担心"
[摘自 W·斯蒂伦(W. Styron)的小说,150,第 33 页]。

在热内(Genet)的作品《阳台》(*Balcony*)中,微型超级妓院的客人们均陷入这

---

① 这位患者在多次心理测验中测得的智商约为 50—80,每次均被诊断为精神发育迟滞。在这次访谈之前,他拒绝了一次心理测验,因为他不能理解问题内容。(在治疗过程中,他被重新诊断为精神分裂症;他的康复情况很令人满意,在许多领域的成就都远远超出上述测试的预期。)

样的困境之中。客人付钱给那些姑娘,让她们扮演互补型角色来实现客人的梦想,但这些都只是泡沫,因为他们心里明白,那些罪人并不是"真"的罪人,盗贼并不是"真"的盗贼,依此类推。同样地,这也是一些同性恋者的困惑,他们渴望与"真正"的男性建立亲密关系,结果却发现,那个与自己亲热的人毫无例外地总是另一个同性恋者。在上述例子中,人们要不就拒绝服从,要不就出于错误的原因做了正确的事,而那个"错误的原因"就是顺从本身。从对称性和互补性的角度来看,这些命令之所以是悖论性的,其原因就在于,它们在被定义为互补性的关系框架中要求对称性。自发性盛放于自由中,枯萎在束缚下。①

例 4:意识形态特别容易卷入悖论的窘境,特别是当它们的形而上学存在于反形而上学之中时。库斯勒作品《中午的黑暗》(*Darkness at Noon*)的男主角鲁巴肖夫(Rubashov)的思想就是这种关系的典型范例:

> 党否认个人的自由意志——同时又要求人们具有自我牺牲的意志。它否认个人在两种方案中做选择的能力——同时又要求人们时刻做出正确的选择。它否认个人区分善与恶的权力——同时又要求人们用指责的态度评论过失与背叛。经济宿命就如一个永远上足发条的齿轮,不受干扰,也不会停止,个体就立于这样的宿命之下——但党要求这个齿轮奋起反抗发条,改变自己的轨迹。计算过程中一定有什么地方出错了,这个方程式最终无解。(84,第257页)

基于悖论的本质,建立于悖论之上的"方程式"无解。当悖论介入人类关系时,疾病就产生了。鲁巴肖夫虽然意识到了症状,但却找不到解决方案:

> 我们的原则都是正确的,可我们得出的结论却是错误的。这是个病态的纪元。我们用显微镜精确地诊断这种疾病并探寻病因,但不管我们在哪里进行手术,都会有新的伤口产生。我们的意愿本是坚定而纯粹的,照理我们应当受到人们的爱戴,可他们恨我们。为什么我们会受到这样的憎恶和痛恨呢?
> 我们告诉你们真相,但它经我们的口说出时,却如谎言一般。我们给你们

---

① 自由本身就和悖论相去不远。对萨特(Sartre)而言,我们唯一无法拥有的自由就是没有自由。无独有偶,瑞士民法典——欧洲最先进的法典之一——提到(第二十七条):"……没有人能放弃自己的自由或者自由限制在触犯法律、违反道德的界限之内。"贝德耶夫(Berdyaev)在总结陀斯妥耶夫斯基(Dostoevsky)的思想时写道:

> 自由不能用美好、真实或完美来定义;自由的本性是自主的,它是自由而不是美好,如果把自由和美好或完美混为一谈,甚至用它们来定义自由,都会造成对自由的否定,并鼓励了强制的方法;强制性使义务的美好不再成为美好。(22,第69—70页)

自由,但它经我们的手给出时,却如皮鞭一般。我们给你们新生,但我们的话语所到之处树木尽皆枯萎,只剩干枯树叶的沙沙声。我们向你们承诺未来,但我们的舌头打结,发出的声音如犬吠一般……(84,第58页)

例5:如果我们将上文与精神分裂症患者的自传进行对比(15),便会发现后者的窘境在本质上和鲁巴肖夫的完全一样。这位患者被"声音"拽入了进退两难的情境,因而当他发现自己无法服从"他们"的悖论式命令时,就会被指责为撒谎或忤逆。这一自叙的特别之处在于,它写于19世纪30年代,远在现代精神病学理论出现之前:

我被那些圣灵(我觉得他们是圣灵)的命令所折磨,他们命令我讲些别的东西,但当我这么做时,我又会因为使用了自己的嗓音而非他们给我的嗓音说话而受到极端非难。这种矛盾性的命令,不管在过去还是现在,都是造成我行为不协调的罪魁祸首,而这些想象则成为我最终彻底精神错乱的主要原因。我被命令发言,必须承受骇人的苦痛,这份苦痛源于激怒圣灵所招致的最严重的忘恩负义之罪;与此同时,每当我准备说话时,我都会因没有用圣灵赐予的说话方式而遭受严厉的、侮辱性的指责,但无论我怎么试,都无法达到他们的要求。如果我在内心申辩,说自己不知该如何是好,就会被视为欺骗,就会被斥为不愿按命令行事。然后,我失去了耐心,开始杂乱无章地讲他们要求我讲的东西,以此证明没有什么恐惧或命令可以阻止我。当我真的这么做时,我又像从前那样,感到说话时上颚和喉头的神经传来阵阵疼痛,这使我不得不相信,我不仅仅是在和神灵作对,而且还在和自然作对,然后我再度陷入绝望和忘恩负义的痛苦之中。(15,第32—33页)

例6:1616年,日本当权者开始对改信基督教者进行迫害,他们给受害者两条路:死刑,或用悖论式的繁复誓言宣布放弃信仰。桑塞姆(Sansom)在他的欧亚文化研究中报告了这种宣誓形式:

在否认基督教信仰的过程中,每一名弃教者不得不以某种指定的程序来重复他们不再信仰该教的理由……而这种程序却是对基督教信仰力量无意识的赞颂。教徒们(通常是在被胁迫的情况下)发誓放弃自己的宗教信仰后,又以一种奇怪的逻辑,被迫借助自己准备放弃的信仰的力量宣誓:以圣父、圣子、圣灵、圣母马利亚及天使的名义……如果我违背了这条誓言,我将永远失去上帝的恩泽,落得同加略人犹大一样的悲惨下场。更偏离逻辑的是,在这之后还

有对佛教和神道教诸神的起誓。(134,第 176 页)

该悖论所导致的后果值得我们仔细揣摩。日本人给自己设定了一项改变一大群人信仰的任务,从信仰"充满力量但无法触碰"这一本质来讲,这只能是一项恶名昭著的"不可能任务"。也许他们从一开始就意识到,劝说、强制或贿赂等方法在此不适用,因为这些方法虽然表面上肯定能获得更多的口头应允,但却无法让人确信,这些曾经的教徒在观念上已被"真正"改变。当然,即便弃教者给出最为义正辞严的声明,当权者也仍会心存疑虑,因为除了那些真心实意宣布与基督教信仰决裂的人,剩下那些既想在心中保留信仰又想要活命的人也都完全可能这么做。

面对"真正"改变某人的观念这一难题,日本人不得不采用宣誓作为权宜之计。他们很清楚地知道,对教徒而言,只有以基督、佛教及神道教诸神的名义起誓,他们才能恪守誓言,但这样的"解决方案"却直接把他们带入了自我指涉性陈述所造成的不可判定性之中。上述放弃信仰的誓言旨在从对诸神的起誓中获取让人们遵从的力量,但作为起誓对象的诸神却正是人们宣誓要放弃的。换句话说,他们被要求在一个明确界定的指涉框架(基督教信仰)*之内* 做出一段陈述,而这段陈述又是*关于*这个框架的,也可以说,誓言在否定这个指涉框架的同时,也否定了它自己。现在请特别留意我们刚刚强调的辞藻:*之内* 和*关于*。假定 C 代表所有处于基督教信仰框架*之内*的陈述所组成的类,那么任何对于 C 的陈述都可被称为元陈述,如对于大量陈述所做的陈述。现在可以看到,那条誓言既由于援引三位一体而成为 C 的组成部分,同时又是否定 C 的元陈述,即它是关于 C 的。这就形成了著名的逻辑僵局。没有任何陈述可以既位于某一指涉框架之内,又能跳出这个框架来否定自身。这就像人置身于噩梦之中一样:在梦里无论做什么都没有用。① 要想逃离噩梦,唯一的方法就是醒过来,即跳出自己的梦。醒并不是梦的一部分,它属于另一

---

① 刘易斯·卡罗尔的作品《爱丽丝镜中奇遇记》[同《爱丽丝漫游奇境》(*Alice in Wonderland*)一样]与其说是一本童书,倒不如说是一本逻辑问题启蒙故事书。半斤(Tweedledum)和八两(Tweedledee)兄弟俩正在谈论熟睡中的红国王(Red King):

> ……
> "他在做梦,"八两说,"你觉得他梦到什么了?"
> 爱丽丝说:"没人猜得出。"
> "为什么没有人?当然是关于*你啦*!"八两得意洋洋地拍着手,大声说道,"如果他停止做关于你的梦,你觉得自己还能出现在什么地方呢?"
> "当然,就在我现在出现的地方啊。"爱丽丝答道。
> "那不是你!"八两轻蔑地反驳道,"你将不复存在。为什么,你就是他梦里的一个东西!"
> "要是国王醒过来,"半斤附和道,"你就灰飞烟灭了——砰!——就像一支蜡烛一样!"
> "我不会!"爱丽丝愤愤不平地大声吼道,"而且,要是我只是他梦里出现的一个东西,我倒想知道*你们俩*又是什么。"
> "同上。"半斤说。
> "同上,同上!"八两叫道。
> 它叫得实在是太大声了,以至于爱丽丝不得不说:"安静一点儿!我担心你会吵醒他的,如果你这么吵的话。"
> "其实吧,你说会吵醒他这完全没有意义,"半斤说,"你只是他梦中的一个东西时。你很清楚你不是真实存在的。"
> "我*是*真实的!"爱丽丝说完,开始嚎啕大哭。

个框架,它是非梦境的。理论上讲,噩梦能够永远持续下去,一些精神分裂症性的噩梦显然就是这样,其框架内部没有什么东西拥有否定这个框架的能力,而这——经过必要的修正——恰恰是那条日本誓言所要达成的目标。

我们没找到任何记录了那条誓言对教徒或彼时当权者的影响的资料,但不难对此加以推测。对于宣誓的教徒而言,他们进退两难的窘境是显而易见的。通过宣誓放弃信仰,他们留在了这个悖论性程式的框架之中,并因此陷入悖论。当然,他们能够走出这个框架的希望非常渺茫,但被迫这样起誓之后,教徒会发现自己身陷极大的个人信仰困境。撇开强权胁迫不谈,他们的誓言到底有没有效用?如果他们希望继续保持基督教信仰,那么誓言会不会因此生效,从而导致他们被逐出教会?如果他们真诚地准备放弃基督教信仰,那么这条基于基督教信仰的誓言不是根本无法保证他们遵守誓言吗?说到底,这里的悖论涉及形而上学,誓言的本质不仅约束了宣誓人,而且还约束了诸神。即使上帝处在教徒的位置,也会陷入进退两难的处境,凡人又怎能奢望得到解决方案呢?

这条悖论一定也影响了迫害者本人。他们不可能没有意识到这种起誓方式把基督教神灵置于他们自己信仰的神灵之上。这样一来,非但没有把"圣父、圣子、圣灵、圣母马利亚及天使"从教徒的灵魂中清除出去,反而在自己的宗教信仰中给他们加冕。因此,他们最后一定会发现自己也被卷入了他们一手创造的困境之中,否定了想要维护的东西,维护了想要否定的东西。

在这里,我们已经能粗浅地理解洗脑这回事了,说到底,它们几乎无一例外都基于语用学悖论。回顾人类历史,消除异己大体上分为两种形式:一种是完全不考虑受害者"真正"想的是什么,直接对对手实施物理毁灭;另一种则充分考虑到末世论,认为应该找出更好的清洗理由,因而非常关心受害者的想法。可以推断,后者可能会指责前者极度缺乏灵性,不过这不是我们要讨论的重点。奥布赖恩(O'Brien)——奥威尔的小说《1984》中的拷问者——就是一个在这方面颇有造诣的当权者,他这样对受害者说:

> "在该(审讯)过程中,每一名异端分子被烧死于火刑柱之后,都会有成千上万的后继志士。为什么会出现这样的情况?因为审讯公开处决了那些敌人,而且是在他们依旧执迷不悟的时候处决了他们;事实上,正是因为他们执迷不悟,才会被处以极刑。人们因为不愿放弃自己真正的信仰而被处决⋯⋯后来⋯⋯就出现了德国的纳粹和俄国的共产党⋯⋯我们绝不会犯下那样的错误。我们要实现这一切⋯⋯你们将被歼灭,无论是在过去还是在未来。你们将没有机会存在于世上。"

"那为什么还要费神来折磨我?"温斯顿自忖。

奥布赖恩微微一笑。"温斯顿,你是这个模式中的一点瑕疵,你是一处必须被抹去的污点。刚才我难道没有告诉你,我们和过去的迫害者不同吗?*我们不会满足于消极服从,甚至不能满足于最最卑贱的屈服。当你最终愿意向我们投降时,必须是出于自己的自由意志*。我们不会因为异端分子反对,我们就消灭他;只要他还在反对,我们就绝不会消灭他。我们要改造他,我们要俘获他们的精神世界,我们要重塑他。我们要把他身体中所有的罪恶和妄想都烧掉;我们把他吸纳入我们的阵营,不是表面文章,而是真正的,发自内心的。在杀掉他之前,我们要先把他变成自己人。我们完全无法忍受这个世界上任何一个角落还存在错误的观念,无论它藏得多么隐蔽,多么缺乏影响力。"(113,第 258 页;斜体为本书作者所设)

这个例子其实是"自然生发"式悖论最为淋漓尽致的表现形式。毫无疑问,读者都会认为奥布赖恩疯了,不过奥布赖恩是个虚构的人物,他的疯狂只是希特勒(Hitler)、希姆莱(Himmler)、海德里希(Heydrich)等人的缩影。

例7:1938 年,和上述日本基督徒及其迫害者几乎相同的情形出现在弗洛伊德和纳粹当局身上,只不过这次的悖论是由受害者强加给迫害者的,弗洛伊德借助这种方式争取到了离开那片土地的权利。纳粹当局应允发给弗洛伊德离境护照,但要求他签署一份声明作为交换,内容为"因为自己在科学界的声望,德国当权特别是盖世太保一直给予自己高度尊重和特别照顾"云云。(81,第 226 页)也许对弗洛伊德个人而言,声明的内容有可能是真的,但在更大范围内,即对于整个维也纳犹太裔人群所遭受的骇人听闻的迫害而言,这仍然只是当局无耻地打着公正的幌子编造的借口,他们明显是想利用弗洛伊德的国际声望来为纳粹做宣传。因此,盖世太保非常希望弗洛伊德能够签署这份声明,但弗洛伊德一定意识到自己陷入了两难处境:签署声明,则为虎作伥,有损自己的名节;不签署声明,则前路茫茫,不知接下来会发生什么。依实验心理学原理来看,他当时面临着双避冲突(6.434)。他通过"以其人之道还治其人之身"的方法最终扳回局面。当盖世太保军官带着文件让他签署时,弗洛伊德请其允许自己再加一句话。军官坚信自己处于上风,所以同意了弗洛伊德的请求。弗洛伊德用笔在文件最后添了一句话:"我将向所有人热情推荐盖世太保。"现在难题落到了盖世太保身上——对盖世太保而言,既然已在一开始就强迫弗洛伊德称颂自己,自然不能反对他的进一步褒奖,但对于其他人而言,哪怕他们对那段日子里在维也纳发生的一切只是略有耳闻(当时世界上已有越来越多的人知晓局势),这句"褒奖"都是莫大的讽刺,使这份文件顿时失去了宣传作用。总而言之,弗洛伊德添加的这句话是文件的一部分,而颇具讽刺意味的是,它也由此否定了整份文件。

例 8:普鲁斯特(Proust)在《欢乐与时日》(*Les plaisirs et les jours*)中提供了一个极佳的语用学悖论案例,它涉及社会普遍认可的行为和个人情感间的矛盾。13岁的亚历克西斯(Alexis)正要去拜访因身患绝症而不久于人世的舅舅,下面的对话发生在他和他的老师之间。

> 当他开始说话时,脸涨得通红:
> "罗格朗(Legrand)先生,我舅舅会认为我知道他快死了吗?"
> "他当然不知道,亚历克西斯!"
> "但要是他和我谈起这件事呢?"
> "他不会和你谈这件事。"
> "他不会和我谈这件事?"亚历克西斯惊讶地说道,因为这是他唯一未曾设想过的一种可能;每当他想象拜访舅舅的情景时,他就会听见舅舅用神父特有的温和声音同自己讨论死亡。
> "但是,不管怎样,如果他真的和我讨论死亡呢?"
> "你可以说他不应该这样。"
> "那要是我哭起来了呢?"
> "你今天上午已经哭得够多的了,你不会再在你舅舅面前哭泣了。"
> "我不会哭了!"亚历克西斯绝望地大声呼喊,"可他会觉得我一点儿也不悲伤,我根本不爱他……我可怜的舅舅!"
> 然后他嚎啕大哭起来。(118,第 19—20 页)

如果亚历克西斯因为关心舅舅而隐藏自己的关切之情,那么他就会觉得自己显得漠不关心,因而表现得不爱舅舅。

例 9:一个年轻人感到父母不赞成自己和现在的女友交往,也不赞成自己娶她。他的父亲是名富有、精力充沛而且相当英俊的男子,完全掌控着自己的三个孩子和妻子。这个年轻人的母亲处于互补型的弱势地位。她生性退缩,沉默寡语,经常去疗养院"休养"。一天,父亲把这个年轻人叫到自己的书房里——这通常意味着要宣布非常严肃的声明——并告诉他:"路易斯(Louis),有些事情你必须知道。我们阿尔瓦拉多(Alvarados)家族的人总是娶比自己优秀的女子。"父亲面不改色地说出这段话,但这个年轻人却疑惑不解,因为他无法确定这句话背后到底隐含了什么意思。不管用怎样的方式来解读,他都会陷入令人困惑的矛盾之中,并且每当他考虑迎娶那个女孩的决定是否明智时,总会产生一种不安的感觉。

父亲的话可以进行如下扩展:我们阿尔瓦拉多家族的人是上等人;其他方面自不必说,我们在婚姻上都只能高攀。可是这一关于上等人的证据不仅和儿子观察到的事实非常不符,其本身也暗示了阿尔瓦拉多家族的男性逊于自己的妻子。这条证据否定了它本应支持的陈述。如果这条既涉及配偶选择又涉及它自身的关于上等人的陈述为真,那么它必为假。

例10:在对一个年轻人进行心理治疗的过程中,治疗师要这个年轻人将自己的父母从一个较为遥远的城市请过来,以便进行一次联合治疗。在这次联合治疗中,这对父母明显只在共同反对儿子时才能达成一致,其他时候他们在许许多多事情上都存在分歧。医生还发现,这名父亲在儿子小时候曾罹患抑郁症,在家赋闲五年,靠妻子的财产生活。访谈开始后不久,父亲尖锐地批评儿子不能承担更多责任,不能变得独立和更加成功。这时治疗师采取干预措施,谨慎地指出,也许父亲和儿子之间的共同点比他们自己所想象的更多……父子俩对这一影射没有任何反应,母亲却迅速插手,指责治疗师在制造麻烦。然后她充满怜爱和钦佩地看着自己的儿子说:"说到底,这件事很简单。我们唯一的愿望就是乔治(George)能有一段和我们一样幸福的婚姻。"用这样的方式来定义,我们能得出的唯一结论就是——不幸的婚姻才是幸福的婚姻,这同时也暗示,幸福的婚姻是不幸的婚姻。

说句题外话,这个年轻人在这次访谈之后陷入了抑郁,但他在接下去的个体治疗中却完全无法追溯自己抑郁情绪的根源。当治疗师向他挑明其母亲的愿望是条悖论时,他一下子明白过来,就像一盏电灯刚刚被点亮一般。他说,她大概多年来一直都在说"那样的话",而他自己则从来没像刚才那样准确地辨识这一点。他曾做过各种各样的梦,内容总是关于背负什么重物、与什么事物斗争,或被什么东西拖垮,却从来没能意识到这个"什么"究竟是什么。

例11:一名精神分裂症女患者的母亲给女儿的精神科医生打电话,抱怨自己的女儿又发病了。她所说的发病通常是指这个姑娘变得独立,敢于同她争辩。举个例子,最近女儿搬到外面的公寓独自居住,母亲似乎因此有些不开心。医生让她举出一个所谓病态行为的例子,这位母亲说:"其实吧,就比如今天,我想让她过来吃晚饭,然后我们就争论了很长的时间,因为她觉得她不想来。"当医生问起后来怎样时,母亲有些愠怒:"我说服她过来,当然,因为我知道她肯定是愿意来的,况且她从来不敢对我说不。"在母亲眼中,女儿说"不",实际上表示她真心愿意来,因为母亲比女儿自己更能理解后者混乱的思维。要是这个女儿说"好"呢?"好"并不意味着同意,只能表示女儿从来不敢反对。这样一来,母亲和女儿就都被资讯的悖论性给绑缚住了。

例 12：格林伯格（Greenburg）近期发表了一份有趣又恐怖的母亲悖论式沟通大全。下面是其中的一则经典：

给你的儿子马文（Marvin）两件运动衫作为礼物。当他第一次穿其中一件时，伤心地看着他，用平静的语调问他：
"难道你不喜欢另一件吗？"(58，第 16 页)

6.43 双重束缚理论 贝特森、杰克逊、海利和威克兰德在 1956 年发表的论文《通向精神分裂症的理论》(Toward a Theory of Schizophrenia, 18)中首次描述了悖论对人类沟通的影响。这个研究团队从完全不同于其他精神分裂症假设的角度，分析了精神分裂症性沟通方式。其他理论把精神分裂症视为某种内在精神紊乱（思维障碍、自我功能弱、初级过程材料压抑意识等），它们影响病人同他人的关系，并最终危及他们同自身的关系。贝特森等人却是从反方向询问自己，什么样的人际关系体验序列能够导致（而不是产生于）那些符合精神分裂症诊断标准的行为。他们假设，精神分裂症患者"一定生活在一个特殊的世界中，他们不同寻常的沟通习惯从某种意义上来讲能够适应其中的事件序列"(18，第 253 页)。贝特森等人由此提出假设，并定义了这种互动形式的基本特征。他们为这种互动形式创造了一个专有名词——*双重束缚*。这些特征也是本章前述诸多案例潜在的共同特性。

6.431
将双重束缚的定义稍加修饰和扩展，其要素可以被描述为如下几项：

① 对于紧密联系的两人或多人而言，他们之间的密切关系在生理和/或心理上对他们中某个、某些或所有人具有重大意义。这种密切关系通常存在于——但不仅限于——家庭生活（特别是亲子互动）、疾病、物质依赖、囚禁、友谊、爱、对信念或意识形态的忠诚、受社会常模或传统影响的情境以及心理治疗场景之中。

② 在这种情境下给出一条结构严谨的资讯，它(a)陈述了某件事情，(b)也对自己所陈述的事情做出了陈述，并且(c)这两条陈述是互斥的。如果这条资讯以命令的形式出现，那么若要服从它就只能不服从它；如果它作为对某人自身或他人的界定出现，被界定的人当且仅当不是这种人时才是这种人，当且仅当是这种人时才不是这种人。依据 3.333 节的论述，这类资讯的含义是不可判定的。

③ 最后，这条资讯的受众不能跨出这条资讯所设定的框架，无论是对其进行元沟通（评论）还是加以回避，都是不被允许的。因此，即便这条资讯从逻辑上来讲

是没有意义的,它也仍然能够在语用学意义上获得现实的存在性:受众既不能不对其做出反应,又不能恰当地(非悖论性地)对其做出反应,因为这条信息本身就是悖论性的。这种情境通常会掺杂显著程度不等的禁令,以表示发出者已经意识到有矛盾或大问题存在。因此,处于双重束缚情境中的人很可能因为正确的感知而受到惩罚(或至少是被强加上负罪感),并因胆敢暗示真实所见与"理应"看到的不符而被定性为"恶毒"或"疯狂"。①

这就是双重束缚的核心。

6.432

该概念提出之后便在精神病学②及行为科学领域受到广泛关注(156),甚至成为政治术语(97)。双重束缚的*致病机制*迅速成为该理论从诞生至今最受争议且饱遭误解的部分。因此,在切入主题之前,我们先来关注一下这个问题。

毫无疑问,我们生活的世界远不是逻辑性的,我们一直都暴露于双重束缚之中,可我们中的绝大多数人仍然能够保持理性。虽然相关体验在发生之时可能具有创伤性,但它们中的很大一部分是孤立而虚幻的。然而,如果长期暴露于双重束缚之中,甚至最终形成某种习惯性期待,情况就非常不同了。这显然尤为适用于儿童,因为儿童倾向于得出这样的结论:在自己身上发生的事,在全世界都会发生——这是宇宙的基本定律。因此,这里就不存在孤立创伤的问题了,我们面对的其实是某种互动模式。如果我们能牢记双重束缚因其本质为沟通形式而不可能具有单向性,我们就能更清楚地看出这种模式的互动性本质。正如前面的要素③所述,如果双重束缚导致悖论式行为,那这种行为反过来也会对施加双重束缚的人进行双重束缚。③ 这种模式一旦形成,询问它*何时、怎样、为何*出现就毫无意义了,因为就像我们将在下一章中看到的那样,病理性系统具有古怪的自我推动、恶性循环的本质。为此,我们认为,对于双重束缚致病机制的问题不能用线性因果关系——比如医学上感染和炎症间的关联——来解答,双重束缚不会*导致*精神分裂症。我们只能说,当双重束缚成为主导性的沟通模式且诊断关注点被限定在紊乱情况最

---

① 这同样适用于某人对他人情绪和行为的感知。以下引自强生(Johnson)等人的论文:

> 当这些孩子像往常一样觉察到家长的愤怒和敌意时,家长会立即否认自己生气了,并要求孩子也否认这一点,孩子因而感到无所适从,不知是应当相信家长,还是应当相信自己的感知。如果选择相信自己的感知,孩子便能够紧贴现实;如果选择相信家长,孩子虽然能够维持所需的关系,但会扭曲自己对现实的认识。(80,第143页)

莱恩(89)用几乎相同的形式,引入了"故弄玄虚"这一概念。

② 其提出者因在认识精神分裂症方面的杰出成就,荣获精神分析学会1961—1962年度弗瑞达·弗罗姆-瑞茨曼奖(Frieda Fromm-Reichmann Award)。

③ 即使权力都明显掌握在一方手上,而另一方毫无希望可言,例如在政治迫害之中,这种相互性也仍然存在。因为正如萨特(135)所言,施害者到头来将和受害者一样卑贱。还可参见韦斯伯格(Weissberg)关于自己在苏联大整肃时期作为受害者的经历记录(163),以及米尔卢(Meerloo, 103)有关洗脑者和受害人之间"神秘受虐狂公约"的概念。
有关"双重束缚理论在家庭中的相互性"的研究,详见威克兰德(160)及斯卢茨基等人(144)的研究。

明显的个体身上时,①该个体的行为符合精神分裂症的诊断标准。根据这种观点,双重束缚才是成因,是它导致了疾病的产生。这种区分可能有些类似于塔木德经,可如果精神分裂症的概念能够因此从"发生于个体大脑的神秘疾病"转变为"特殊的沟通模式",那么我们认为这种区分还是有必要的。

6.433

有了这些作为铺垫,我们现在可以在前述三项双重束缚的要素(6.431)后再增加两条标准,用于界定它与精神分裂症的关系。这两条标准是:

④ 当双重束缚长期存在并很可能顽固地持续时,它就会变成一种对人类关系乃至整个世界的本质的习惯性及自发性期待,即无需进一步加以强化的期待。

⑤ 双重束缚强加的悖论性行为(6.431节中的要素③)反过来也具有双重束缚的本质,导致这种沟通模式具备自我推动性。如果单个检查,那么其中紊乱最明显的沟通者就满足精神分裂症的临床标准。

6.434

综上所述,双重束缚并不只是简单的矛盾式命令,而是真正的悖论。我们已经在考察二律背反时仔细讨论过矛盾和悖论的核心区别,并认识到二律背反必然是逻辑矛盾,但逻辑矛盾却不一定是二律背反。同样的区别也适用于矛盾式命令和悖论式命令(双重束缚),这也正是它们最为重要的区别。因为这两类命令的语用学效果大相径庭。

总体而言,我们的思维内容、语言的逻辑结构,以及对现实世界的认知,都牢固地建基于亚里士多德法则,即 A 不可能同时也是*非*A,这类矛盾有明显的错误,没法让人信以为真。日常事物中出现的矛盾通常不可能致病。面对两个互斥选项时,人们必须做出选择;做出的选择也许很快就被证实是错误的,也可能因犹豫太久而同样以失败告终。这种进退两难的处境可以有各种表现形式,小到蛋糕不能既吃又留的轻微懊恼,大到火灾时被困在六楼的绝望境地——不是被大火活活烧死,就是因跳下高楼而摔死。无独有偶,在一项经典实验中,有机体被置于冲突(趋避、双趋、双避)情境中,这里的冲突就植根于该情境所提供或强加的各种选择中。

---

① 我们不可能在这本书中讨论双重束缚理论的所有方面和所有分支,但我们确实需要花一点时间来介绍紊乱的分级。我们在过去的经验中发现,精神分裂症患者的父母一开始总显得言行一致、适应良好,使人们不得不相信这个神话:要不是他们的儿子或女儿患有精神病,这个家庭将非常美满。不过,即便访谈过程中没有父母的参与,患者特殊的沟通不一致性也会很快展现出来。让我们再来看看莱恩和伊斯特森(90)以及早先瑟尔斯(Searles)先驱性的文章中的例子:

> 例如,一个年轻的严重精神分裂症男患者的母亲是一个热情洋溢的人,说话像机关枪一样快,滔滔不绝地向我诉说,完全无法打断,所涉及的情感基调完全不合逻辑,使得我一时晕头转向:"他非常幸福,我完全没有办法想象这种事情会发生在他身上。他不会感到失落,从来不会。他热衷在刘易斯顿的米切尔(Mitchell)先生的小店里修理收音机。米切尔是个极端的完美主义者。我不记得在爱德华(Edward)之前还有什么人在店里待的时间能超过几个月,但爱德华和他相处非常融洽。他曾经回到家,说(这位母亲模仿儿子疲惫不堪地叹了口气):'我一秒钟都坚持不下去了!'"(142,第3—4页)

这类实验的行为学后果也可能有多种表现形式,例如对一个错误的选择犹豫不决,或把绝食作为逃避惩罚的手段,但除非这个两难困境是真正意义上的悖论,否则我们绝不会观察到病理性的表现。

图 a   图 b

分别被信号标志放大的矛盾和悖论

图 a 中的两条指令纯粹是自相矛盾的,因此只可能遵守一条。图 b 中的信号标志(我们觉得它应该是个玩笑)通过它的多重语义形成了一条真正的悖论:要遵守"忽略它"的指令,人们就必须先注意它,但这种注意的行为恰恰违背了指令本身。因此,这个标志只可能通过违背来遵守,而遵守它又意味着违背它。

(参见 6.434,简单矛盾 VS. 悖论)

然而,这种病理现象在著名的巴甫洛夫(Pavlov)实验中却得到了清晰的呈现。实验者首先训练狗区分圆和椭圆,然后让椭圆越来越趋近于圆,使狗无法做出区分。我们认为这是一种包含上述所有双重束缚元素的情境,为了描述其行为学效果,巴甫洛夫创造出"实验性神经症"这一术语。这种病理现象产生的原因是,实验者首先要求实验动物必须做出正确区分,然后在这个框架内使这种区分变得不再可能,实验动物由此陷入了这样的境地——自己的生死存亡取决于是否服从一条自相矛盾的法则。悖论抬起了自己蛇发女怪般的头颅。这时,动物开始呈现出典型的行为紊乱:它可能变得昏昏沉沉或异常暴怒,甚至会显示出重度焦虑的生理症状。①

总结:矛盾式命令和悖论式命令最重要的区别在于:面对矛盾式命令时,人们

---

① 值得注意的是,那些之前并未被训练区分这两种不同形状的动物,在区分变得不再可能后并没有表现出这种状态。

有能力选择其中一个而弃绝另一个,结果当然不够令人满意——就像之前所述,一个人不可能把蛋糕既吃掉又留存,虽然两害相权取其轻,但结果仍然是一害。当面对悖论式命令时,从逻辑上来看,做出选择是不可能的。同矛盾式命令不同,悖论式命令把*选择本身完全摧毁*,凡事皆不可能,从而启动了永不休止的摇摆不定和犹豫不决。

我们希望能指出这样一项有趣的事实,虽然它并不非常重要:语用学悖论使人无力作为的效果绝非仅存在于灵长目或哺乳纲动物身上,甚至那些大脑及其他神经系统相对较低级的有机体也同样会受到悖论影响的侵袭。这表明此处可能涉及某些有关存在的基本定律。

6.435

回到人类沟通的语用学领域,让我们来简要考察一下双重束缚可能产生的行为学后果。我们曾在4.42节中指出,对任何沟通序列而言,每一次信息交换都会缩减下一步可能行动的数目。双重束缚这种复杂的模式具有高度限定性,仅有极少数应对方式仍然具有实际运用的可能性。以下为部分可能的应对方式。

面对荒谬的两难处境,一个人很可能得出这样的结论:他或许忽视了存在于情境中的或由重要他人提供的关键线索。其中第二种假设更可能得到强化,因为他观察到,对于其他人而言,这种情境似乎非常符合逻辑且具有一致性。"他人可能故意向他隐瞒某些重要线索"只是其中一种可能形式。不管是哪种形式——这是核心问题——他都会执著于找到这些线索,并试图确定目前在他身上和他周围发生的一切所具有的意义,最终不得不把对线索和意义的搜索范围扩展到最不可能、最没关联的现象上。我们或许还记得,双重束缚的一项基本要素就是禁止察觉其中的矛盾之处,这使得这种离题万里的搜索更显得有道理了。

另一方面,他可能会像军队里的新兵那样迅速找到应对荒谬逻辑或无逻辑的最好方式:完全依据字面意思服从一切命令,彻底放弃任何独立思考。因此,与其致力于无休止地搜寻隐藏的意义,他宁可放弃这条先验观念:对于人类关系而言,除了最刻板、最浅表的方面,还可能存在其他方面,或者更进一步说,一条资讯应当比其他资讯具有更多的意义。可以想象,任何观察者都会觉得这种行为是愚蠢的,因为没有能力分清轻重缓急、有无道理是愚蠢的基本特质。

第三种可能的反应是离群索居。这个可以通过尽可能地物理孤立自己来实现,如果单纯的孤立还不能达到预期效果,那么还可以进一步阻断沟通的信息输入通道。对于阻断输入,我们不得不再次提起3.234节简要提起过的"知觉防御"现象。用这种方式来保护自己的人会给观察者留下回避、难以接触、自闭的印象。事实上,相同的结果——逃离双重束缚——也可以通过多动行为(hyperactive behavier)来实现。多动行为密集持续,可淹没输入的大多数信息。

双重束缚理论的创始人在其论文中指出,面对实际存在或习惯性期待的双重束缚的不可判定性,上述三种行为方式让人分别想起精神分裂症的临床表现,即偏执型、青春型和紧张(木僵或激越)型这三种不同亚型。他们还指出:

> 并非只有这三种选择。关键在于这个人无法选出一种能帮助他弄清他人意图的选项;要是没有适当的帮助,他无法讨论有关其他人的资讯。失去了上述能力,人类会像失去操纵者的自我矫正系统一样,陷入永无休止、无限扭曲却依然保持系统性的死循环。(18,第256页)

正如此前多次指出的那样,精神分裂症性沟通本身就是悖论性的,因而也会将悖论加诸其他参与沟通的人身上,这就形成了恶性循环。

6.44 悖论式预言①

20世纪40年代早期出现了一种全新的、别具吸引力的悖论。虽然它的起源似乎不为人所知,但它迅速引起了公众的注意,多篇论文对它进行了详尽的讨论,《心灵》(*Mind*)杂志上就出现过至少9篇。② 我们将看到,悖论和我们的研究密切相关,因为它的力量与魅力源于这样一个事实——悖论只存在于人际间的持续互动中。

6.441

从大量揭示悖论本质的事例中,我们挑选了下面这则:

> 校长通知他的学生,下周会有一场意料之外的考试,可能在周一到周五之间的任意一天。学生们——似乎是老于世故的一伙人——向校长指出,除非他准备违背自己所通知的内容,即并不打算在下周某一天举行一场意料之外的考试,否则这世界上就根本不存在这样的考试。他们争辩道,要是到周四晚上仍然没有考试,那么考试就不可能出人意料地在周五举行,因为周五是剩下的唯一可能的考试时间。如果能够这样排除周五考试的可能,那么也能同样排除周四。显然,如果到周三晚上还没有考试,那么就只剩两天了:周四和周五。然而如前所述,周五可以被排除,那么就只剩周四了,一场必然在周四举行的考试自然不能被称为意料之外的考试。当然,同理可证,周三、周二乃至

---

① 本节的部分内容最先发表于他处(158)。
② 对部分早年实证性研究的综述以及对悖论的综合性阐述见内利希(Nerlich, 111),囊括悖论的绝大部分不同表现形式的摘要文献见加德纳(Gardner, 54)。

周一都可以被剔除:根本就不存在*意料之外*的考试。我们可以想象,校长静静地听完他们的"论证",然后说:周四上午举行考试。从校长宣布*他*准备在那天上午举行考试的那一刻起,*学生们*倒真的面临一场完全意料之外的考试了——它之所以是意料之外的,恰恰是因为他们坚信这场考试不可能是意料之外的。

上述文字中,要识别出大家现在已非常熟悉的悖论特征并不困难。一方面,学生们从校长的通知所设置的前提中看似严谨且符合逻辑地推导出结论:下周不可能出现意料之外的考试。另一方面,校长显然能在那一周的任何一天举行考试,且完全不会违背自己的通知内容。这条悖论最令人吃惊的是:仔细分析可以发现,这场考试即便是在周五举行,也仍然是出人意料的。事实上,这个故事的精髓在于周四晚上的情况,这周的其他几天只起到点缀故事并将问题复杂化的作用。到了周四晚上,周五就是唯一可能的考试日,这又使得周五的考试完全处于意料之中。"如果确有考试的话,那它一定是在明天,但它又不可能在明天,因为它必须是出人意料的。"这是学生的看法。然而,"周五的考试因在意料之中而不可能"这一推论又使得校长能够在周五,或者出于同样的原因,在该周任意一天举行考试,且完全同自己通知的内容保持一致。即便这群学生意识到他们得出的"不可能存在任何意料之外的考试"的结论正是可以出乎意料地举行考试的原因,这一发现也帮不了他们,它只能证明,如果到周四晚上他们能够料到考试在周五举行,并根据校长自己的规定排除举行考试的可能性,那么考试就*能*出人意料地举行,这反过来又使得考试的举行完全落入意料之中,进而使得它完全出乎意料……依此无限类推。因此,考试是不可预料的。

这里出现了一条真正的悖论:

① 这则通知包含*对象*语言层面的一条假设("有一场考试");

② 它包含了一条元语言层面的假设,该假设否定了①的可预测性,例如"这场(可预测的)考试将是不可预测的";

③ 这两条假设互斥;

④ 校长能够成功地阻止学生逃离自己的通知所设定的情境,并成功地阻止他们进一步获取能够帮助自己确定考试日期的信息。

6.442

对校长这一预言的逻辑结构的讨论暂告一段落。当我们考虑其语用学后果时,两条令人吃惊的结论出现了。第一条是,为了实现通知中的预言,校长*需要*学生得出相反的结论(即通知内容中描述的考试按照逻辑不可能存在),因为只有这样,他对意料之外的考试的预言才可能被证实。这就意味着,多亏了学生的诡辩,才产生了这样的两难境地。如果他们不这样聪颖,那么他们很可能会忽视该问题微妙的复杂性,从而安心期待这场出人意料的考试,让校长显得十分荒谬。因为,一旦他们——不合逻辑地——屈从于"出乎意料的必然是意料之中的"这一事实,周一到周五之间任何时间段举行的任何一场考试对他们来说就都不会是出乎意料的了。这就像是在说,有缺陷的逻辑反而显得更加实在。没有任何理由能说明为什么不能在那周的某天出人意料地举行考试,只有聪颖的学生才看不出这一无可否认的事实。

在对高智商的精神分裂症患者进行心理治疗时,人们一次又一次地得出这样一个结论:只要他们能够稍稍收起自己思维的锋芒,从而略微减轻这种思维对他们行为所造成的致瘫性影响,他们的境况就会好很多。他们的行事就好像陀斯妥耶夫斯基《地下室手记》(*Notes from Underground*)的主人公的后代,书中的主人公解释道:

> 先生们,我发誓过度的意识感是一种疾病,一种真正且彻头彻尾的疾病。(38,第132页)

随后又说:

> ……惯性最终战胜了我。你们知道意识最直接而合理的果实就是惯性,即有意识地十指交叉地坐着。我之前已经提到过这点。我再重复一遍,再强调一遍:一切"直接"动作的发出者之所以活跃,仅仅是因为他们既愚蠢又局限。怎么解释这一点?我来告诉你们:因其局限性,他们把即刻原因和继发原因作为原始原因,这样一来就可以比别人更快也更容易地说服自己,认为他们已经为自己的行为找到了绝对可靠的根基,他们的大脑现在轻松了,你们知道这是最主要的。你们也懂得,要开始行动,你首先要让自己的大脑完全放松,不能残留任何疑感。为什么要让我的大脑休息?或者怎样让它休息?我用作依据的原始原因在哪里?我的根基又在哪儿?我要从哪里获得它们?我不停思索,可结果是,每一条原始原因都立即引出另一条更为原始的原因,如此往复,无休无止,而这恰恰就是各种意识和思考的核心。(38,第139—140页)

或者与《哈姆雷特》(*Hamlet*,Ⅳ/4)相比较:

> 现在我明明有理由,有决心,有力量,有方法,可以动手干我所要干的事,可是我还是在说一些空话,"我要怎么怎么干",而始终不曾在行动上表现出来,我不知道这是为了鹿豕一般的健忘呢,还是为了三分懦法一分智慧的过于审慎的顾虑。①

就像我们在 6.435 节所见,如果双重束缚引发的行为能够让人分别想起偏执型、青春型和紧张型精神分裂症的表现形式,那么悖论式预言就和单纯型精神分裂症典型的淡漠与意志衰退等行为有关。

6.443

和上述这种明显是为草率想法所做的辩解相比,第二条结论也许更加令人困惑。如果学生并未毫无保留地相信校长,该两难境地同样不可能发生。学生的整个推导过程都建基于"校长值得也必须被信任"这样的假设。任何对他的可信度的怀疑即使无法从逻辑上消解这条悖论,也完全可以从语用学角度消解它。如果校长不可信,那么就没有必要把他的话当真,在这种情况下,学生所能做的也就是等待在下周一到周五之中的某天经历一场考试。(这表示他们只接受了通知中对象语言层面的那部分内容,如"下周将有一场考试",而不理会关于其可预测性的元沟通层面的内容。)因此我们得出结论,不仅仅是逻辑思维,信任同样让人易受这类悖论的影响。

6.444

这样的悖论在现实生活中似乎非常罕见,甚至可以忽略不计,可在精神分裂症性沟通中,情况却并非如此。带着"精神分裂症"这一诊断标签的人可以被认为是同时扮演了学生和校长两个角色。他像前文述及的学生一样,陷入逻辑和信任的两难处境,同时又处在校长的位置,因为他像后者一样,致力于用不可判定的资讯进行沟通。内利希肯定不会知道,他的论文的总结性评论对这类情况做出了如此精辟的总结,是多么适合我们的主题:"自相矛盾可以让人规避表达。如果你通过说自己什么也没说而成功地造成了自相矛盾,那么你就完全没有自相矛盾,你就能既吃掉自己的蛋糕,又保留它。"(111,第 513 页)

如果像 2.23 节和 3.2 节所假设的那样,精神分裂症患者试图回避沟通,那么该两难处境的"解决方案"就是去利用那些类似于"说自己什么也没说"的具有不可判定性的资讯。

6.445

即便跳出精神分裂症性沟通的"小圈子",人们依然能够发现悖论式预言在大

---

① 译文来自朱生豪译,沈林校:《莎士比亚全集》第 5 卷,译林出版社,1998 年版,第 363 页。

肆破坏人类关系。例如，P君得到了O君毫无保留的信任，如果P威胁O说，自己要采取行动使得自己变得不可信，那么悖论式预言就产生了。下面这个例子将详解这一互动形式。

一对夫妇因为妻子嫉妒心重得两人都无法忍受而去寻求精神科帮助。结果发现，这名丈夫是个异常死板且爱说教的人，他以自己绝对禁欲的生活方式以及"有生以来，我从来不给任何人怀疑我的理由"的信条为傲。来自完全不同家庭背景的妻子接受了互补型的弱势地位，但有一个地方无法改变：她实在不愿放弃自己的餐前酒。这个习惯使滴酒不沾的丈夫觉得特别恶心，他们几乎从结婚开始就对这个问题争执不休。大约两年前，丈夫在暴怒中向妻子吼道："*如果你不终止你的恶习，我就自己也发展一个。*"还扬言要和其他女性搞婚外情。这并未改变他们的关系模式。几个月后，丈夫决定让妻子继续喝酒以维持家庭和谐。恰恰从那时开始，她的嫉妒之火燃起来了。她那时的逻辑是：他绝对是值得信任的，所以他一定履行了威胁内容——对自己不忠了，他也就因此不值得信任了。该逻辑一直延续至今。可另一方面，丈夫也同样被困在自己的悖论式预言所编织的网中，显得非常无助。他无法让妻子相信，自己的威胁只是一时冲动，不应该被当真。他们都意识到自己坠入了自制的陷阱，找不到出路。

丈夫的威胁和校长的通知在结构上如出一辙。在妻子眼里，丈夫说的是：

① 我绝对值得信赖；

② 我现在将通过变得不值得信赖（不忠、不守信）来惩罚你；

③ 我要通过变得不值得信赖来保持自己的可信度，因为如果我现在不打破你对我在婚姻里可信度的信赖，我就将不再值得信赖。

从语义学角度出发，悖论来自"值得信赖"的两种不同意义。在①里，这个词被用于元语言中，用于阐释丈夫*所有*行为、承诺以及态度的共同特质。在②里，它被用于对象语言中，用来指称婚姻忠诚。"意料"一词在校长的通知里的两种应用也是这种情况。他的全部预言都一定会发生。换句话说，可预见性是这则预言所属的类的决定性特质。由此，如果该类中某个*成员*——即某则预言——的可预见性被否定，被否定的其实是较低层级的逻辑类型的可预见性，而不是作为该类特性的"可预见性"。从语用学角度来看，校长和丈夫的声明都造成了进退两难的情境。

6.446 信任——囚徒困境

在人类关系中，所有的预言都以某种方式同信任现象存在关联。假设P君交给O君一张个人支票，不过仅凭O当时所能得到的信息，O无法确知这张支票是否能够全部兑现。在这个例子中，P和O的处境完全不同。P知道自己的账户余额够不够兑现支票,可 O 只能选择相信或者不相信 P,[①]因为除非拿着支票去银行,否则他不可能知道支票能否兑现。到那时,他在信任和不信任之间的犹豫就会变成 P 从一开始就有的那种肯定。就人类沟通的本质而言,他人是无法参与那些只对自己开放的信息或知觉体验的。他人最多只能选择相信或者不相信,但永远不可能*知道*。另一方面,如果人们只依据一手信息或知觉行事,那么人类活动终将瘫痪。人类决定中的绝大多数都基于某种信任,因而信任总和未来的结果相关,具体地说,就是和可预见性相关。

至此我们认为,在互动中,一个人拥有一手信息,而另一个人只能选择相信或不相信有关这条信息的沟通。校长知道他要在周四上午举行考试,丈夫知道他不准备背叛妻子,填写支票的人(通常)知道账户余额够不够,不过在"囚徒困境"类的互动中,没有谁拥有一手信息,参与者都必须依赖自己对对方的信任,依赖对自己在对方眼中的可信度的试探性评估,以及依赖对预测对方决断过程的尝试,而且他们都很清楚,对方的决断过程很大程度上取决于自己对它们的预测。这些预测都不约而同地显现出悖论性。

囚徒困境[②]可以用如下矩阵来表示:

	b_1	b_2
a_1	5, 5	-5, 8
a_2	8, -5	-3, -3

这个矩阵中有两名参与者,即 A 和 B,他们各有两种可选行动。A 可以选择 a_1 或 a_2,B 可以选择 b_1 或 b_2。两人都非常清楚矩阵所设定的输赢方案。A 知道:如果自己选择了 a_1,而 B 选择了 b_1,他们每人都会赢得 5 分,但如果 B 选择了 b_2,A 就会输掉 5 分,而 B 会赢得 8 分。B 和 A 面临同样的情形。他们面临的困境是:他们都不知道对方将会选哪个选项,因为他们必须同时做出选择,而且还不能就他们的决定进行沟通。

通常我们会认为,无论这个游戏是只进行一次,还是相继进行多次,(a_2, b_2)都是最安全的一个,即使它会造成 A 和 B 都损失 3 分。[③] 更合理的解决方案当然是(a_1, b_1),因为它使两名参与者都能赢 5 分,但这种情形只会在两名参与者彼此信任的状况下出现。因为,如果 A 本着利益最大化和损失最小化的原则来参与这场博

[①] O 的信任或不信任显然受到他过去和 P 的互动经验(如果有的话)的影响,而且此时支票问题的结果还会影响将来 O 对 P 的信任程度。不过就当前目的而言,这点可以放在一边。
[②] 请大家记住,囚徒困境是一种非零和博弈。对每名参与者而言,他们的目标都是自己的绝对盈利,而不管他人是输是赢。因此,合作选项不仅没有被排除(与零和博弈不同),反而可能成为最理想的策略,而(在成功的博弈中)行动的随机选择则不再是自然可取的策略。
[③] 详细讨论见拉波波特(Rapoport, 122)及谢林(140)。

弈，且 A 有足够的理由相信 B 会完全信任自己并选择 b_1，那么 A 就有充足的理由去选择 a_2，因为（a_2, b_1）能够带给 A 最大的盈利。然而，如果 A 的头脑足够清醒，他一定能预测出 B 将循着相似的推理思路选择 b_2，而不是 b_1，尤其是当 B 也认为 A 足够信任自己，且自己也同样相信 A 会选择 a_1 时。因此，唯一可能产生的悲剧性结果就是（a_2, b_2）的决策组合，它将给两位参与者都造成损失。

这个结果绝不仅仅是理论性的，它很可能是婚姻治疗中人们反复遇到的问题最为简洁的抽象形式。精神科医生早已熟知，那些默默生活在绝望中的夫妻极少从他们的共同生活经历中获得满足。传统上，人们更倾向于假设其中一人或双方*各自*存在病理现象，并从中寻找造成悲剧的原因。他们可能被诊断为抑郁、被动攻击、自我惩罚、施虐受虐等，但这些诊断显然不能抓住他们所处困境*非独立*的本质，而这一点很可能与他们的人格构成无甚关系，而仅仅源于他们关系"博弈"的本质。这就好像他们在说："信任使我变得易受伤害，所以我要小心谨慎。"其中蕴含的预言就是："对方会利用我，占我的便宜。"

这正是绝大多数夫妻（在这个问题上也可以指国家）在评估或者定义相互关系时止步不前之处。那些头脑更聪明的人却不会止步于此，而这也是囚徒困境中的悖论最为明显的地方。一旦 A 意识到解决方案（a_2, b_2）虽然不是最糟糕的，但也仍然非常糟糕，而且 B 必然也会觉得它很糟糕，这个解决方案就显得不再合理了。接下来 B 一定会觉得没有理由去争取这样的结果，而这样的结论想必同样不会逃过 A 的预测。一旦 A 和 B 都认识到这一点，那么最合理的方案就不再是（a_2, b_2），而应该是双赢的（a_1, b_1）。如果选择（a_1, b_1），整个循环又将重新开始。无论他们怎样看待这个问题，每当推导出一个"最合理"的决定，总是会产生一个新的"最合理"的决定。这样一来，这个困境就和"考试仅在不可预见时才可以预见"的困境一样了。

6.5 小结

悖论是由正确的前提经过具有一致性的推导所产生的矛盾。对于三种悖论类型——逻辑学—数学悖论、语义学悖论和语用学悖论，我们感兴趣的是最后一种，因为它拥有行为学含义。语用学悖论和简单矛盾的区别在于，对后者而言，选择是一种解决方案，而对前者而言，做出选择几乎是不可能的。语用学悖论的两种类型分别是*悖论式命令*（双重束缚）和*悖论式预言*。

第7章 心理治疗中的悖论

7.1 选择的假象（The Illusion of Alternatives）

7.11 在《巴斯妇的故事》(*The Wife of Bath's Tale*)中，乔叟(Chaucer)讲述了亚瑟王手下一个骑士的故事。"有一天他兴高采烈地狩猎归来"，路上偶遇一名少女，然后强奸了她。这条罪行"引起了极大的愤慨"，骑士几乎为此付出生命的代价，但当亚瑟王让王后来决定骑士的命运时，王后及贵妇们却愿意赦免他。王后告诉骑士，如果他能回答出"女人最渴望的是什么"这个问题，他的性命就可以保全。她给骑士一年零一天时间去寻找答案，期限一到，骑士就必须回城堡，不然只有死路一条。骑士接受了这项任务。可以想象，一年很快过去了，最后期限来临，骑士走在回城堡的路上，却还没有想出问题的答案。这一次，他巧遇一位坐在草地上的老妇（"一个丑陋得超乎想象的巫婆"），老妇用预见性的口吻同骑士搭讪："骑士先生，这里没有阳关道。"听完骑士的困境之后，老妇对骑士说，自己能告诉他答案，但他必须发誓，"不管接下来我要你做什么，只要不超出你的能力范围，你都得照办"。骑士又一次面临两项选择（砍头，或者满足巫婆的愿望，不管这个愿望是什么），他当然选择了后者，并被告知了那个秘密（"女人最渴望得到独立自主权，能够掌控自己的丈夫，而且其爱情由她自己说了算"）。这一回答使得法庭上的贵妇们非常满意，于是，这名履行了自己这部分承诺的巫婆要求骑士娶自己为妻。新婚之夜来临，骑士绝望地躺在她身旁，无法克制自己对其丑陋容貌的厌恶。最后，巫婆再次给骑士两项选择：要不就是骑士接受巫婆的丑陋容貌，而巫婆将终生做一名真诚、谦恭的妻子；要不就是巫婆变成年轻美貌的少女，但永远不会忠诚于骑士。骑士面对这两项选择沉思良久，最终*一项也没选，而是拒绝了选择本身*。故事的高潮就包含在这句台词里——"我不赞同两项中的任何一项"（两者我一个也不选）。这时，巫婆不仅变成了美丽的少女，还成为最忠诚、顺从的妻子。

对骑士而言，女人分别以纯洁少女、王后、巫婆和荡妇的形象出现，尽管她们身着不同的装束，但她们的权力始终凌驾于骑士之上，直到骑士不再觉得自己有义务做出选择而被引入更深的困境，而是开始质疑选择本身的必要性。[①]《巴斯妇的故事》同时也是一篇女性心理佳作，因而得到了施泰因(Stein)妙趣横生的评析(148)。在我们的概念框架之中，我们可能会说，只要这类女人还能够通过无休止的选择的假象（当然，只要男人还不能从中脱身）来对男人进行双重束缚，她自己就没法得到自由，同时会陷入选择的假象中，仅有的选项是丑陋或乱交。

[①] 关于竹棍的禅宗 *心印*（一种悖论式冥想）可与之媲美："如果把它称作棍子，你就肯定了它；如果说它不是棍子，你就否定了它。超越肯定和否定之外，你会把它称作什么呢？"

7.12　选择的假象　这一术语最早出现在威克兰德和杰克逊(161)所写的一篇有关精神分裂症发作期患者人际环境的报告中。他们观察到,为了从两个选项中做出正确选择,精神分裂症患者面临如下典型困境:鉴于该沟通情境的本质,他们无法做出正确的决定,因为这两个选项都是双重束缚的组成部分,因而患者怎么选都是错。实际上并不存在"可以"选择的"正确"选项——"可以做出也应该做出选择"这个设想本身就是个假象。① 要认识到不存在任何选项,意味着不仅要认清那些供选的"选项",还要了解双重束缚的本质。事实上,正如 6.431 节所述,阻断一切从双重束缚情境中逃离的可能,继而导致无法从外界对其进行审视,是双重束缚的基本要素。陷入该情境的人们就像被问及"你是否已停止对妻子实施暴力?回答'是'或'不是'"的被告一样,倘若以"我从来没打过妻子,所以这两个选项均不适用"为理由拒绝做出选择,就会被按藐视法庭论处。这个例子中的审问者知道自己正在耍花招,但现实生活中的人们通常没有这样的洞察力。正如我们已经观察到的那样,悖论式沟通无一例外地束缚了所有相关人士:巫婆和骑士都受限于此,6.445 节中的丈夫和妻子也一样。这样的例子不胜枚举。这些模式的共同特点是:*在内部*不能做出任何改变,只有*走出*这个模式才能做出改变。现在我们将考察成功干预的问题——为这样的系统带来改变。

7.2　"无结局游戏"(The "Game Without End")

首先我们来看一个高度理论化的实例。设想一下:

两个人准备玩一个游戏,游戏规则是:在他们的交流过程中,要用否定代替肯定,用肯定代替否定,因而"是"就变成了"否","我不想"变成了"我想",等等。我们能够看出,他们之间的信息编码是一种语义学约定,与共用一种语言的双人交流时所使用的无数其他约定相类似。然而,这场游戏一旦开始,参加者就无法轻易返回他们之前"正常"的沟通模式了。为遵守意义反转的游戏规则,"让我们停止游戏"的资讯其实表示"让我们继续"。要停止这场游戏,必须跨出这场游戏并针对它进行沟通。显然这样的资讯必然要以元资讯的形式出现,但不管人们尝试用什么样的修饰语来达到该目的,这个修饰语本身都必须遵从意义反转的规则,因而也就毫无用处。"让我们停止游戏"的资讯是不可判定的,因为:①它在对象语言层面(作为游戏的一部分)和元层面(作为关于这场游戏的资讯)都具有意义;②这两重意义是相互矛盾的;③游戏古怪的本质并没有提供一项流程,来让游戏参与者决定到

---

① 当然,这正是双重束缚和简单矛盾的基本区别(6.434)。

底是选择这重意义还是那重意义。不可判定性使得他们一旦开始游戏就无法停止。我们把这样的情形称为"无结局游戏"。

也许有人会争辩说,这个困境完全可以避免,游戏随时可以按照人们的意愿终止,只要说出意义相反的资讯——"让我们继续玩"——就行了。如果仔细探究,我们将发现,从严格的逻辑视角出发,事实并不是这样的。因为,正如我们已反复见到的那样,没有任何在既定框架(此处指意义反转游戏)中做出的陈述能够有效地对该框架进行主张。即便一名游戏者给出"让我们继续玩"的资讯,而另一名游戏者按照反转规则将其理解为"让我们终止游戏",如果后者保持严格的逻辑性,那么他也依然面对着一条不可判定的资讯,因为游戏规则根本不认可元资讯,而一条建议终止游戏的资讯必然是一条元资讯。按照游戏规则,每条资讯都是游戏的一部分,没有任何一条能够幸免。

我们用了较长的篇幅来介绍这个例子,因为它不仅类似于5.43节中的戏剧性实例,还是发生在现实生活中的无数关系困境的典型代表。它强调了我们目前考察的这类系统的一个重要方面:一旦达成反转意义的协定,这一协定就无法再被这两个人所改变了,因为要改变它,他们就不得不进行沟通,而他们的沟通恰好就是游戏的内容。这意味着,这样的系统无法从*内部*做出改变。

7.21 为防止陷入困境,游戏参与者可能会做些什么呢?有以下三种可能:

① 游戏参与者可能已经预见了游戏开始后会需要对游戏进行沟通,所以达成协议:用英语玩游戏,用法语进行元沟通。因此,任何用法语做的陈述,比如终止游戏的提议,将毫无争议地位于受意义反转规则制约的资讯体系之外,即处于游戏本身之外。它将形成该游戏完美而有效的判定程序。不过,这种方法在人类实际沟通中并不适用,因为根本就不存在一种专门用于对沟通过程进行沟通的元语言。事实上,行为和狭义的自然语言在沟通中既被用于对象语言层面,又被用于元语言层面,正是它导致了某些我们在本书中描述的问题(1.5)。

② 游戏参与者可能在之前某个时候对时间限制达成一致,在时限到期之后,他们将返回正常的沟通模式。值得注意的是,这个解决方案虽然不适用于人类实际沟通,但它想到了求助于一个未被卷入游戏的外部因素——时间。

③ 这就引出了第三种可能性,它似乎是唯一一种普遍有效的程序,并且具备一项附加优势——它在游戏开始后仍可采用:游戏参与者可以把自己的困境交由第三者来处理,而他们与这个第三者之间都维持着正常的沟通模式,可以请这个第三者来结束游戏。

通过比较有无中间人干预的无结局游戏案例,中间人干预的治疗性优势将会变得更加清晰。

假设存在这样一个国家，宪法规定议会可以无限制地进行讨论。人们很快就发现这条规定不具可行性，因为所有党派都可以简单地通过无休止地发表演说来阻止任何决定的达成。显然，这部宪法必须修订，但修正案的采纳也同样受到无限讨论这一需要被修订的规定的制约，因此会被无休止的讨论无限拖延。该国政府机关由此完全瘫痪，无法对自己的法规进行任何改变，因为这是一个无结局游戏。

这个例子中不存在任何位于宪法所代表的游戏规则之外的中间人。可以想象，唯一能够引发的改变将是暴力性的：通过一场革命，一个党派取代另一个党派执政，进而颁布新的宪法。对于身陷无结局游戏的个体而言，其人际关系中的这种暴力性的改变往往意味着分离、自杀或谋杀。正如我们在第5章中看到的那样，乔治"谋杀"了假想的儿子就是这类母题中一个不那么暴力的变体，乔治借此打破了他和玛莎婚姻游戏的旧规则。

7.22 在我们看来，第三种可能性（外界干预）正是 *心理治疗性干预的样板*。也就是说，作为局外人的治疗师能够提供系统本身无法生产的东西：自身规则的改变。比如，在6.445节的例子中，夫妻俩陷入了无结局游戏，游戏的基本规则源于丈夫自称绝对可信，以及妻子完全接受他的这项自我评价。在这场关系游戏中，当丈夫承诺自己将变得不可信（不忠）时，不可挽回的悖论产生。情况之所以不可挽回，是因为就像其他无结局游戏一样，人们在该情境中必须遵从规则，但缺乏元规则来改变这些规则。在这类情形下，心理治疗性干预的核心是形成新的、放大了的系统（丈夫、妻子和治疗师），在这个系统中，不仅可以从外界审视旧的（夫妻双方）系统，而且还允许治疗师为新的关系游戏制定有益于实现治疗目标的规则。①

7.3 症状处方（Prescribing the Symptom）

7.31 治疗性沟通必须优于案主自身及其亲朋好友给出的建议。诸如"对对方好一点儿"、"不要招惹警察"之类的指示很难有什么治疗作用，虽然它们天真地勾勒出对改变的渴望。这类指示基于如下假设："只要有点儿意志力"，事情就能被改变。因此，相关人员完全可以自主地在健康和悲惨之间做出选择。然而这种假设只是一

---

① 然而，以我们自己以及该领域的其他许多工作人员的经验看来，成功的治疗性干预受到时间这一重要因素的制约。对于人类关系的本质，治疗师似乎只能在一段极其有限的时间内试着达成自己的目标。新的系统很快就会固定下来，而治疗师也会纠缠其中，到那时再想引发改变，就比治疗开始时困难多了。如果家庭成员中有一名精神分裂症患者，那就更是如此。他们对任何威胁他们僵化稳态（尽管其表现是混乱而肤浅的）的事物的"吸收"能力让人惊叹。一旦某位治疗师感到自己陷入与患者的游戏当中，恰当的做法是向另一位治疗师寻求帮助。只有通过和其他治疗师谈论这一问题，他才能走出限制他的框架。

种选择的假象，患者随时都能以"我没办法控制"来否决那些提议，对此我们无法反驳。真诚的患者——这里指那些并非有意装病的人——在向他人揭示自己的痛苦之前，通常早已尝试过各种自制努力或意志练习，但均以失败告终，他们也已听过好多遍"振作起来"的鼓励。症状的核心中有一些东西，它们是非自愿的，因而具有自发性。也就是说：某一症状是自发行为的一部分，正因为它的自发性是客观存在的，所以患者将其体验为某种无法控制的东西。正是在自发性与强制性之间的来回摇摆造成了症状的悖论性，无论是在患者的体验方面，还是在对他人的影响方面，情况都是如此。

如果一个人想要影响另一个人的行为，原则上只有两种方法。第一种是尝试改变后者的行为。如刚才所见，这种方法终会失败并导致症状产生，因为患者没办法有意识地控制这些行为。另一种方法(如 7.5 节中的例子)是要求后者表现出和此前一样的行为。依据之前的分析脉络，这是一种"自发"悖论。如果要求某人做出某种被认为具有自发性的行为，那么他就不能再自发行事了，因为这一要求使得自发变得不再可能。① 依此类推，如果治疗师要求患者表现自己的症状，其实是希望引发自发行为，并通过这种悖论式命令，促使病人产生行为学方面的改变。此时，造成症状的行为就不再是自发的了。通过遵从治疗师的命令，患者走出了症状性的无结局游戏的框架，而在那之前，没有任何元规则可用于改变游戏自身的规则。"因为我没法控制"而做某事，与"因为我的治疗师要求我去做"而做某事，两者是完全不同的。

7.32 症状处方技术(用于消除症状的双重束缚技术)似乎同精神分析取向的心理治疗彼此矛盾，后者明令禁止对症状的直接干预。可是最近几年，许多证据共同支持这一主张：只要能消除症状，就不会产生悲惨的后果——当然，这取决于如何处理症状性行为。② 例如，神经性厌食症患者如果被强制喂食，毫无疑问会变得抑郁并出现自杀倾向，这不是我们这里所说的治疗性干预。有一点我们需要铭记于心，一个人对治疗结果的期望取决于他的治疗哲学。比如，所谓行为治疗师〔沃尔普(Wolpe)、艾森克(Eysenck)、拉扎勒斯(Lazarus)等〕在情感性障碍患者身上运用学习理论而非精神分析理论，因此几乎无需担心单纯的对症治疗法可能带来什么不良后果。如今，人们已经开始认真对待他们的断言——消除旧症状不会引发更糟糕的新症状，而且病人也不会出现自杀倾向。同理可证，如果要求一名患

---

① 我们很容易观察到这类沟通所造成的不可避免的后果。如果 P 一边盯着 O 看，一边评价说："你坐在椅子上的样子看上去特别放松。"他甚至没有指定 O 做动作，而只是描述了 O 的行为，O 也很可能会立马感到局促不安，并不得不变换姿势以便重获舒适和放松。还有这样一则寓言，蟑螂问蜈蚣怎样做到如此轻松而协调地迈开自己那上百条腿，从那一刻起，蜈蚣再也走不来路了。

② 只使紧密关系中的一个人发生改变，就是一种不处理症状性行为的方法(7.33)。

者表现自己的症状,而他在这么做的过程中发现自己能够摆脱这一症状,那么在我们看来,这基本上等同于经典精神分析中"洞察"的效果,尽管他似乎并没有悟到什么。不过,即便是在现实生活中,无处不在的改变也很少在"洞察"的陪伴下出现,更多的情况是:此人发生了改变却不知为何。我们甚至可以说,从沟通的角度看,也许大多数传统的心理治疗形式都远比其表面上看起来更具症状取向。惯于有意忽视患者病症的治疗师都在明显或不明显地传达着某种信号——此时此刻出现这样的症状是完全可以接受的,唯一有影响的是藏在症状"背后"的东西。这种对症状的放任态度在疗效方面的作用也许还远远没有得到足够的重视。

7.33 还有一点非常重要,精神病理学系统取向的互动观点迫使我们与行为治疗师结为盟友,而且从更广泛的意义上说,这也确认了精神动力学派对于单纯的症状缓解的担心。当我们把病人视为孤立的个体时,确实可以看到行为(去适应)疗法的卓越疗效,但与此同时,我们却忽略了理论以及病史报告中提到的关于病人情况的重大改善所产生的影响效果方面的内容。从我们的经验来看(4.44、4.443),这种改变通常伴随新问题的出现或家庭中另一成员既有情况的恶化。有关行为疗法的文献给我们这样的印象:治疗师(假设他只面对单个患者)看不到上述两种现象间的任何关联,即便向其指出这一点,在出现新问题时,他仍会选择孤立、割裂的思考方式。

7.34 症状处方技术可能早已被直觉型的精神科医生使用多年。据我们所知,是邓拉普(Dunlap,39、40)首先于1928年引入了这一概念,将其用于一段讨论消极暗示的文章之中。他只对其进行了简要描述:他的方法包括,告诉病人他(指病人)*不能*做某事,从而激发他做这件事的动机。弗兰克尔(Frankl,46、47)把这种干预方式称为"悖论式意图"("paradoxical intention"),却未对其有效性给出任何理论阐释。在精神分裂症患者的心理治疗中,罗森(Rosen)将此技术作为*直接分析*(129)的重要手段,他把它称为"反证法"("reduction ad absurdum")或"再扮精神病"("re-enacting the psychosis")。对该技术的详细描述请见舍夫兰(Scheflen)的综述(137)。而"症状处方"这一术语诞生于贝特森的"精神分裂症家庭治疗"项目("Family Therapy in Schizophrenia" project)。这个项目团队详尽阐释了该技术悖论性的双重束缚本质。比如,海利(60,第20—59页)指出,这类悖论式命令在几乎所有催眠导入技术中都起着重要作用,他还列举了米尔顿·埃里克森(Milton Erickson)的技术和他自己在实践过程中将悖论式命令用于催眠治疗的诸多实例。杰克逊(71、72和77)撰文介绍了该方法的应用,特别是在偏执型患者中的应用,我们也将在后文中更为详尽地叙述他们的工作。杰克逊和威克兰德(75)曾在一篇早期论文中讨论过该技术在家庭治疗背景下的运用。

7.4 治疗性双重束缚(Therapautic Double Binds)

可被归入治疗性双重束缚概念的悖论式干预方法有许多种类,症状处方只是其中的一种,因而也只是治疗性沟通的形式之一,传统上还有许多方法被用于心理治疗。在本章中,我们把注意力放在悖论式沟通的疗效上,那是因为从沟通的角度来看,它是我们目前所知最为复杂、最强有力的干预方式,还因为我们很难想象症状性双重束缚能够被反双重束缚以外的任何事物打破,或者无结局游戏能够被任何复杂程度低于其逆游戏的事物所打破(155)。以毒攻毒(Similia similibus curantur)——换句话说,任何已知能使人们变得疯狂的事物必然最终能被用于让人恢复理智。这并非否定治疗师人性化的态度所具有的重要作用,也不是说坚定、理解、真诚、温暖和热情在这种情境中不起作用,更不是暗示只有策略、游戏和手段才要紧。如果治疗师不具备上述品质,心理治疗将不可想象。在后面的例子中我们可以看到,人们常将较为传统的解释和理解技术与双重束缚干预技术协同运用。由此可见,要处理悖论性的、复杂的紊乱型互动,单独运用上述技能是不够的。

从结构上来看,治疗性双重束缚是病理性双重束缚的镜像(6.431)。

① 它预设了一段联系紧密的关系,在这里指心理治疗情境,它对患者而言具有高度的生存价值,而且患者对其期望值很高。

② 在这个情境下,下达一条命令,它(a)强化患者期望改变的行为,(b)暗示该强化是改变的媒介,(c)由此制造悖论,因为患者被告知需要通过保持不变来达到改变。此时,患者身处关于其自身病理状态的进退两难之中。如果他服从命令,就不可能继续"没法控制不做这件事";如果他继续做"这件事",那么,就像我们试图展示的那样,将使"做这件事"变得不再可能,而这正是治疗的目的。如果他拒绝接受这条命令,那么他就只能通过*停止*症状性行为来表现自己的反抗。如果病人在病理性双重束缚情境中是"怎么做都是错",那么在治疗性双重束缚中,他就是"怎么做都在改"。

③ 治疗情境使得患者无从回避,否则只能通过对其进行评论的方式来解决悖论。① 因此,虽然命令本身从逻辑上看是荒谬的,但它事实上极具运用价值;患者不能够不对其做出反应,也不能用其惯用的、具有症状性的方式对其做出反应。

下面的例子旨在呈现治疗性双重束缚为何总是能够推动患者跳出其所处的困

---

① 这一点可能不是特别能够让人信服,但在实践中,我们发现极少有患者会不接受这样的命令,即使那命令极为荒诞(例如,"我想让你增加自己的痛苦"),而且他们接受命令时通常不加质疑。

境。个体想要摆脱自己的症状，或者 n 个人想要结束无结局游戏，单凭他们自己是无法做到的，但当原系统扩展为更大的系统，并且纳入一名专家级的局外人时，改变就变得可能了。这不仅使得每个相关人员能够有机会从外界审视旧系统，同时还允许将旧系统内部无法生成的元规则引入其中。

治疗性双重束缚理论部分的介绍暂告一段落，它的实际应用其实是个更为棘手的问题。在这里，我们也许可以这么说：选择恰当的悖论式命令极端困难，其中若是存在哪怕最微乎其微的破绽，患者通常都能不费吹灰之力地发现这个破绽，并借此从治疗师设计的两难情境中逃离。

7.5 治疗性双重束缚实例

下面这组例子并不是特别具有代表性，也不比 7.34 节所引的参考文献中的例子更具说明性，但它们能够展示该治疗技术的一些可能的应用方式，勾画出个体治疗与联合治疗的实景，并涵盖多种诊断实体。

例 1：我们在讨论双重束缚理论时已经提过，偏执型病人常会把对意义的探寻扩展到细枝末节之处和毫不相关的现象中，因为对中心事件（悖论）进行正确感知和评论对他而言已经不可能了。事实上，偏执型行为最显著的表现就是极端多疑，然而这些怀疑的切实性却是无法加以检测的，因而它们既不能被证实，也不能被排除。因此，虽然病人看上去显得淡漠且无所不知，但他其实正经受着生活经验存在巨大空缺的折磨，阻止正确感知的持续命令具有两重作用：一方面阻止病人用恰当的信息来填补这些空缺，另一方面又会加强他的怀疑。基于悖论式沟通，杰克逊（72,77）开发了一种同偏执型病人互动的特殊技术，可以称之为*教患者更多疑*。他给出的两个例子如下所示：

① 病人表示，担心有人会在治疗师办公室里偷偷安装窃听器。治疗师不仅没有试图与其争辩，反而表现出"适当"的关心，提议在访谈开始前对办公室进行彻底搜查，从而将病人置于治疗性双重束缚之中。病人面临选择的假象：要不就接受一起搜查的邀请，要不就放弃自己的偏执观念。病人选择了前者。细致入微的搜查开始后，他变得越来越不确定，并越来越为自己的多疑感到尴尬，但在共同完成办公室所有犄角旮旯的搜查之前，治疗师绝不会善罢甘休。之后，病人突然对他的婚姻做了一番很有意义的描述。事实证明，在这方面他有足够的理由心存怀疑。当他把注意力放在怀疑那些与真正的问题毫不相关的事物上时，他就使自己无法有效地应对自己真正关心和怀疑的事。如果病人选择后者，否决治疗师有关搜查办公室的建议，那么说明他可以自行打消疑虑，或者把这一疑虑当作不值一提的小

事。无论他做出哪种选择,"怀疑"的治疗功能都能发挥恰当的作用。

② 精神科住院医生示范了一些与孤僻的精神分裂症患者建立和谐关系的技巧。有一名病人是个高大的、蓄有胡须的年轻男性,他认为自己是上帝,并将自己同其他病友及医护人员完全隔离。走进示范教室时,他故意把椅子放在距离治疗师约二十步远的地方,而且对任何提问或言谈都不予理会。治疗师告诉他,把自己当成上帝是个危险的想法,因为他可能轻易地陷入自己全知全能的错觉之中,从而放松警惕,不再对周围发生的事件进行持续检视。治疗师说,如果他想要冒这个险,那么这完全是他自己的问题,若他想让别人把他当成上帝来对待,治疗师可以予以配合。在制造这种双重束缚的过程中,病人越来越紧张,但对正在发生的事情却非常感兴趣。治疗师从口袋里掏出病房钥匙,跪在病人面前把它交给他,并声称,既然他是无所不能的上帝,那他就不需要这把钥匙,但由于他是上帝,他比医生更有资格拥有这把钥匙。治疗师一回到办公桌前,病人就把椅子挪到距离治疗师不到两步的地方。病人身体前倾,诚恳、真挚地说:"天啊,我们两人中绝对有一个疯了。"

例2: 不仅是精神分析,绝大多数心理治疗的情境设置都富含双重束缚的暗示。弗洛伊德早年的合作者汉斯·萨克斯(Hans Sachs)曾意识到精神分析的悖论性本质。他的名言是:"当患者意识到分析可以一直持续下去时,分析就停止了。"这句话使人联想到佛教禅宗的信条——当学生意识到,根本就不存在秘密,也没有什么终极答案,因而继续发问没有任何意义时,顿悟就产生了。这一主题的拓展讨论请参见杰克逊和海利(76)的研究,我们在此仅对其做简要总结。

人们习惯上认为,在移情的境况下,患者会"退行"到早年"不合时宜"的行为模式中。杰克逊和海利再次逆向思考,他们自问:"在精神分析情境中,什么行为才是合时宜的?"从这一角度来看,面对这个由沙发、自由联想、强加的自发性、费用、严格的时间表等组成的治疗程式,唯一的成熟反应似乎就是拒绝整个情境,而这正是亟需帮助的患者不可以做的。由此,人们为古怪的沟通情境搭建好了舞台。下面是其中涉及的部分较出色的悖论。

① 病人期待分析师变成指导自己行为的专家。分析师则让病人做主导、对治疗过程负责,既要求病人表现出自发性,同时又设立规则,完全限制病人的行为。病人实际上是在"被"自发。

② 无论病人在该情境中如何表现,他都将面临悖论式的反应。如果他说自己没有改善,那么他将被告知,这是由于他的阻抗在起作用,而且这也是有益的,因为它给他提供了一个更好地了解自身问题的机会。如果他说他相信自己正在改善,那么他会被告知,这是企图通过在真正的问题得到分析之前假装恢复健康以抗拒治疗。

③ 病人处在一个无法像成年人一样行事的情境之中,而当他无法像成年人一

样行事时，分析师就会把他的幼稚行为解释为童年期的某种固结，其在当下的存在是不恰当的。

④ 更深一层的悖论存在于一个异常微妙的问题之中——精神分析关系到底是强迫性的还是自愿性的？病人被不断告知，这种关系的建立出于自愿，因而是对等的。然而一旦病人迟到或错过一场访谈，或者违反了任何一条规定，我们就能明显看出这种关系是强迫性的，互补型的，而且处于强势地位的是分析师。

⑤ 一旦"无意识"这一概念被调用，治疗师的强势地位就会变得特别明显。如果病人否认（治疗师的）一项解读，那么治疗师总能将其解释为自己正在指出患者没有意识到的东西，因为这完全符合"无意识"的定义。另一方面，如果病人试图宣称什么东西属于无意识，治疗师就能予以否认，并指出，如果这是无意识的，那么病人根本就无法发现它。①

由此可见，无论分析师为促发改变还做了些什么，治疗情境本身就是一个复杂的双重束缚，病人在其中"怎么做都在变"。我们还可以看出，不仅仅在严格的精神分析治疗情境中是这样，在更广泛意义上的各种心理治疗中也都如此。

例3：医生本应治愈疾病。从互动的角度来看，这把他们置于一种非常奇妙的地位：只要他们的治疗还算成功，他们就在医患关系里处于互补型关系中的强势地位。可另一方面，如果他们所做的努力失败，那么地位就反转了：此时，医患关系的本质转而受病人情况的棘手性支配，医生处于弱势地位。医生很可能遭遇来自某些病人的双重束缚。这些病人或是常常出于某些隐秘的原因而难以接受积极的改变，或是更注重在关系中获取强势地位，不管对方是医生还是其他什么人，也不管这样是否会给自己造成痛苦与不适。无论是哪一种情况，这些病人似乎都在用自己的症状来传递一条信息："帮帮我吧，但我不让。"

一名中年妇女因为严重的持续头痛被转介给精神科医生。她在一场意外中枕部受伤，之后不久出现了疼痛症状。这次创伤已经完全康复，并未出现任何并发症，而且详尽无遗的医学检查也没有发现任何可能导致其头痛的因素。病人已经从保险公司拿到了适当的补偿，不存在任何悬而未决的法律诉讼或进一步索赔的企图。在被转介给精神科医生之前，她已经在一家大医院中接受了众多专家的检查和治疗，诊治过程中积累了数量惊人的文件，俨然造成了这些医生极大的职业挫败感。

在研究她的案例时，精神科医生意识到，有了这些医疗"失败"史，任何有关"心理治疗可能*有帮助*"的暗示都将在一开始就摧毁治疗成功的可能性。因此，他给

---

① 这里提到的人际影响并没有否认无意识的存在，也没有否定其作用(1.62)。

出了这样的开场白：基于所有先前的检查结果，以及没有任何治疗能够带来症状的丝毫缓解这一事实，她的情况毫无疑问是不可逆的。这一令人遗憾的事实意味着，他唯一能为她做的事，就是帮助她学习如何与疼痛共同生活。听到这个解释，病人勃然大怒。她异常尖刻地质问道：难道这就是精神医学的所有能耐吗？精神科医生晃了晃她那叠厚厚的病史资料，然后再次强调：这些证据证明，她的情况根本没有任何改善的希望，她必须学会向这一事实妥协。一周后，当病人回来做第二次访谈时，她宣称自己已不像从前那样严重地遭受头痛困扰了。精神科医生对此表现出极大的关注，他非常自责，因为没有事先警告病人有可能出现这样暂时性的、纯主观的疼痛缓解。他表示担忧：现在疼痛可能会不可避免地恢复昔日的强度，她则可能因为对仅为暂时性的疼痛减轻现象抱有不现实的希望而变得更加悲惨。他再次拿出她的病史资料，指出其已详尽无遗，并又一次强调：她越早放弃任何有关病情改善的希望，就能越早学会在这样的处境下生活。从那时起，该病人的心理治疗发生了巨大的转变：一边是精神科医生越来越怀疑自己对她是否有价值，因为她不愿意接受其自身情况的"不可逆转性"；另一边则是病人恼怒且不耐烦地不断声称自己已经好转。在这场比拼的间歇，大量的访谈时间被用来探索该妇女人际关系的其他重要方面。她最终获得了极大的改善，并自己决定终止治疗，因为她已经明显意识到自己和精神科医生的游戏可以永远进行下去。

例 4：基于悖论式沟通的简单心理治疗通常特别适用于上述心因性疼痛类案例。治疗师通常能够在第一次接触时就施加治疗性双重束缚，有时甚至在新病人进行电话预约时就开始了。如果治疗师有理由确定疾病的心因性，他也许会在电话里提醒新病人，病情在第一次访谈之前表现出明显改善的案例并不少见，但这种改善是转瞬即逝的，不应对其抱有任何希望。如果病人在第一次赴约之前并没有任何改善，那也没有什么坏处，病人会感激治疗师的关心和预见性。如果他真的觉得好点儿了，对治疗性双重束缚的进一步构建就该登场了。治疗师接下来可以解释，心理治疗并不能消除疼痛，但病人的疼痛通常"迟早能够转移"或"减轻其强度"。比如，要求病人说出，在每天的哪个时段（长为两小时）承担更多的疼痛对他而言最能接受，然后要他在这两个小时中增加疼痛的强度，其背后隐含的意义是，他在每天的其他时段感觉会较好些。这种方法最妙的地方就是，病人在选定的那个时间段真的会像治疗师提议的那样感到更严重的疼痛，其间并没有意识到，他实际是在某种程度上控制了自己的疼痛。当然，治疗师绝不会建议病人努力让自己感觉更好，相反，他会像例 3 那样，对情况改善持怀疑的态度。更多这类悖论技术的实例，包括其在失眠、遗尿、抽动及诸多其他情况下的运用，请见海利的著作（60，第 41—59 页）。

例5：一名年轻大学生面临着不及格的危险，因为她无法及时起床去上8点的课。无论她怎么努力，都很难在10点前赶到教室。治疗师告诉她，这个问题可以用一个非常简单但却不那么愉快的方法来解决，他敢肯定她不会合作。这促使女孩儿（她对不远的将来非常担心，并已经在访谈进程中和治疗师建立起了适度的信任）许下承诺，无论治疗师让她做什么，她都会照做。治疗师要她把闹钟设定在7点，而且当闹钟在早晨响起时，她会面临两种选择：要不就起床、吃早餐并在8点赶到教室，此外无需再做任何事情；要不就像往常一样依然赖在床上。在后一种情况下，她不能像往常那样在将近10点时起床，而是必须再把闹钟设定在上午11点，而且当天和第二天都得到闹钟响起后才能起床，在这两个上午，她除了睡觉或躺在床上等起床之外，不能读书、写作、听收音机或做任何其他事情，11点后才可以随意做自己想做的事。不过在第二天的傍晚，她需要再次把闹钟设定在清晨7点，如果她还是不能在闹钟响起时起床，她就必须再一次在那天及其后一天的上午在床上待到11点，依此类推。最后治疗师告诉她，如果她出于自由意志接受了这项协议却没能遵守其中的条款，那么自己这个治疗师对她而言便是毫无用处的，只能因此终止治疗。由此，治疗师完成了双重束缚。得到这条让人愉快的指示后，女孩儿很高兴。三天后，她回来参加访谈，汇报说她第一天早晨像过去一样没办法及时起床，不得不按照指示在床上躺到11点，但这段强制性的卧床休息（特别是从10点到11点这段时间）无聊得让人无法忍受。第二天早晨情况甚至更糟，7点一到她就完全没有办法再多睡一分钟了，可是闹钟直到11点才会响起。打那以后，她开始去上早晨的课，至此方有可能探究她的大学生活遭遇失败的可能原因。

例6：父母和两个女儿（分别为17岁和15岁）参加家庭联合心理治疗。治疗进入某个阶段时，父母间长期存在的关系问题开始显现。这时，大女儿出现了明显的行为改变。她开始争辩，想尽一切办法转移话题。不管父亲用什么办法来控制她都无济于事。女孩儿最终告诉治疗师，她绝无任何可能继续配合治疗。治疗师回应她说，她的焦虑是可以理解的，而且自己也*希望*她能竭力干扰并且不要合作。治疗师用这条简单的命令把她置于进退两难的处境：如果她继续干扰治疗进程，她就是在合作，而她已经下定决心不这么做了；如果她不想执行这条命令，她就只能不进行干扰，不拒绝合作，而这能够使治疗不受干扰地继续下去。当然，她也可以拒绝继续参与访谈，但治疗师暗示，这样一来她将成为访谈讨论的唯一对象，由此阻断她的逃避之路，因为他很清楚她无法面对这样的情形。

例7：嗜酒的丈夫或妻子通常同自己的配偶保持某种刻板的沟通模式。为了简化案例，我们假定丈夫是饮酒者，不过即使角色颠倒，其整体模式也不会有明显的改变。

首先遇到的困难是事件序列分割法方面的不一致。例如,丈夫可能会说自己的妻子控制欲很强,而他只有在小酌之后才能稍微感觉自己像个男人。妻子则会立马回应道:她非常乐意交出指挥权,只要丈夫能够多表现出一点责任心,正是因为他每晚都喝得烂醉,自己才不得不照顾他。她可能还会接着说:多亏自己在,丈夫才没有因为在床上抽着烟睡觉而把房子给烧了。丈夫很可能随即反驳:如果他还是个单身汉,做梦都不会冒这个险。也许丈夫还会补充道:这就是个极佳的例子,可以显示出妻子对他的贬损所造成的影响。不管怎样,经过这样的几个回合,即使是无关的局外人也能轻易看出他们面临的无结局游戏。在不满、沮丧和批评表象的背后,他们都借助某种抵偿物来确认对方(73):丈夫使妻子成为清醒、理智且具有保护性的人;而妻子则使丈夫可以不负责任、幼稚,总而言之,可以做一个被误解的失败者。

对于这类夫妻,可以采用一种治疗性双重束缚方案,比如指导他们共同饮酒,附加条件是妻子必须总比丈夫多喝一杯。把这条新规则引入他们的互动,实际上打破了旧的模式。首先,饮酒成了一项任务,而不再是"丈夫无法控制"的事情。其次,他俩都得持续关注他们饮酒的量。第三,如果妻子通常只是有节制地饮酒或者根本就不喝酒,那么她很容易就会达到醉酒程度,需要丈夫来照顾*她*。这不仅是将他们的习惯角色彻底反转,还在饮酒这件事上把丈夫置于两难境地:如果他遵从治疗师的建议,他就不得不停止喝酒或强迫妻子多饮酒,代价是让她身体不适或更加无助等。如果他的妻子不能再喝了,而他想要打破(妻子必须比他多喝一杯)规则从而继续独自饮酒,他将面临守护天使被剥夺这一陌生情境,甚至不得不对自己和妻子两个人负责。(当然,我们并不是说让夫妻俩共同执行这一建议是件容易的事,也不是说这种干预方式对酒精依赖"有治愈作用"。)

例8:一对夫妻因觉得彼此争吵过多而寻求帮助。治疗师没有把注意力放在分析他们的冲突上,而是重新定义他们的争吵。他说,他们实际上是彼此相爱的,他们吵得越多,爱得就越深,因为他们非常想与对方待在一起,况且他们这种争吵方式是以深层次的情感卷入为前提的。无论这对夫妻觉得这样的解释有多么荒谬——或者恰恰*因为*这种解释对他们而言如此荒谬——他们都会试图向治疗师证明他的观点大错特错,而最好的方法就是停止争吵,以证明他们并不相爱。一旦他们停止争吵,他们就会发现,彼此的相处变得融洽多了。

例9:悖论式沟通的治疗效应绝不是新近的发现,下面这则包含所有治疗性双重束缚元素的禅宗故事便可以证明:

年轻的妻子病入膏肓,不久于人世。"我非常爱你,"她对丈夫说,"我不愿意离开你。请不要抛下我去寻找别的女人！如果你这么做了,我做鬼也不会放过你的。"

很快妻子就咽气了。丈夫在头三个月内遵从了她的遗愿。后来,他遇到另一名女子,与她坠入爱河,然后两人订下了婚约。

他们刚订完婚,就有一个鬼魂每晚都出现在男人面前,谴责他没能信守诺言。鬼魂很聪明,她告诉男人的都是刚刚发生在男人和新欢间的事。每逢男人给自己的未婚妻送礼物,鬼魂都会详尽地描述这件礼物,甚至还能再现他们的对话,这让男人非常苦恼,因而无法入眠。有人建议他向住在村子附近的禅宗大师求教。最后,这个可怜的男子绝望地向大师求助。

"你的前妻化作鬼魂并知晓你所做的一切,"大师评论道,"无论你说什么、做什么,无论你给恋人什么东西她都知道,她一定是个睿智的鬼魂。你真的应当崇拜这样的鬼魂。下次她再出现时,与她讨价还价。告诉她,她什么都知道,你无法向她隐瞒任何事,如果她能够回答你的一个问题,你就保证解除婚约并终身不娶。"

"我要问她什么问题呢?"男子问道。

大师答道:"抓一大把黄豆,问她,你手中到底捏了多少颗。如果她答不出,你就知道她只是你臆想出来的人物,从而不会再困扰你了。"

那天晚上鬼魂出现时,男子奉承了她,说她无所不知。

"当然,"鬼魂答道,"而且我知道你今天去见禅宗大师了。"

"既然你什么都知道,"男子要求道,"告诉我,我这只手里握了多少颗黄豆。"

鬼魂消失了。(131,第82页)

7.6 游戏、幽默和创造性的悖论

我们尚不知道为什么生物体——从无脊椎动物到人类——如此容易受到悖论的影响,但显而易见的是,这些影响的波及范围远远超越文化或种族特异性因素。本章试图证明,这个问题对人类而言更为复杂,是因为悖论不仅能够致病还能够治病。悖论的积极效应绝不只这些。我们可以看到,在人类的理性世界,几项最高尚的追求和成就和我们体验悖论的能力紧密相关。幻想、游戏、幽默、爱、象征、广义而言的宗教体验(从仪式到神秘主义),以及最重要的艺术和科学领域的*创造性*,其本质都是悖论性的。

然而，这些领域跨度太广，超出了本书所涉猎的范围，所以这里只给出最基本的提示及简介。基于逻辑类型论（及其悖论）的*游戏*与*幻想*的理论大纲是由贝特森于1954年提出的。他在报告自己对旧金山某动物园所做的观察时称：

> 两只年轻的猴子正在玩耍，如展示一系列动作单元或某些与格斗类似但不完全等同的互动。显然，对人类观察者而言，该互动系列整体上而言并非格斗，而且人类观察者能明显看出，参与互动的猴子也觉得这"不是格斗"。
>
> 这时，除非参与其中的有机体能进行某种程度的元沟通，交换能够传达"这是场游戏"的资讯的信号，"游戏"这一现象才可能出现。
>
> 下一步是检查"这是场游戏"这一资讯，认识到这条资讯包含的元素必定会引发罗素或埃庇米尼得斯（Epimenides）型的悖论——隐含否定元陈述的否定陈述。让我们来稍做扩展，关于"这是场游戏"的陈述差不多是下面这个意思："我们现在所做的行为并不表示这些行为本来所表示的意义。"(8，第41页)

贝特森的同事弗莱把这一观点应用于*幽默*现象。在一项针对多种玩笑形式的深入研究中，他把自己的发现总结如下：

> 随着幽默逐渐展开，当笑话中的包袱被抖开时，人们突然面临显露意义与隐含意义的大反转。这一反转有助于把幽默和游戏、梦境等区分开来。抖包袱这类幽默中的突然反转在戏剧中并不多见，因为它会破坏戏剧的整体性。（只有在心理治疗中，这类反转操作才能够和体验的整体结构兼容。）这种反转还具有一项独特的效用，它能够迫使参与其中的人在内心对现实进行重新定义。包袱必然会将沟通和元沟通加以整合。人们接收到包袱所蕴含的显性的沟通含义，而在更为抽象的层面上，包袱还携带着隐性的关于其自身和现实的元沟通含义，就像笑话的作用机制那样……抖出来的包袱成为有关笑话的整体内容（作为沟通的样本）的元沟通资讯。在内容的反转中，看上去真实的事物可以用看上去不真实的事物来呈现。内容传达的资讯是"这不是真实的"，同时借此指涉其自身所处的整体。我们由此再次面临用否定的部分来定义整体的悖论。真实的变成了不真实的，而不真实的却是真实的。包袱促成了*特指笑话内容的内部悖论*，并使周围游戏框架对此悖论做出回应。（53，第153—154页）

最后，*创造性*一直以来都是许多重要研究的主题，而其中较新的一项是库斯勒的*创造行动*研究。在这项里程碑式的工作中，他提出幽默、科学发现以及艺术创作都是*异类联想*这一心理过程的产物。异类联想是指"在两个内部一致但总体上不兼容的参考系中……对某种情景或观念的感知……"（87，第 35 页）。库斯勒在其著作中对下述两者做了区分：

> 在单一"平面"上进行思考的常规技巧和……总能同时在不只一个平面上进行的创造性举动，两者迥然相异。前者可被称为单线程状态，后者可被称为处于不稳定平衡中的双线程暂时状态，其中情感和思维的平衡均受到干扰。（87，第 35—36 页）

库斯勒在书中完全没有考虑到异类联想具有悖论性结构的可能性（即"两个内部一致但总体上不兼容的参考系"可能是层次和元层次的关系），但他关于创造性的观点和我们之前提到的病理学及治疗学领域的假设之间有很多相似之处，例如库斯勒在他某篇结语的总结部分这样写道：

> 这本书的主要论点之一就是，对以任何形式呈现的有机生命而言，其所有表现——从形态发生到象征性思维——都受某些"游戏规则"的支配。这些游戏规则能赋予其协调性、有序性及多样统一性，而且无论这些规则（从数学角度或可被称为函数）是天生的还是后天习得的，都在不同层次上以编码形式呈现出来，从染色体到负责象征性思维的神经系统构造，尽皆如此……规则是固定的，但每场游戏都有无限的变化，其多样性由低层次到高层次逐渐递增……而且游戏还存在一项总体规则，即没有任何规则具有绝对的决定性，在特定情况下，它们可以被改变，或整合进更复杂的游戏中，后者在拥有更高级的统一性的同时还具备更丰富的多样性。这就叫作主体的创造性潜能。（87，第 631 页）

要知道，该书作者所做的研究，其广度有如百科全书一般，因此，即使他没能突破"孤立看待个体"这一局限，我们也只能表示遗憾，而不是加以批评。

> 困扰我们的并不是事物本身,而是我们对该事物的看法。
>
> ——爱比克泰德(Epictetus,公元 1 世纪)

结语 展望：存在主义与人类沟通理论

8.1

我们已经考察了人类处在社会关系——即同他人的互动——中的情形,知道了这类互动的载体是沟通。获得这种认识无需动用人类沟通理论。无论在什么情况下,我们都能明显感觉到,仅仅把人看作一个"社会性动物",将无法解释身处其*存在性*关系中的人,人的社会参与只是这种关系的一个方面,虽然它是很重要的一个方面。

我们不禁要问：如果把关注点从人际层面转移到存在层面上,我们人类沟通的语用学理论的基本原理是否还能发挥作用？如果能的话,它将怎样发挥作用？我们在这里没有回答这个问题；也许它根本无法回答,因为要探究这一问题,我们必须脱离科学领域,从而变得非常主观。由于人的存在如同其社会关系一样不可观察,我们不得不抛弃本书前七章所维持的客观的"局外"视角。因为一旦我们有了这样的诉求,就不再是"局外人"了。人类不可能超越自身理智设定的局限；主观和客观最终都是等价的,人类用自己的智慧研究人类智慧,任何有关身处其存在性关系中的人的陈述都很可能变成某种自我指涉现象,我们之前论述过,这一现象将生成悖论。

就某种意义而言,这一章是对下述信念的陈述：人的存在与生命有着广泛、复杂且私密的联系。我们想知道,我们的部分观点是否可能有助于探索这一常常被纯心理学理论所忽视的领域。

8.2

现代生物学中,在与环境人为隔离的条件下研究哪怕最原始的有机体都是难以想象的。正如一般系统论(4.2 及其后章节)所假设的那样,有机体是个开放的系统,能够维持自身的稳定状态(稳态),甚至能通过不断同环境进行能量和信息交换,进化至更为复杂的状态。只要理解任何有机体为其生存都必须获取代谢所需物质及有关周遭环境的恰当信息,就不难看出,沟通和存在这两个概念密不可分。我们主观地把环境视为一组针对有机体存在的指令,从这个意义上讲,环境的作用类似于电脑程序。诺伯特·维纳(Norbert Wiener)曾就这个世界发表言论说,它"可以被看作无数的'致有关人士'的信息"。不过,环境和电脑程序之间有个很大的区别,电脑程序的语言是机器能够完全"理解"的,而环境对有机体的影响则由一系列意义非常含糊甚至需要有机体竭尽全力去解码的指令组成。明白了这一点,再知道有机体的反应反过来也能影响环境这一事实,我们就能很清楚地看出,即使在最原始的生命水平,也发生着复杂而持续的互动,且这些互动不是随机的,而是受控于程序,用存在主义哲学家的术语来说就是,受控于意义。

从这个角度来看,存在是有机体及其所处环境间关系的一种*函数*(定义见 1.2 节)。对人类而言,其与所处环境间关系的复杂性达到了最高等级。在现代社会中,生物学意义上的生存问题已被远远抛在脑后,而且从生态学角度来看,环境在很大程度上受到人类的控制,不过环境给出的那些必须被正确解码的重要信息并未因此遭到忽视,而只是从生物学领域转移到了更靠近心理学的领域中。

8.3

人类显然根深蒂固地具有一种倾向性——将现实实体化,将其想象成盟友或不得不向其妥协的对手。我们能在齐布尔格(Zillboorg)对自杀的经典研究中找到一种高度相关的想法:

> 看起来,人类最开始是按照自己的想法来接纳生活的:疾病、各种不适、任何强烈的情感张力都使他觉得*生活违背了与他签订的协议*,于是他会离开这个不可靠的搭档。……显然,人们并不是因为亚当和夏娃的诞生才创造了天堂[这一概念],而是因为一些原始人类接受了死亡,*相比放弃对生活理想状态的憧憬,他们宁可自愿选择死亡*。(170,第1364—1366页;斜体为本书作者所设)

生活——抑或现实、命运、上帝、自然、存在,或者随便什么你喜欢的叫法——是我们可以选择去加以接纳或拒绝的搭档,而我们自己也能够感受到被其接纳或拒绝,被其支持或背叛。也许就像对待人类搭档一样,人们向这个有关存在的搭档提出了自我定义,然后生活对它予以确认或不确认,借助这个搭档,人们竭力获取关于彼此关系"真正"本质的线索。

8.4

对于人们为确保其作为一个人立足于世而必须竭力解码的重要信息,我们有何评论?让我们来简要回顾一下巴甫洛夫的狗(6.434),并从那里进入人类特有的经验世界。我们知道知识分为两种：事物本身的知识和关于事物的知识。前者是我们的感觉系统接收到的对于客体的认识，也就是罗素所说的"由认识而来的知识"，或者朗格所说的"最为直接的感官上的知识"。这就是巴甫洛夫的狗通过感知圆形和椭圆形所得到的知识，而这种知识无关其感知对象本身。在实验条件下，狗很快学会了与这两种几何图形有关的一些东西，即它们以某种方式分别意味着愉悦和痛苦，因而这些东西对它的生存是有意义的。因此，如果把感官认识称为一级知识，后面这类知识（关于某对象的知识）就是二级知识，这是一种关于一级知识的知识，所以是元知识。（这与在1.4节里提到的区分方式相同，我们当时提出，知道一门语言和了解一门语言是两个截然不同的知识层级。）[①]当狗懂得了圆形、椭圆形所代表的意义与自身生存的关系之后，它会表现得好像是得出了这样一条结论："这个世界原来是这样的：只要我能区分圆形和椭圆形，我就是安全的。"这条结论就不再属于二级知识了，它是有关二级知识的知识，因而是三级知识。人类获取知识并根据环境和实际情况将其意义归为不同层级的过程，在本质上与其没有差异。

在成年人身上，单纯的一级知识可能非常少见。它可能等同于一种感知，既往经验和当前情境均无法为其提供任何解释，而其费解性和不可预测性可能使其极易引发焦虑。人类从未停止尝试理解其体验的对象，理解它们对自身生存的意义，并根据自己的理解对其做出反应，最终从自己所处环境里的众多单一对象中演绎推理出意义来，并通过这些意义的总和得出统一的世界观，而他自己则是"被抛弃到"（再次借用存在主义者的术语）这个世界的，这一观点属于第三层级。我们有充分的理由相信，只要能为个体的生存提供有意义的前提，第三层级的世界观具体是什么其实无关紧要。偏执狂虚妄的思维系统的作用似乎就是解释患者所处世界的原则，就如同他人"正常"的世界观一样。[②] 然而重要的是，人们活动的前提是其感

[①] 我们已在本书中指出了这样一个事实：层级结构似乎遍布我们的世界及我们对于自我与他人的体验，有关某一层级的有效语句只能来自更高一级的层级。这种层级结构在下列情形中尤为明显：
  a. 数学和元数学(1.5)以及沟通和元沟通(1.5,2.3)之间的关系；
  b. 沟通的内容和关系方面(1.5,2.3)；
  c. 对自我和他人的定义(3.33)；
  d. 逻辑—数学悖论以及逻辑类型论(6.2)；
  e. 语言层级论(6.3)；
  f. 语用学悖论、双重束缚和悖论式预言(6.4)；
  g. 选择的假象(7.1)；
  h. 无结局游戏(7.2)；
  i. 治疗性双重束缚(7.4)。

[②] 对此，也许有人会反驳说，后者比前者更适用于现实社会。不过，我们应当谨慎对待广为使用的"现实"标准。这里通常容易犯的错误是心照不宣地进行假设，存在"客观现实"这种事物，而健全人比精神病患者更了解它。总体而言，这一假设会让我们很不舒服地联想到有关欧氏几何的类似前提。两千年来，"欧几里得(Euclid)的公理正确而全面地反映了现实"这一假设一直不容置疑，直到人们意识到，欧氏几何仅仅是不计其数的可能的几何学中的一种，这些几何学相互之间不仅可以不相同，甚至可以完全不相容。内格尔和纽曼如是说：

"几何学公理（或者就此而言，任何学科的公理）能够建立于其自身的不证自明之上"这一传统信念已彻底崩塌。进而言之，我们逐渐明白纯数学家的本职工作是由假设得出定理，而作为数学家，证实他假设的公理是否实际为真并不属于他的工作范围。

(108，第11页；斜体为本书作者所设)

知到的现象,其与现实的互动从广义上来讲(也就是不限于同其他人类的互动)是由这些前提决定的。按照我们的推测,这些前提是个体全部体验的产物,因而我们无法探知它们的具体起源。毋庸置疑的是,人类不仅会分割人际关系中的事件序列,而且相同的分割也一刻不停地出现在评估和整理个体每秒从内外部环境中接收到的数以万计感官印象的必要过程之中。我们再重复一次 3.42 节里的推理:现实在很大程度上是由我们自己创造的。存在主义哲学家提出了人与其所处现实间的一种与前述观点非常类似的关系:他们设想人们置身于不透明、无定形并且无意义的世界中,人们要自己创造自身的处境。因此,一个人"在这个世界中存在"的特定方式是自己选择的结果,是*他*赋予那些超出人类客观理解范围的事物的意义。

8.41 另外一些行为科学工作者所定义的概念等同或类似于之前的三级前提。在学习理论中,赫尔等人(Hull, et al. 66)于 1940 年,贝特森(7、13)先后于 1942 年、1960 年,哈洛(Harlow, 63)于 1949 年,分别提出并研究了与之前假定的知识层级相对应的学习层级概念。这里仅列出了几项较为重要的研究。简单来说,这一学习理论的分支理论假设,在获取知识或技能的同时,还发生了另一个过程,使得获取过程本身变得日渐容易。换句话说,一个人不仅完成了学习,而且还*学习了如何学习*。对于这一更高层级的学习类型,贝特森创造了*再学习*(deutero-learning)这一术语,并对其描述如下:

> 在半格式塔或半拟人的表达方式中,我们可能会说实验对象正在学着让自己熟悉特定类型的情境或正在获得有关问题解决的"洞察力"。……我们也会说,实验对象已经养成了寻找某种类型而非其他类型的情境和序列的习惯,即"分割"事件流的习惯,以便使某种特定类型的意义序列不断重复。(7,第 88 页)

另一相似的概念建基于凯利(Kelly)里程碑式的作品《个人建构心理学》(*The Psychology of Personal Constructs*, 83),虽然凯利并未考虑层级的问题,而且他的理论几乎完全以内省心理学为依据,而非互动心理学。米勒、加兰特和普里布拉姆(Miller, Galanter, & Pribram)在他们的著作《计划和行为结构》(*Plans and the Structure of Behavior*, 104)中提出,有目的的行动是由计划操纵的,这酷似于电脑由程序操纵。他们所说的*计划*这一概念同我们在本章中提出的观点高度相关,而且可以毫不夸张地说,他们的研究可以被认为是在理解行为方面最重要的新突破之一。与此相关的还有在斯坦福大学巴弗拉斯(Bavelas)博士指导下进行的*非权变奖励实验*,虽然他们的实验目的并非本章所涉内容。在这一系列实验中,有一项特别值得一提(169):实验装置中有一排按钮,被试必须按照特定顺序按下其中某几个特定的按钮,他们的任务就是通过不断的尝试找出这一顺序。实验者告知被试,正确的尝试将引发蜂鸣器启动。然而实际上,按钮并没有与任何设备相连接,蜂鸣器的启动与否同被试的表现无关。它启动的频率会逐渐增加,即一开始较少启动,越靠近实验终点,启动越频繁。被试们不约而同地形成了我们之前定义的三级前提,并极端不愿放弃,哪怕实验者告诉他们,他们的表现和蜂鸣器的警报没有丝毫关联。这一实验装置从某种程度上来说就是宇宙的微观模型,我们在这个宇宙中形成了自己独特的三级前提,形成了各自的生存之道。

8.5

如果我们比较人类在第二层级和第三层级接纳或忍受变化的能力,就能发现它们的一个重要区别。人类在接受第二层级的变化方面,拥有一种超乎想象的能力,任何人只要有幸目睹过人类在极端环境中的忍耐力后都不会怀疑这一点。可是这种忍耐力似乎只在他们有关其存在及所处世界之意义的三级前提未遭破坏时才可能出现。① 这肯定就是尼采在得出自己因懂得生活的*原因*而能够忍受几乎一切的结论时脑中的所思所想。然而,人类似乎格外不擅长处理那些威胁到自身三级前提的不一致因素,甚至还比不上巴甫洛夫的狗。在心理上,人类无法在不能被三级前提所解释的世界中生存,因为那个世界毫无意义可言。正如我们之前所见,双重束缚具有灾难性的后果,这种结果同样可能产生于超出人类掌控的环境或发展过程之中。存在主义作家,从陀斯妥耶夫斯基到加缪(Camus),都曾详尽地阐述过这一主题,这至少可以追溯到《约伯记》(Book of Job)。例如,在陀斯妥耶夫斯基的《群魔》(*Possessed*)中,基里洛夫(Kirillov)因认为"上帝不存在"而觉得生活不再有意义。

"……听着!"基里洛夫伫立在那里,眼睛直愣愣地盯着前方。"听听这个伟大的构想:很久很久以前的一天,在世界的中央竖立着三个十字架。十字架上的一个人有一个信仰并把它告诉了另一个人:'你我今日将同在天堂。'一天下来,两个人都死了,既没有上天堂,也没有得到复活的机会。他的话语并没有实现。听着:那是世上最高尚的人,他正是那个赋予生命以意义的人。如果

---

① 例如,这一区别曾在一群囚犯的书信中有所反映(57)。他们被纳粹判定犯有不同程度的政治罪。那些认为自己的行动有助于战胜当局的人能够较为平静地面对死亡。真正惨而绝望的哀嗥来自那些因无意义的攻击——如收听盟军电台或对希特勒进行带有敌意的评论——而被判处死刑的人。很显然,他们的死亡破坏了这条重要的三级前提:一个人的死亡应当是有意义的,而不能是不足挂齿的。

没有那个人,整个星球以及星球上的一切都只会是疯狂而失控的。他是前无古人后无来者的,绝没有和他相似的人,除非出现奇迹。因为他的空前绝后本身就是个奇迹。如果是这样,如果自然法则连宽恕他、给他一个奇迹都做不到,而是让他活在谎言中,或因为一条谎言而死去,那么整个星球都是个骗局,整个星球都是建立在谎言和笑料之上的。这样一来,这个星球上的那些法则也都是骗局,是恶魔的歌舞杂耍表演。活着还有什么意义呢?回答我,如果你还算个人的话!"

陀思妥耶夫斯基让被问的人给出了一个惊人的回答:"这是另外一件事。看上去你好像把两个不同的原因混在一起了,而这样做是很不安全的……"(37,第581—582页)

我们的观点是,无论什么时候,一旦这一主题出现,关于*意义*的问题就会被卷入其中。这里所说的"意义"并非指其语义学内涵,而是指其存在性内涵。意义的缺失就是存在性虚无的悲惨境地。这是一种现实及一切有关自我和他人的意识减弱或者彻底消失的主观状态。对加布里埃尔·马塞尔(Gabriel Marcel)而言,"生活就是对虚无的抵抗"。一百多年前,克尔凯郭尔(Kierkegaard)这样写道:"我想到疯人院去看看深邃的疯狂到底能不能为我解决生活的难解之谜。"

从这个意义上来说,人类在面对其神秘搭档时的地位,在本质上同巴甫洛夫的狗在实验中的地位没有区别。狗很快就学会了圆形和椭圆形所代表的意义,一旦实验者突然破坏这种意义,也就粉碎了它们的世界。如果我们搜寻人类在相似情境中的主观经验,我们会发现自己常常假想,在我们生活的兴衰变迁的背后,是一个神秘"实验者"的一举一动。生活意义的消失或缺位大概是所有情感危机最普遍的共同特性,特别是当下热议的"现代"疾病。疼痛、疾病、丧失、失败、绝望、失望、对死亡的恐惧抑或单纯的无聊——它们都能使人感到生活没有意义。在我们看来,存在性的绝望就其最根本的意义而言,是*是*与*应是*之间令人痛苦的矛盾,是一个人的感知同他的三级前提之间的矛盾。

8.6

我们没有理由判定人类现实体验的抽象概念只有三个层级。至少从理论上讲,这些层级能够一个接一个地无限产生。这样一来,如果人们想要改变自己的三级前提——在我们看来,这是心理治疗的核心功能——他只能在第四层级中完成这一*任务*。不过,我们怀疑人类大脑是否有能力在没有数学符号或电脑帮助的情况下独立处理更高层级的抽象概念。有一点似乎值得大家注意：人们在第四层级只可能形成模糊的理解，基本不可能产生清晰的表述。读者可能还记得理解"所有不属于自身的类所组成的类"有多么困难(6.2)，从其复杂性看来，它只相当于三级前提。或许我们能理解"我是这样看待你怎样看待我怎样看待你的"(3.34)，但下一个（第四）层级（"我是这样看待你怎样看待我怎样看待你怎样看待我的"）就超出人类的理解范围了。

让我们再重申一遍核心观点：就三级前提进行沟通，哪怕只是对其进行思考，也只可能发生在第四层级上。然而第四层级似乎已经非常接近人类智力的极限了，达到这一层级的认识非常少见，甚至可能根本不存在。在我们看来，这一领域属于知觉和共情，属于顿悟体验，也许还属于致幻剂或类似药物引发的即刻意识，当然这也是治疗性改变起作用的地方。治疗性改变出现在成功的治疗之后，人们无法说清它怎样产生、为何产生，以及它究竟由什么组成。心理治疗关注的是三级前提及在这一层级引发改变，但要改变一个人的三级前提，使其意识到自身行为序列模式以及环境模式，就必须借助下一层级——即第四层级——的视角。只有从第四层级出发才能够看到，现实并不会一边怀揣着与我们生存有关的吉凶，一边客观且一成不变地"站在那儿"。总而言之，对存在的主观体验才是我们的现实——现实是我们对极有可能已经完全超出人类检验范围的事物的模式化。

8.61 我们此刻所关心的那种层级，在现代数学的一个分支中得到了最为详尽的探索，我们的研究和这一分支非常相似，不过数学的一致性和严谨性是我们无法企及的。这里所说的分支指的是证明论，或称元数学。正如后一术语所明确表达的，数学的这一分支被用来处理其自身的问题，即数学领域固有的定律以及数学是否具有一致性等问题。早在人类沟通的分析师们意识到自我指涉造成的悖论性结果之前，元数学家们就已经发现并着手研究基本相同的现象了。事实上，这一领域的工作可追溯到施罗德(Schröder, 1895)、勒文海姆(Löwenheim, 1915)以及特别值得关注的希尔伯特(Hilbert, 1918)。证明论或者元数学是当时一小群睿智的数学家关注的一个高度抽象的课题，这个小众群体好像置身于主流数学研究之外。两起事件的发生将人们的注意引向了证明论。其一是1931年哥德尔(Gödel)发表了有关正式不可判定命题这一划时代研究的论文(56)，这篇论文被哈佛大学学者评价为近25年来数理逻辑领域中最重要的进展(108)。其二是第二次世界大战结束之后计算机的横空出世。这些机器由死板僵化、受程序控制的自动装置迅速发展成强大的多功能人工智能有机体。当计算机发展到能够从若干计算程序中自主选取最优程序时，它就开始提出基本的证明论问题了，也就是出现了这样的问题：计算机到底能不能被开发到不仅可以执行程序还能改写程序的程度？

在证明论中,*决策过程*这一术语是指在某一形式化系统中寻找判定某一陈述或一整类陈述真假的方法。相关术语*决策问题*是指有关是否存在上述过程的问题。因此,当我们能够找到某一决策过程来解决某一决策问题时,我们就说该决策问题存在正解,反之,如果证明不存在这样的决策过程,则为负解。与之相应,正解代表该决策问题可计算,负解则代表其无法解决。

然而,还存在着第三种可能性,即只有当决策问题处于某一特定决策过程的*领域*(可行范围)内时,该决策问题才可能存在明确的答案(正解或负解)。如果这个决策过程被应用于该领域之外的某个问题,那么其计算过程将无止境地进行下去,且永远无法证明该问题不存在任何答案(无论正解还是负解)。① 此时,我们将再次面对*不可判定性*这一概念。

8.62 这一概念是前述哥德尔有关正式不可判定命题的论文的焦点问题。他为该定理选择的形式化系统是《数学原理》(*Principia Mathematica*),这是怀特海德(Whitehead)和罗素在探索数学基础时的里程碑式著作。哥德尔充分展示了,在这一系统或与之等价的系统中能够构建命题 G,①它能被该系统的前提和公理证明,但②它又声称自身是无法被证明的。也就是说,如果 G 在这个系统中可以被证明,那么它的不可证明性(即它对自身的描述)也能够被证明。如果可证明性和不可证明性都能由该系统的公理推导得出,且这些公理本身具有一致性(这也是哥德尔证明的一部分),那么 G *在该系统中就是不可判定的*,而这也正是校长的通知所蕴含的信息及其生成情境。② 哥德尔证明的影响范围远远超出数理逻辑领域;事实上,它充分证明了,任何形式化系统(数学系统、符号系统等)就上述意义而言都必然是不完整的,而且只有求助于比系统本身所能生成的证明方法更具普遍性的证明方法,才能证明该系统的一致性。

8.63 我们之所以要细细思索哥德尔的工作,是因为我们在其中看到了所谓"人类存在性终极悖论"的数学类比。人类是自身探索最根本的主体和客体。是否可以把人类心理看作一个之前定义过的形式化系统?这一问题我们目前虽然很可能无法回答,但是人类为理解自身的存在性意义而进行的探索确实是一项*形式化的尝试*。我们认为,就这个意义且仅就这个意义而言,证明论(特别是在自我指涉性和不可判定性领域)的某些结果是中肯的。这绝不是我们的新发现;事实上,早在哥德尔展示他的伟大理论的十年之前,前一个世纪的伟大思想家维特根斯坦就已经在其著作《逻辑哲学论》(168)中,从哲学角度提出了这一悖论。也许任何人都

---

① 这就是决策过程中的所谓*停机问题*,它类似于人类沟通中"无结局游戏"这一概念(7.2)。
② 对此有兴趣的读者请参见内格尔和纽曼对于哥德尔证明在非数学领域的出色展示(108)。就我们所知,是内利希最早提出了哥德尔定理与悖论式预言的相似性(111),我们相信这一悖论也许是该定理最为精炼的非数学类比,甚至优于芬德利(Findlay)的非数值方法(44)。

不可能把这一存在性悖论定义得比他更清楚了:该*神秘现象*被看作超越这一悖论的最终步骤,没有谁能赋予它比这更崇高的地位。

维特根斯坦指出,只有当我们走到世界之外时,我们才有可能对世界有一个总体的认识,但如果我们可能走到世界之外,那么这个世界就不再是世界的全*部*了。不过,我们的逻辑对世界之外的事物一无所知:

> 逻辑充斥着整个世界:世界的极限也就是逻辑的极限。
> 我们无法符合逻辑地说:这些在世界之内,而那些不是。
> 因为那意味着我们排除了某些可能性,而这绝不可能发生,因为这会使逻辑超出世界的极限——即从另一角度审视这些极限。
> 我们无法思考我们无法思考的东西,因而我们无法表述我们无法思考的东西。(168,第149—151页)

这意味着,这个世界是有限的,但同时又没有极限,它之所以没有极限,是因为不存在任何世界以外的事物能够联合世界以内的事物共同构成世界的界限。如果上述论点能够成立,我们就可以推导出以下结论:"世界与生命是同一事物,我就是我的世界。"(168,第151页)主体和世界的相关功能由此都不再受助动词*有*(某事物拥有另一事物,即包含某事物或从属于某事物)支配,而是受表存在的动词是支配:"*主体并不从属于这个世界*,其本身就是这个世界的极限。"(168,第151页;斜体为本书作者所设)

在这一极限内,我们能够提出许多有意义的问题并做出回答:"如果一个问题最终能够被提出,那么它也可以被回答。"(168,第187页)然而,"处于空间与时间之内的生命难解之谜的解决方案却处于空间与时间之外"(168,第185页)。我们现在已经完全清楚,处于框架*内部*时绝不可能对该框架本身的相关内容进行评论,哪怕只是对其*提出问题*。这样一来,解决方案就不再是找到对存在之谜的回答,而是意识到根本就不存在这一难解之谜。这正是《逻辑哲学论》那几乎契合禅宗思想的美妙结语的精华所在:

> 如果问题的答案无法被表达,那么这个问题本身也无法被表达。这个难解之谜不存在……
> 我们觉得即便回答了*所有可能出现*的科学问题,生命的问题也依然完全没被触及。当然,所有被提出的问题都得到了解答,这就是答案。
> 生命问题的解决方案出现于该问题的消失过程中。(这难道不正是人们

在存疑已久的生命困惑忽然变得明朗的那一刻反而无法说清这种困惑究竟为何的原因吗?)

确实存在无法表达的事物。无法表达就是其*存在方式*,这是一个谜……面对不可说时,人们必须保持沉默。(168,第 187—189 页)

1. Albee, Edward, *Who's Afraid of Virginia Woolf ?* . New York: Atheneum Publishers, 1962.
2. Apter, Julia T. , "Models and Mathematics: Tools of the Mathematical Biologist." *Journal of the American Medical Association*, 194:269-72,1965.
3. Artiss, Kenneth L. , ed. , *The Symptom as Communication in Schizophrenia*. New York: Grune &. Stratton, Inc. , 1959.
4. Ashby, W. Ross, *Design for a Brain*. New York: John Wiley &. Sons, Inc. , 1954.
5. Ashby, W. Ross, *An Introduction to Cybernetics*. London: Chapman &. Hall, Ltd. , 1956.
6. Bateson, Gregory, "Culture Contact and Schismogenesis." *Man*, 35: 178-83,1935.
7. Bateson, Gregory, "Social Planning and the Concept of 'Deutero-Learning' in Relation to the Democratic Way of Life." *Science , Philosophy and Religion , Second Symposium*, New York: Harper &. Brothers, 1942, pp. 81-97.
8. Bateson, Gregory, "A Theory of Play and Fantasy." *Psychiatric Research Reports*, 2:39-51,1955.
9. Bateson, Gregory, "The Message 'This is Play.'" In *Transactions of the Second Conference on Group Processes*. New York: Josiah Macy, Jr. , Foundation, 1956, pp. 145-242.
10. Bateson, Gregory, *Naven*, 2nd ed. . Stanford: Stanford University Press, 1958.
11. Bateson, Gregory, "The New Conceptual Frames for Behavioral Research." Proceedings of the Sixth Annual Psychiatric Institute. Princeton: The New Jersey Neuro-Psychiatric Institute, 1958, pp. 54-71.
12. Bateson, Gregory, "The Group Dynamics of Schizophrenia." In Lawrence Appleby, Jordan M. Scher, and John Cumming, eds. , *Chronic Schizophrenia : Exploration in Theory and Treatment*. Glencoe, Illinois: The Free Press, 1960, pp. 90-105.
13. Bateson, Gregory, "Minimal Requirements for a Theory of Schizophrenia." *Archives of General Psychiatry*, 2:477-91,1960.
14. Bateson, Gregory, "The Biosocial Integration of the Schizophrenic Family." In Nathan W. Ackerman, Frances L. Beatman, and Sanford N. Sherman, eds. ,

Exploring the Base for Family Therapy. New York: Family Service Association, 1961, pp. 116 - 22.

15. Bateson, Gregory, ed., *Perceval's Narrative : A Patient's Account of his Psychosis : 1830 - 1832.* Stanford: Stanford University Press, 1961.

16. Bateson, Gregory, "Exchange of Information about Patterns of Human Behavior." Paper read at Symposium on Information Storage and Neural Control, Houston, Texas, 1962.

17. Bateson, Gregory, personal communication.

18. Bateson, Gregory; Jackson, Don D.; Haley, Jay; and Weakland, John, "Toward a Theory of Schizophrenia." *Behavioral Science*, 1:251 - 64,1956.

19. Bateson, Gregory, and Jackson, Don D., "Some Varieties of Pathogenic Organization." In David McK. Rioch, ed., *Disorders of Communication*, Volume 42, Research Publications. Association for Research in Nervous and Mental Disease, 1964, pp. 270 - 83.

20. Bavelas, Alex, personal communication.

21. Benedict, Ruth, *Patterns of Culture.* Boston: Houghton-Mifflin Company, 1934.

22. Berdyaev, Nicholas, *Dostoevsky.* New York: Meridian Books, 1957.

23. Berne, Eric, *Transactional Analysis in Psychotherapy.* New York: Grove Press, Inc., 1961.

24. Berne, Eric, *Games People Play.* New York: Grove Press, Inc., 1944.

25. Bertalanffy, Ludwig von, "An Outline of General System Theory." *British Journal of the Philosophy of Science*, 1:134 - 65,1950.

26. Bertalanffy, Ludwig von, "General System Theory." *General Systems Yearbook*, 1:1 - 10,1956.

27. Bertalanffy, Ludwig von, "General System Theory—A Critical Review." *General Systems Yearbook*, 7:1 - 20,1962.

28. Birdwhistell, Ray L., "Contribution of Linguistic-Kinesic Studies to the Understanding of Schizophrenia." In Alfred Auerback, ed., *Schizophenia, An Integrated Approach.* New York: The Ronald Press Company, 1959, pp. 99 - 123.

29. Bochénski, I. M., *A History of Formal Logic.* Notre Dame, Indiana: University of Notre Dame Press, 1961.

30. Bolzano, Bernard, *Paradoxien des Unendlichen* [Paradoxes of the Infinite], 2nd ed.. Berlin: Mayer und Müller, 1889.

31. Boole, George, *The Mathematical Analysis of Logic : Being an Essay towards a Calculus of Deductive Reasoning*. Cambridge: Macmillan, Barclay, & Macmillan, 1847.

32. Buber, Martin, "Distance and Relation." *Psychiatry*, 20:97–104, 1957.

33. Carnap, Rudolph, *Introduction to Semantics*. Cambridge: Harvard University Press, 1942.

34. Cherry, Colin, *On Human Communication*. New York: Science Editions, 1961.

35. Cumming, John, "Communication: An Approach to Chronic Schizophenia." In Lawrence Appleby, Jordan M. Scher, and John Cumming, eds., *Chronic Schizophrenia : Exploration in Theory and Treatment*. Glencoe, Illinois: The Free Press, 1960, pp. 106–19.

36. Davis, R. C., "The Domain of Homeostasis." *Psychological Review*, 65:8–13, 1958.

37. Dostoevsky, Fedor M., *The Possessed*, translated by Constance Garnett. New York: The Macmillan Company, 1931.

38. Dostoevsky, Fedor M., *Notes from Underground*, translated by Constance Garnett. New York: The Dial Press, Inc., 1945.

39. Dunlap, Knight, "A Revision of the Fundamental Law of Habit Formation." *Science*, 67:360–2, 1928.

40. Dunlap, Knight, "Repetition in the Breaking of Habits." *Scientific Monthly*, 30:66–70, 1930.

41. Durrell, Lawrence, *Clea*. New York: E. P. Dutton & Co., Inc., 1960.

42. Ferreira, Antonio J., "Family Myth and Homeostasis." *Archives of General Psychiatry*, 9:457–63, 1963.

43. Ferreira, Antonio J., "Psychosis and Family Myth." Unpublished manuscript.

44. Findlay, J., "Goedelian Sentences: a non-numerical approach." *Mind*, 51:259–65, 1942.

45. Frank, Lawrence K., "The Prospects of Genetic Psychology." *American Journal of Orthopsychiatry*, 21:506–22, 1951.

46. Frankl, Victor E., *The Doctor and the Soul*. New York: Alfred A. Knopf,

Inc. , 1957.

47. Frankl, Victor E. , " Paradoxical Intention. " *American Journal of Psychotherapy*, 14:520 - 35, 1960.

48. Frege, Gottlob, *Grundgesetze der Arithmetik begriffsschtiftlich abgeleitet* [Basic Laws of Arithmetic], Volume 1. Jena: Verlag Hermann Pohle, 1893.

49. Freud, Sigmund, *New Introductory Lectures on Psychoanalysis*. New York: W. W. Norton & Company, Inc. , 1933.

50. Freud, Sigmund, "The Interpretation of Dreams," In *The Basic Writings of Sigmund Freud*. New York: The Modern Library, Inc. , 1938.

51. Fromm-Reichmann, Frieda, "A Preliminary Note on the Emotional Significance of Stereotypies in Schizophrenics. " *Bulletin of the Forest Sanitarium*, 1:17 - 21, 1942.

52. Fry, William F. , Jr. , "The Marital Context of the Anxiety Syndrome. " *Family Process*, 1:245 - 52, 1962.

53. Fry, William F. , Jr. , *Sweet Madness : A Study of Humor*. Palo Alto: Pacific Books, 1963.

54. Gardner, Martin, "A New Paradox, and Variations on It, about a Man Condemned to Be Hanged. " In section "Mathematical Games," *Scientific American*, 208:144 - 54, 1963.

55. George, F. H. , *The Brain as a Computer*. Oxford: Pergamon Press, Ltd. , 1962.

56. Gödel, Kurt, "Ueber formal unentscheidbare Sätze der Principia Mathematica und verwandter Systeme I. " *Monatshefte für Mathematik und Physik*, 38:173 - 98, 1931. [English translation: " On Formally Undecidable Propositions of Principia Mathematica and Related Systems I. " Edinburgh and London: Oliver and Boyd, 1962.]

57. Gollwitzer, Helmut, et al. , eds. , *Dying We Live : The Final Messages and Records of the Resistance*. New York: Pantheon Books, Inc. , 1956.

58. Greenburg, Dan, *How to be a Jewish Mother*. Los Angeles: Price/Stern/Sloan, 1964.

59. Haley, Jay, "Family Experiments: A New Type of Experimentation. " *Family Process*, 1:265 - 93, 1962.

60. Haley, Jay, *Strategies of Psychotherapy*. New York: Grune & Stratton,

Inc., 1963.

61. Haley, Jay, "Research on Family Patterns: An Instrument Measurement." *Family Process*, 3:41–65,1964.

62. Hall, A. D., and Fagen, R. E., "Definition of System." *General Systems Yearbook*, 1:18–28,1956.

63. Harlow, H. F., "The Formation of Learning Sets." *Psychological Review*, 56:51–65,1949.

64. Hilbert, David, and Bernays, Paul, *Grundlagen der Mathematik* [Foundations of Mathematics], 2 volumes. Berlin: J. Springer Verlag, 1934–39.

65. Hora, Thomas, "Tao, Zen, and Existential Psychotherapy." *Psychologia*, 2:236–42,1959.

66. Hull, C. L., Hovland, C. L., Ross, R. T., et al., *Mathematico-Deductive Theory of Rote Learning : A Study in Scientific Methodology*. New Haven: Yale University Press, 1940.

67. Jackson, Don D., "Some Factors Influencing the Oedipus Complex." *Psychoanalytic Quarterly*, 23:566–81,1954.

68. Jackson, Don D., "A Note on the Importance of Trauma in the Genesis of Schizophrenia." *Psychiatry*, 20:181–4,1957.

69. Jackson, Don D., "The Question of Family Homeostasis." *Psychiatric Quarterly Supplement*, 31:79–90, part 1,1957.

70. Jackson, Don D., "Family Interaction, Family Homeostasis, and Some Implications for Conjoint Family Psychotherapy." In Jules Masserman, ed., *Individual and Familial Dynamics*. New York: Grune & Stratton, Inc., 1959, pp. 122–41.

71. Jackson, Don D., "Interactional Psychotherapy." In Morris I. Stein, ed., *Contemporary Psychotherapies*. Glencoe, Illinois: The Free Press, 1962, pp. 256–71.

72. Jackson, Don D., "A Suggestion for the Technical Handling of Paranoid Patients." *Psychiatry*, 26:306–7,1963.

73. Jackson, Don D., "Family Rules: The Marital Quid Pro Quo." *Archives of General Psychiatry*, 12:589–94,1965.

74. Jackson, Don D., "The Study of the Family." *Family Process*, 4:1–20,1965.

75. Jackson, Don D., and Weakland, John H., "Conjoint Family Therapy: Some

Considerations on Theory, Technique, and Results." *Psychiatry*, 24:30 – 45, supplement to No. 2, 1961.

76. Jackson, Don D., and Haley, Jay, "Transference Revisited." *Journal of Nervous and Mental Disease*, 137:363 – 71, 1963.

77. Jackson, Don D., and Watzlawick, Paul, "The Acute Psychosis as a Manifestation of Growth Experience." *Psychiatric Research Reports*, 16:83 – 94, 1963.

78. Jackson, Don D., and Yalom, Irvin, "Conjoint Family Therapy as an Aid to Intensive Psychotherapy." In Arthur Burton, ed., *Modern Psychotherapeutic Practice : Innovations in Technique*. Palo Alto: Science and Behavior Books, 1965, pp. 81 – 97.

79. Joad, C. E. M., *Why War ?*. Harmondsworth: Penguin Special, 1939.

80. Johnson, Adelaide M.; Giffin, Mary E.; Watson, E. Jane; and Beckett, Peter G. S., "Studies in Schizophrenia at the Mayo Clinic. II. Observations on Ego Functions in Schizophrenia." *Psychiatry*, 19:143 – 8, 1956.

81. Jones, Ernest, *The Life and Work of Sigmund Freud*, Volume 3. New York: Basic Books, Inc., 1957.

82. Kant, O., "The Problem of Psychogenic Precipitation in Schizophrenia." *Psychiatric Quarterly*, 16:341 – 50, 1942.

83. Kelly, George A., *The Psychology of Personal Constructs*, 2 volumes. New York: W. W. Norton & Company, Inc., 1955.

84. Koestler, Arthur, *Darkness at Noon*. New York: The Modern Library, Inc., 1941.

85. Koestler, Arthur, *Arrival and Departure*. New York: The Macmillan Company, 1943.

86. Koestler, Arthur, *The Invisible Writing*. New York: The Macmillan Company, 1954.

87. Koestler, Arthur, *The Act of Creation*. New York: The Macmillan Company, 1964.

88. Laing, Ronald D., *The Self and Others : Further Studies in Sanity and Madness*. London: Tavistock Publications, Ltd., 1961.

89. Laing, Ronald D., "Mystification, Confusion, and Conflict." In I. Boszormenyi-Nagy and J. L. Framo, eds., *Intensive Family Therapy : Theoretical and Practical Aspects*. New York: Harper & Row, 1965, pp. 343 – 63.

90. Laing, Ronald D., and Esterson, A., *Sanity, Madness, and the Family*, Volume 1, Families of Schizophrenics. London: Tavistock Publications, Ltd., 1964.

91. Langer, S. K., *Philosophy in a New Key*. Cambridge: Harvard University Press, 1942.

92. Lasègue, Ch., and Falret, J., "La folie à deux, ou folie communiquée." Annales Médico-Psychologiques, t. 18, novembre 1877. [English translation by Richard Michaud, *American Journal of Psychiatry*, supplement to Volume 121, No. 4, pp. 2-18, 1964.]

93. Lee, A. Russell, "Levels of Imperviousness in Schizophrenic Families." Paper read at the Western Division Meeting of the American Psychiatric Association, San Francisco, September 1963.

94. Lennard, Henry L., and Bernstein, Arnold, with Hendin, Helen C., and Palmore, Erdman B., *The Anatomy of Psychotherapy*. New York: Columbia University Press, 1960.

95. Lidz, T.; Cornelison, A. R.; Fleck, S.; and Terry, D., "The Intrafamilial Environment of Schizophrenic Patients. II. Marital Schism and Marital Skew." *American Journal of Psychiatry*, 114:241-8, 1957.

96. Lorenz, Konrad Z., *King Solomon's Ring*. London: Methuen, 1952.

97. Luce, Clare Boothe, "Cuba and the Unfaced Truth: Our Global Double Bind." *Life*, 53:53-6, 1962.

98. Luft, Joseph, "On Non-verbal Interaction." Paper presented at the Western Psychological Association Convention, San Francisco, April 1962.

99. Mach, Ernst, *The Science of Mechanics*. Chicago: The Open Court Publishing Co., 1919.

100. Maruyama, Magoroh, "The Multilateral Mutual Causal Relationships among the Modes of Communication, Sociometric Pattern and the Intellectual Orientation in the Danish Culture." *Phylon*, 22:41-58, 1961.

101. McCulloch, Warren S., and Pitts, Walter, "A Logical Calculus of the Ideas Immanent in Nervous Activity." *Bulletin of Mathematical Biophysics*, 5:115-33, 1943.

102. McGinnies, Elliott, "Emotionality and Perceptual Defense." *Psychological Review*, 56:244-51, 1949.

103. Meerloo, Joost A. M., *The Rape of the Mind : The Psychology of Thought Control, Menticide and Brainwashing*. Cleveland: The World Publishing Company, 1956.

104. Miller, George A.; Galanter, Eugene; and Pribram, Karl H., *Plans and the Structure of Behavior*. New York: Henry Holt and Company, Inc., 1960.

105. Miller, James G., "Living Systems: Basic Concepts; Structure and Process; Cross-Level Hypotheses." *Behavioral Science*, 10:193 – 237,337 – 411,1965.

106. Morris, Charles W., "Foundations of the Theory of Signs." In Otto Neurath, Rudolf Carnap, and Charles W. Morris, eds., *International Encyclopedia of Unified Science*, Volume 1, No. 2. Chicago: University of Chicago Press, 1938, pp. 77 – 137.

107. Muggeridge, Malcolm, "Books." *Esquire*, Volume 63, No. 4, April 1965, pp. 58 – 60.

108. Nagel, Ernst, and Newman, James R., *Gödel's Proof*. New York: New York University Press, 1958.

109. Nagels, Ivan, in *Spectaculum, Moderne Theaterstücke*, Volume 7. Frankfurt/M.: Suhrkamp Verlag, 1964.

110. Nash, Ogden, "Don't Wait, Hit Me Now!" In *Marriage Lines*. Boston: Little, Brown and Company, 1964, pp. 99 – 101.

111. Nerlich, G. C., "Unexpected Examinations and Unprovable Statements." *Mind*, 70:503 – 13,1961.

112. Northrop, Eugene P., *Riddles in Mathematics*. New York: D. Van Nostrand Co., Inc., 1944.

113. Orwell, George, *1984*. New York: Harcourt, Brace & Co., 1949.

114. Oster, Gerald, and Nishijima, Yasunori, "Moiré Patterns." *Scientific American*, 208:54 – 63,1963.

115. Parkinson, C. Northcote, *Parkinson's Law and Other Studies in Administration*. Boston: Houghton Mifflin Company, 1957.

116. Potter, Stephen, *One-upmanship*. Harmondsworth: Penguin Books, 1947.

117. Pribram, Karl H., "Reinforcement Revisited: A Structural View." In M. Jones, ed., *Nebraska Symposium on Motivation, 1963*. Lincoln: University of Nebraska Press, 1963, pp. 113 – 59.

118. Proust, Marcel, *Les plaisirs et les jours*, 13th ed.. Paris: Gallimard, 1924.

119. Quine, Willard van Orman, *Methods of Logic*. New York: Henry Holt and Company, Inc., 1960.

120. Quine, Willard van Orman, "Paradox." *Scientific American*, 206: 84 – 95, 1962.

121. Ramsey, Frank Plumpton, *The Foundations of Mathematics and Other Logical Essays*. New York: Harcourt, Brace & Co., 1931.

122. Rapoport, Anatol, and Chammah, Albert M., with the collaboration of Carol J. Orwant, *Prisoner's Dilemma : A Study in Conflict and Cooperation*. Ann Arbor: University of Michigan Press, 1965.

123. Reichenbach, Hans, *Elements of Symbolic Logic*. New York: The Macmillan Company, 1947.

124. Renaud, Harold, and Estess, Floyd, "Life History Interviews with One Hundred Normal American Males: 'Pathogenicity' of Childhood." *American Journal of Orthopsychiatry*, 31:786 – 802, 1961.

125. Richardson, Lewis Fry, "Mathematics of War and Foreign Politics." In James R. Newman, ed., *The World of Mathematics*, Volume 2. New York: Simon and Schuster, Inc., 1956, pp. 1240 – 53.

126. Rilke, Rainer Maria, *Duino Elegies*, translated by J. B. Leishman and Stephen Spender. New York: W. W. Norton & Company, Inc., 1939.

127. Rioch, David McK., "The Sense and the Noise." *Psychiatry*, 24: 7 – 18, 1961.

128. Rioch, David McK., "Communication in the Laboratory and Communication in the Clinic." *Psychiatry*, 26:209 – 21, 1963.

129. Rosen, John N., *Direct Analysis*. New York: Grune & Stratton, Inc., 1953.

130. Rosenthal, Robert, "The Effect of the Experimenter on the Results of Psychological Research." In B. A. Mahr, ed., *Progress in Experimental Personality Research*, Volume 1. New York: Academic Press Inc., 1964, pp. 79 – 114.

131. Ross, Nancy Wilson, ed., "The Subjugation of a Ghost," in *The World of Zen*. New York: Random House, Inc., 1960.

132. Ruesch, Jurgen, and Bateson, Gregory, *Communication : The Social Matrix of Psychiatry*. New York: W. W. Norton & Company, Inc., 1951.

133. Russell, Bertrand, Introduction to Ludwig Wittgenstein, *Tractatus Logico-Philosophicus*. New York: Humanities Press, 1951.

134. Sansom, G. B. , *The Western World and Japan : A Study in the Interaction of European and Asiatic Cultures*. New York: Alfred A. Knopf, Inc. , 1950.

135. Sartre, Jean-Paul, Introduction to Henry Alleg, *The Question*. New York: George Braziller, Inc. , 1958.

136. Scheflen, Albert E. , "Regressive One-to-One Relationships. " *Psychiatric Quarterly*, 23:692 – 709, 1960.

137. Scheflen, Albert E. , *A Psychotherapy of Schizophrenia : Direct Analysis*. Springfield, Illinois: Charles C. Thomas, Publisher, 1961.

138. Scheflen, Albert E. , " Quasi-Courtship Behavior in Psychotherapy. " *Psychiatry*, 28:245 – 57, 1965.

139. Scheflen, Albert E. , *Stream and Structure of Communicational Behavior : Context Analysis of a Psychotherapy Session*. Philadelphia: Eastern Pennsylvania Psychiatric Institute, 1965.

140. Schelling, Thomas C. , *The Strategy of Conflict*. Cambridge: Harvard University Press, 1960.

141. Schimel, John L. , "Love and Games. " *Contemporary Psychoanalysis*, 1:99 – 109, 1965.

142. Searles, Harold F. , "The Effort to Drive the Other Person Crazy—An Element in the Aetiology and Psychotherapy of Schizophrenia. " *British Journal of Medical Psychology*, 32:1 – 18, Part 1, 1959.

143. Sluzki, Carlos E. , and Beavin, Janet, "Simetría y complementaridad: una definición operacional y una tipología de parejas " [Symmetry and Complementarity: An Operational Definition and a Typology of Dyads]. *Acta psiquiátrica y psicológica de América latina*, 11:321 – 30, 1965.

144. Sluzki, Carlos E. ; Beavin, Janet; Tarnopolsky, Alejandro; and Verón, Eliseo, "Transactional Disqualification. " To be published in *Archives of General Psychiatry*, 1967.

145. Smith, Michael, in *The Village Voice*, Volume 7, No. 52 (October 18, 1962).

146. Spengler, Oswald, *The Decline of the West , Form and Actuality*, Volume 1. New York: Alfred A. Knopf, Inc. , 1926.

147. Stegmüller, Wolfgang, *Das Wahrheitsproblem und die Idee der Semantik*

[The Truth Problem in Semantics]. Vienna: Springer-Verlag, 1957.

148. Stein, L., "Loathsome Women." *Journal of Analytical Psychology*, 1:59-77, 1955-56.

149. Stern, David J., "The National Debt and the Peril Point." *The Atlantic*, 213: 35-8, 1964.

150. Styron, William, *Lie Down in Darkness*. New York: The Viking Press, 1951.

151. Szasz, Thomas S., *The Myth of Mental Illness : Foundations of a Theory of Personal Conduct*. New York: Hoeber-Harper, 1961.

152. Taubman, Howard, in *The New York Times*, Volume 112, No. 38, 250 (October 15, 1962), p. 33.

153. Tinbergen, Nicolaas, *Social Behavior in Animals with Special Reference to Vertebrates*. London: Methuen, 1953.

154. Toch, H. H., and Hastorf, A. H., "Homeostasis in Psychology." *Psychiatry*, 18:81-91, 1955.

155. Watts, Alan Wilson, "The Counter Game," in *Psychotherapy East and West*. New York: Pantheon Books, Inc., 1961, pp. 127-67.

156. Watzlawick, Paul, "A Review of the Double Bind Theory." *Family Process*, 2:132-53, 1963.

157. Watzlawick, Paul, *An Anthology of Human Communication : Text and Tape*. Palo Alto: Science and Behavior Books, 1964.

158. Watzlawick, Paul: "Paradoxical Predictions." *Psychiatry*, 28:368-74, 1965.

159. Watzlawick, Paul, "A Structured Family Interview." *Family Process*, 5: 256-71, 1966.

160. Weakland, John H., "The 'Double-Bind' Hypothesis of Schizophrenia and Three-Party Interaction." In Don D. Jackson, ed., *The Etiology of Schizophrenia*. New York: Basic Books, Inc., 1960.

161. Weakland, John H., and Jackson, Don D., "Patient and Therapist Observations on the Circumstances of a Schizophrenic Episode." *Archives of Neurology and Psychiatry*, 79:554-74, 1958.

162. Weiss, Paul, "Cell Interactions." In *Proceedings Fifth Canadian Cancer Conference*. New York: Academic Press, Inc., 1963, pp. 241-76.

163. Weissberg, A., *The Accused*. New York: Simon and Schuster, Inc., 1951.

164. Whitehead, Alfred North, and Russell, Bertrand, *Principia Mathematica*, 3 volumes. Cambridge: Cambridge University Press, 1910-13.

165. Whorf, Benjamin Lee, "Science and Linguistics." In John B. Carroll, ed., *Language, Thought, and Reality: Selected Writings of Benjamin Lee Whorf*. New York: John Wiley & Sons, Inc., 1956, pp. 207-19.

166. Wiener, Norbert, "Time, Communication, and the Nervous System." In R. W. Miner, ed., *Teleological Mechanisms* (Annals of the New York Academy of Sciences), Volume 50, Article 4, pp. 197-219, 1947.

167. Wieser, Wolfgang, *Organismen, Strukturen, Maschinen* [Organisms, Structures, Machines]. Frankfurt/M.: Fischer Bücherei, 1959.

168. Wittgenstein, Ludwig, *Tractatus Logico-Philosophicus*. New York: Humanities Press, 1951.

169. Wright, John C., *Problem Solving and Search Behavior under Non-Contingent Rewards*. Unpublished doctoral thesis, Stanford University, 1960.

170. Zillboorg, Gregory, "Suicide Among Civilized and Primitive Races." *American Journal of Psychiatry*, 92:1347-69, 1935-36.

术语表

本术语表仅包含未在本书中给出定义且不属于日常语言的那部分术语。括号内的出处缩写分别指多兰医学辞典(Dorland's Medical Dictionary, DMD)和欣西及沙茨基的精神医学辞典(Hinsie and Shatzky's Psychiatric Dictionary, H&S)。

意志缺乏(*abulia*):意志力的丧失或缺乏。(DMD)

行动化(*acting-out*):情感张力通过直接的行为来表达,其发生情境可能与张力的根源无关;通常为冲动的,攻击性的——一般来说是反社会的——行为。(改编自 H&S)

厌食症(*anorexia*):食欲缺乏或丧失。特指一种神经性的状态,病人失去了食欲,因吃得很少而变得很憔悴。(改编自 DMD)

缄默(*autism, adj. autistic*):由主观的、自我中心的思想或行为支配的状态。(DMD)

行为治疗(*behavior therapy*):基于学习理论的一种心理治疗形式;行为,包括症状性的行为,被认为是学习过程的结果,因此可以通过"去学习化"(去条件反射化)来加以改善。

强迫(*compulsion, -ive*):一种无法抗拒要做某行为的冲动,与个体的判断力和意志力无关。(DMD)

联合心理治疗(*conjoint psychotherapy*):夫妻或者整个家庭参与的心理治疗,针对家庭的所有成员同时开展治疗。(参见参考文献 75)

夫妻治疗(*couple therapy*)见"联合心理治疗"。

人格解体(*depersonalization*):身份、人格、"我"被解离、丧失过程。以失去现实感为特征的一种精神现象。经常伴随着有关他人及环境的现实感的丧失。(H&S)

抑郁(*depression*):一种复杂的感受,范围涵盖不开心、沮丧和绝望;经常伴随多少有些不合理的内疚感、失败感和无价值感,以及自我毁灭的倾向。躯体症状通常包括睡眠、食欲的紊乱和普遍的生理活动机能下降。

二元关系(*dyad*):指代两个实体之间关系的统一体,与单一体(monad)相区别;相似地,"三元关系"(triad)指的是三个实体之间的关系的统一体。

生命的原理(*entelechy*):生物体向某种特定结局发展的性质或潜能。

动物行为学(*ethology*):对动物行为的研究。(DMD)

感应性精神病(*folie → deux*):法语里称"二联性精神病"(double insanity)。指两个关系亲密的人同时患上某种精神病,看起来就好像是其中一个人传染给了另一人。这种情况的发生当然不局限于两人之间,也可能涉及三个或更多人(*folie → trois*)。(H&S)

博弈论(games, theory of)：一种数学工具，用来分析人的社会关系；1928年由冯.诺依曼(von Neumann)引入，最早用于分析经济行为中的决策过程，现在扩展到其他人际行为领域。

（1）**零和博弈**(zero-sum games)：所有博弈方的利益之和为零的的各种情况，例如纯粹的竞争，一个选手的失败意味着对手的胜利。

（2）**非零和博弈**(nonzero-sum games)：赢和输不一定相对，利益之和为不确定的变量，其形势可能一下子就固定下来(纯粹的合作)也可能只是部分固定(混合的动机)。

完形(gestalt, pl. gestalten)：形式、模式、结构、布局。

完形心理学(gestalt psychology)：将心理和行为过程作为一个整体进行研究，而不是将其视为孤立或碎片化的单元。

癔症(hysteria)：一种神经性状态，特征为情感冲突转化成躯体症状——例如疼痛、麻木、瘫痪、强直性痉挛——没有实际的器官损伤。

被认定的病人(identified patient)：被贴上"精神疾病患者"或"行为不良者"标签的家庭成员。

身体语言学(kinesics)：(1)非言语交流(身体语言等)；(2)有关非言语交流的研究。

婚姻治疗(marital therapy)：见联合心理治疗(conjoint psychotherapy)。

元(Meta-)：前缀，意为"位置改变"、"在…上"、"更高级"、"超越"，等。通常指关于某种知识或研究领域的知识体系，如元数学、元交流。

单一体(一元的)(monad, adj. monadic)："一"的基本单元，独立存在。主要用来定义作为交流核心的个体，与之相对的是概念见"二元关系"或"三元关系"。

非零和博奕(nonzero-sum zero)：见博弈论(games, theory of)。

俄狄浦斯情结(Oedipus conflict)：俄狄浦斯王，希腊神话中的一个人物，由养父养大，在一次争吵中杀死了自己的亲身父亲，之后又娶了自己的母亲。在他发现真相后，他刺瞎了自己。(DMD)这一神话故事由弗洛伊德引入精神病学，用来隐喻儿童与非同一性别父母之间的吸引，它会引发某些家庭冲突，并会对个体的性心理发展产生深远影响。

全身瘫痪(paresis, general)(麻痹性痴呆，贝尔氏病)：由于中枢神经系统受梅毒感染所致的一种精神病性状态，包括精神症状和躯体症状。

致病性(pathogenicity)：产生病理性改变或导致疾病产生的特质或能力。(DMD)

现象学的(phenomenological)：调查研究现实数据而不加以解释的一种特定方

法(现象学,phenomenology)。

恐惧症(*phobia*,*-ic*):对某一物体或情境的病态恐惧。

心因性(心源性)(*psychogenic*,*psychogenicity*):心源性的;情绪或心理问题而不是器质性病变导致的某种症状。(DMD)

心因性神经病(*psychoneurotic*):由情绪所引发的障碍,具有功能性(非器质性疾病)症状(见恐惧症,癔症),特点见心因性。

精神病理学(*psychopathology*):(1)情绪和/或精神疾病或障碍的统称;(2)与前者相关的医学学科。

心身的(*psychosomatic*):和心——身关系有关,心理、情绪或精神问题所致躯体症状。(DMD)

精神病性的(*psychotic*):和精神疾病有关,例如,器质性或功能性(见"心因性")精神病状态,病人个体的、智力的、职业的、社会的功能受损达到一定程度。心因性神经症患者只有部分生活功能受损。

失控(*runaway*):由于不可控的异常导致系统失去平衡。

施虐与受虐关系(施虐—受虐共生关系)(*sadomasochism*,*sadomasochistic symbiosis*):以伴侣之间躯体和/或精神上的折磨为特点的一种人类关系。

精神分裂症(*schizophrenia*):在美国,精神病院里约二分之一、所有医院里约四分之一的病人处于这种精神疾病状态。这个术语由瑞士精神科医生布鲁勒(E. Bleuler)提出,指的是,导致病人对现实的认知、概念的形成、情感以及行为等各方面全面受损的一种精神疾病,根据不同的症状,精神分裂症通常可分为不同的亚型,例如偏执型、青春型、紧张型和单纯型。

继发获益(*secondary gain*):精神分析术语"指神经症患者因其疾病状态而得到的间接的人际利益"例如同情、更多的关注、日常职责的免除等。

移情(*transference*):在精神分析中指的是已经遗忘或被压抑的早期经验的再现。这种再现通常在精神分析过程中以梦或感应的形式表现出来。

情感创伤(*trauma*,*emotional*):对心理产生持续影响的情感冲击。(DMD)

三元关系(triad):见二元关系(dyad)。

零和博弈(*zero-sum game*):见博弈论(games, theory of)。